海に生きる
Living with the Ocean

海人の民族学
People in a Changing World

秋道智彌
Tomoya AKIMICHI

東京大学出版会

Living with the Ocean: People in a Changing World
Tomoya AKIMICHI
University of Tokyo Press, 2013
ISBN978-4-13-063337-6

はじめに

「海に生きる」とはどういうことを指すのか。本書は人間と海とのかかわりを複眼的な視点から問いなおすことを大きなねらいとしている。陸上動物である人間は海に進出し、そこからさまざまな恩恵を享受してきた。人間は多様な種類の海の生き物を食料や生活道具、あるいは工業製品を生み出す原材料として利用してきたのである。

地域や時代を別として、これらの海洋生物の捕獲・採集には、「海の生産者」が介在したことはまぎれもない。海と直接かかわる個人や集団をわたしは「海人」とよぶこととした。

海人と書いて、「かいじん」と読む。沖縄・奄美では「ウミンチュ」の呼び名でよく知られているが、本書があつかうのは日本の海人だけではない。北はベーリング海峡から南太平洋、北海から地中海、そしてインド洋で活動してきた人びとを視野においている。海人の活動は磯や沿岸地先の浅い海だけにかぎられない。その出漁先は国や大陸を越えた範囲におよんでいる。海人の活動は越境性を大きな特徴としている。

かれらの活動は自給生活のために食料を獲得するだけでなく、獲得した資源を商品化することが大きな動機づけとなった。歴史が示しているように、「海を売る」ことによって海人のさまざまな活動が展開してきたともいえる。海人の活動を経済的側面から投影したときのキーワードが「海の交易」である。海の商品を買い取り、交易品とする商人や仲介業者を通じて消費者にまで運ぶネットワークは世界にあまねく存在した。海の交易網は、グローバル経済下の現代をはるかさかのぼった先史時代から存続してきたのである。

海人はたんに海の商品を生産し、交易網の末端で従属的な役割を演じてきただけではない。この点で本書が強調したいのは、海の世界史を担った名もなき海人の果たした役割を正当に評価し、今後の人間と海とのかかわりを考える重要な契機とすべき点である。

海の生き物やその生態を熟知した知恵と漁撈技術は多様な形として創成され、世代を経て継承されてきた。すでに旧石器時代から外洋のマグロやカツオを漁獲する技術が考案されており、海の生き物との格闘は人間による海への適応の歴史として色濃く刻まれている。

海の資源を無制限に獲り尽くす乱獲の歴史が厳然とある。海の商品生産を進めてきた人間の愚かさといえなくもない。財宝や奢侈品《しゃし》にたいする権力の執着やもうけ主義が数々の生き物を絶滅に追いやってきた。ただし、海人は乱獲や海の生き物の絶滅を望んできたのではない。かれらが資源を維持しながら持続的に利用する工夫を編みだしてきたこともようやく知られるようになった。

海人の活動を資源の破壊者とみるか保全者と考えるのか。わたしは二元的な区分ではけっしてとらえきれないと考えている。重要な論点は、時代や歴史の変化を通して、海の生き物と海人のかかわりが変化してきたことである。海人の活動の特質は第一に越境性にあるとすれば、第二にはその変容性を挙げたい。なかでも、外部社会の動向や国・地域、さらには世界全体の社会経済や政治的なレジーム・シフトに即応して、海人の活動は変容してきた。しかも、海洋生物の資源自体も一定ではなく、大気と海洋の大きな変動とともに、人間による漁獲の動向によっても変動してきた。自然と人間社会の影響がもろに海人の活動を直撃してきたわけであり、そうした変動にたいする応答が海人の特徴といえる。

海人の活動が変動にたいして順応的であるとして、この問題をどのように可視化して分析することができるだろうか。第一に、海の資源を利用するさいの権利関係やアクセス権が世界の海で多様に展開している事実がある。海の資源にたいして詳細ななわばり制が適用される場合から、共同体や地域、あるいは国家によって自由競争が認められる場合まで、資源の所有や占有については錯綜した実態が存在する。

海の資源はもともと誰のものでもない。しかし、じっさいは特定の占有権、所有権が設定されている場合がほとんどである。「みんなのもの」とする共有(＝コモンズ)論では、共有資源は自由競争によって早晩、枯渇するので、国が管理するか、市場化するかしかないとしたG・ハーディンのモデルにたいして、世界各地の調査研究による多くの反証が提示された。資源枯渇を未然に防止するさまざまな取り組みや慣行が存在することがあきらかとなったのである。

第二に海洋環境は時間軸からすれば、周期的な変動を繰り返すことが知られている。本書では海洋生態系における大気・海洋システムの変動についていくつもの事例を提供した。地球規模での変動現象は海洋生物の資源量に大きな影響をあたえること、ひいてはそれぞれの地域における漁業にも大きな影響をあたえる問題を「生態連関」とともに「生態史」として再構成する必要性を強調した。もちろん、海の生態系が陸上とも強い連環をもつことをふまえ、地域ごとに育まれてきた森里海連環の意義も忘れることはできない。海人の活動を生態系のなかで位置づけるのである。

二〇一一年三月一一日に発生した東日本大震災によるカタストロフィは、海が恩恵だけでなく重篤な損失と災禍をもたらすことをみせつけた。地震津波から二年数カ月が経過した現在でも、災害からの復興は遅々として進んでいない。原発事故による環境汚染や国の原発政策とエネルギー政策についても、世界が見守るなか、有効な施策が講じられたわけではない。地震津波による災害と放射能汚染を受けた日本にとり、いまこそ提示すべき問題がなにであるのか。その意味を海人の視点から問いなおしたいと考えた。これが第三の点である。第1章を津波からの復興論としたのはそうしたおもいがあったからだ。第2章から第5章までは、生態系、魚食文化、海のネットワーク、資源管理の四つの課題をもとにこれまでの調査研究と先行研究の蓄積をふまえた論述を展開した。そして、第6章でそれまでの論考をふまえた海の未来論を提示する構成とした。

あらゆる研究の専門化と細分化は不可欠のプロセスであろう。その一方で、研究の総合化と統合はこれまで指摘されながらも実現がむずかしいとされてきた。海の問題に限定しても、海の循環と海洋構造に関する海洋学的な諸問題から、海の生態系を構成する個別の生物種、あるいは種間関係、さらには人間と海洋生物のかかわり、海の開発と保全、海洋の法的レジーム、海の安全保障、海洋教育と文化まで、非常に幅広い問題群が包摂されている。しかも、資源の管理と保全については境界を越えた協同と統合による施策が求められている。こうしたなかで、本書は海に生きる海人の活動とその歴史に着目した論考を目指した。海のあらゆる問題を網羅したのではないし、せまい領域に拘泥した議論を展開してきたのでもない。

海人の目線でというおもいを強調したのは、海に生きる人びとは海の生き物との知恵くらべに切磋琢磨するとともに、仲間との漁場のなわばり争いや越境出漁による紛争に苦慮する。そうかとおもえば、漁獲物の販売価格に一喜一憂する。獲れた資源はすべて売ることもあるが、獲れたての魚をわが家で料理してその味を堪能することもある。換言すれば、海人はわれわれ研究者が専門分野として位置づけている海とのさまざまなかかわりをくらしのなかで統合したものとして認知し、体現して生きているわけだ。その視点はこれまでわたしが海人とかかわるなかでつねに意識してきたことがらであり、本書はわたしの回路を通じた海人像にほかならない。

海に生きる／目次

海に生きる

第1章——海の復興論——三陸の海から

海はどこまでもつながっている。この思いを強くしたのは、平成二三（二〇一一）年三月一一日に三陸沖で発生した巨大地震とそのあと押し寄せた津波の影響力である。津波は東北地方を襲い、沿岸部のあらゆるものを破壊し尽くした。そして引き津波は漁船、車、建築物、樹木そして人間を海へと運んだ。津波で発生した「がれき」（震災起因洋上漂流物）は五〇〇万トンに達し、その約七割の三五〇万トンが沿岸海底に堆積した。残りは漂流ゴミとして海流に乗り、一部は日本から遠く離れた北米大陸西岸に到達している。漂流がれきの処理をめぐって日米加の国々が連携・協力してその処理にあたることが決められ、日本政府は平成二四（二〇一二）年九月七日に米国とカナダにがれき処理費用として六〇〇万ドル（約四億七千万円）を供与した。

思えば一九六〇年五月二二日と二〇一〇年二月二八日に発生したチリ地震津波が一日たらずで日本に到達した。これらのことも海のつながりを強く認識させる出来事であった。はるか遠いチリから押し寄せた津波は破壊力をもたらすとともに、ふたたびあらゆるモノを遠くへと運ぶことを日本人にまざまざとみせつけたのだ。

三・一一の大震災発生から二年あまりが経過した。津波からの復興は先の長い課題である。わたしには被災地の現場で考えたことと、これまで日本やアジア・オセアニア地域の海で学んだことをあわせ、今後の復興に資する議論ができないかという思いがあった。本書の第1章では東日本大震災で未曾有の災禍をこうむった三陸地方の復興問題から説き起こし、海と人間とのかかわりについての議論を展開する原点としたい。

1　津波と海の復興

平成二三年三月一一日は忘れえぬ日となった。同日午後二時四六分、マグニチュード九・〇の地震が三陸沖で発生した。それから三〇～四〇分後、巨大な津波が東北地方沿岸部を襲った。今回、「想定外」とされる巨大な津波が発生したが、速やかな避難がなされなかったところが多い。東京大学地震研究所の佐竹健治教授によると、今回の地震は一〇〇年程度の間隔で起こる明治三陸地震タイプと、一〇〇〇年に一度起こるかどうかの貞観地震タイプの地震が同時に発生したことで大きな津波が発生したと考えられている。貞観一一（八六九）年の地震を記述した『日本三代実録』がしばしば引用されているが、一〇〇〇年に一度発生するのだからと考えることで事足りるのではけっしてない（図1-1）。

図 1-1　津波で民宿の屋根にもちあげられた観光船「はまゆり」号（岩手県大槌町・赤浜地区）。

海の復興ポリシー

東北各県は地震津波によって多大な被害をこうむった。水産関連の被害総額は、岩手県では三五八七億円（平成二三年七月二五日現在）、宮城県では六九四七億円（平成二三年一〇月二〇日現在）、福島県では二六四億円（平成二三年四月二七日現在）となっている。

今回の震災からの復興は、被災した地域をふくむ地方自治体にとり喫緊の課題であることはいうまでもない。岩手県では一一項目の緊急重点事項を挙げ、被災者の生活支援、ライフラインの復旧、災害廃棄物処理、農林水産業の初期復興、原子力災害への対応など、総合的見地からの立案がなされている。宮城県の津波復興計画では、（1）「安全」の確保、（2）「暮らし」の再建、（3）「なりわい」の再生、が提案されている。福島県では復興への重点プロジェクトとして、（1）安心して住み、暮らす、（2）ふるさとで働く、（3）町をつくり、人とつながる、を挙げている。福島県では原子力に依存しない社会づくりを復興の基本理念にすえ、県内の原子力発電所全基廃炉を国や原子力発電事業者（具体的には東京電力）に求めている。宮城県では、津波による壊滅的な打撃からの水産業の「原形復旧」はきわめて困難であるとの認識がある。三陸における多くの漁業者は宮城県の考え方を真摯に受け止めている。

宮城県は津波による被災地を水産業復興特区とし、民間資本の活用による漁業協同組合再編の推進を課題に挙げている。漁業従事者の高齢化と減少傾向が進むなかで、水産業の担い手を漁業協同組合から公社ないし第三セクターに移行し、経済特区のなかで水産業の復興を目指すべきとする構想である。日本政府は東日本大震災復興構想会議の提言のなかで、「水産業復興特区」構想を打ちだした。宮城県の村井嘉浩知事や水産政策学の小松正之教授などもこの立場に立つ。

これにたいして、全国漁業協同組合連合会（全漁連）は、企業の参入がかならずしも水産資源の管理と水産業の適正な運営に資することはないとする反論をとなえている。地元漁業者の意見が反映される保証はまずない。そのうえ、公社や企業は利潤がないとなると撤退するのではないか。漁業者により地元で育まれてきたルールをふまえた漁業経営を期待できないとする考え方である。

宮城県知事サイドの説明と全漁連あるいは宮城県傘下の漁業協同組合側の反論をみると、相互理解が十分になされていない面がある。この点は三重大学の勝川俊雄准教授も指摘しているとおりである。

水産業では漁業免許を取得するため、企業が漁協組合員となって参入するのが通常のプロセスであるが、これまで企業の参入が認められた例はほとんどない。宮城県の提唱する特区区画漁業権構想はこうした弊害を排除するもので、優先順位をつけずに漁協、地元漁民中心の組織、地元漁民が七名以上参画する組織が公平に参画できる内容となっている。あとでふれるスマトラ沖大津波からの復興過程であきらかになったように、水産業は魚を獲り、育てるだけの産業ではない。獲れた魚を冷蔵・冷凍し、さらには加工品を製造して、水産物を流通機構に乗せるインフラをふくむ総合的な産業である。漁協だけでなく企業の参画を通じた連携を促進する方策が地震津波で疲弊した漁村復興の要とする期待感は大きい。とくに若手漁業者の参画は次世代の水産業を創出するうえで不可欠である。

わたしは漁業協同組合の機能には正と負の側面があると考えている。海面利用については、漁業協同組合が漁業権を物件として排他的に行使していることがあらゆる問題の根幹にある。漁業者以外のセクターからの新規参入や遊漁者としての一般市民の参加、エコツーリズムの創生など、時代の新しい動きを漁業協同組合が取り込んで実践するだけの力がほんとうにあるのか、という疑問が残る。現在、海面のコモンズ的な利用についての議論が大きく浮上している。水産資源の管理や持続的利用にしても、研究者や外部有識者の意見を十分に反映した運営がなされているのか。漁協と地域の自治組織や祭礼組織とのかかわりはどのようになっているのか。一部の漁業協同組合では資源の管理方策がうまく機能していると疑わないが、そうではない場合について徹底した検証が必要である。

上からの復興計画にたいする住民の反応は地域ごとに異なる。地域のなかでも海岸部と海岸から離れた地区とでは意見に温度差がある。たとえば、津波被害をもろに受けた地域では水産業の復興計画とともに防潮堤の高さと高台居住に関する合意形成が課題となっている。岩手県は県内市町村における防潮堤の高さの目安として一四・五メートルが適切であるとした。宮城県ではさらに高い一七・四メートルが想定されている。

防潮堤の高さをめぐる議論は端的に二つある。今後の津波に備えて、より高い防潮堤をつくるべきとする意見が一方である。一九六〇年のチリ地震津波で大きな被害を受けた岩手県田老町（当時）は防潮堤を建設し、二〇一〇年のチリ地震津波の被害を免れた。しかし、二〇一一年には東日本大震災によりふたたび防潮堤が破壊された。岩手県釜石湾では湾口部の防潮堤により津波高は湾奥部でかなり減衰した。両者のちがいをどのように評価すればよいだろうか。

防潮堤の高さを抑えようとする意見もある。防潮堤の耐用年数は五〇年程度であり、一〇〇〇年に一度の津波に備えるにはこの先二〇回も建てなおす必要がある。とすれば、未来志向の点からあまりにもコストがかかるという意見である。後者の意見に関連して、防潮堤の高さについての議論ではなく、低地居住を避ける対策を講じるべきとする減災の考え方も提案されている。極端だが、防潮堤は要らないとする意見もある。また、すべての住宅を高台に移転することは不可能であるので、浸水地域に盛土をする案も浮上し、実施計画が進められようとしている（図1-2）。いずれにせよ、住民の合意形成を基本とすべきだが、ある地域のすべての住民が満足できることを前提とした復興計画を策定することは困難であるとの認識も必要だろう。

図 1-2　津波後に盛土を２ｍに設定した場合、電柱に標示された高さまで土が盛られる（岩手県大槌町）。

漁業協同組合の戦略

ここで水産養殖業に着目して、三陸の復興方策について検討しよう。宮古から牡鹿半島までのリアス式海岸一帯では多種類の養殖漁業が営まれてきた。このなかには、ワカメ、コンブ、ノリ、マツモなどの海藻、カキ、ホタテ、アワビ、アサリ、ホッキガイなどの貝類、ホヤ、エムシ、エビのほか、サケ・マス、ギンザケ、クロダイなどがふくまれる。東北地方では養殖業が水産業のなかでも重要な位置を占めている。ここでは三陸を青森県鮫角《さめかど》から宮城県万石浦までの地域を指すものとするが、本章では福島県もふくめて論述する。

岩手県中部以南のリアス式海岸では湾奥にはカキ、中央部ではホタテガイ、湾口でワカメが養殖される傾向がある。外海で波がおだやかであるか、潮の流れのゆるい場所ではワカメの養殖が営まれてきた（図1-3）。

カキ養殖では二〇世紀以降、垂下式（一九二三年）、

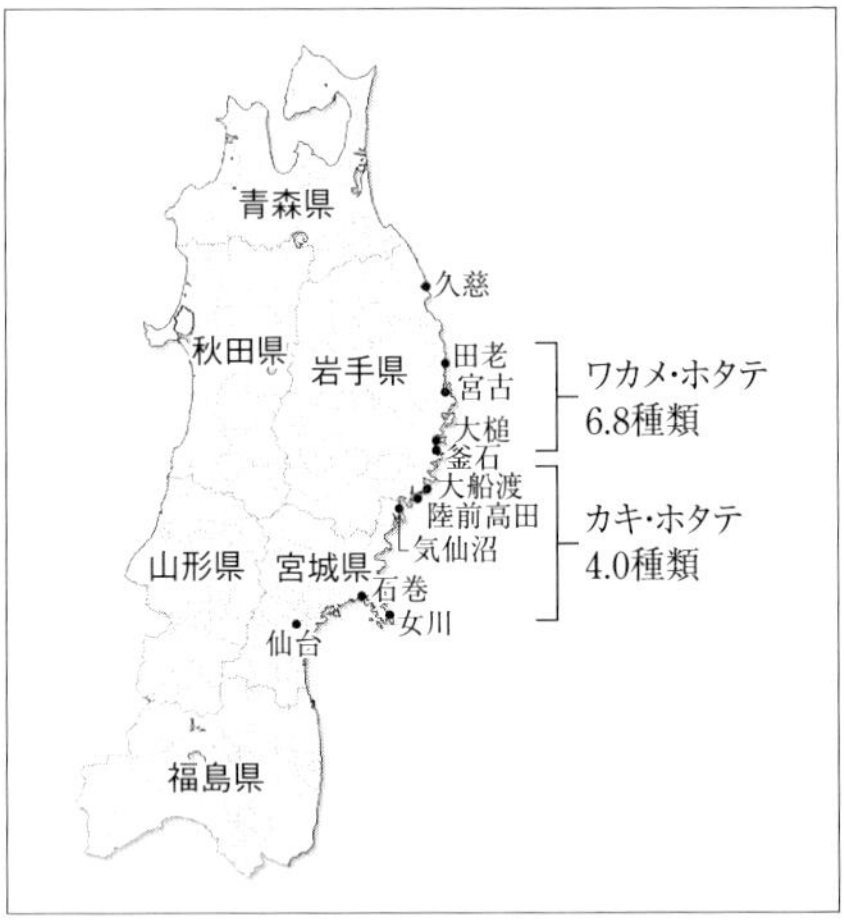

図 1-3　三陸の位置と沿岸養殖業。岩手県側の 23 漁協（宮古–長部《おさべ》）における平均養殖対象は 6.8 種類、宮城県側における 17 漁協（唐桑–女川）の平均は 4 種類である（昭和 58 年の漁業センサスによる）。

筏式（一九三〇年）、はえなわ式垂下法（一九五二年）などの養殖技術が相次いで開発され、三陸地方に導入された。筏式養殖法は水深の深い海域でも操業可能な技術であるため、三陸一円に拡大した。現在では、初夏に浮遊し始めるカキの幼生をホタテガイの殻に付着させ、養殖筏から垂下したロープで成長させる方法で養殖されている。カキは一～二年で収獲できる。

養殖ワカメの場合、昭和二八（一九五三）年に気仙郡末崎（現、大船渡市）で天然ワカメから人工採苗による養殖法が開発され、昭和三二（一九五七）年に企業化に成功した。春にメカブ（成実葉）の胞子を種苗としたものが秋には発芽する。これを筏で育成し、翌春に収穫する。

養殖ホタテは一九六〇年代に天然採苗技術が開発された。七〇年代には各地で異常へい死の事態も発生したが、八〇～九〇年代以降に生産が大きく拡大した。春の産卵期に受精後の浮遊幼生を採苗器に付着させ、これを垂下式の中間育成かごに移して養殖する。ホタテは受精から三～四年で収獲できる。

以上のように、ワカメは水産復興にさいしての収入源としてホタテやカキよりも経済効率がよい。ワカメ生産量は養殖によるものが九割以上で、全国で五〜六万トン中、岩手県がつねに全国一位で、生産量の四割以上、宮城県が二割以上をあげてきた。しかし大震災後、ワカメの生産量は一・八四万トンと前年比で三五パーセント減となり、岩手県、宮城県はともに大きな打撃を受けた。

津波でワカメ養殖用の種苗がほとんど失われたことを受け、全国第三位の生産量をもつ徳島県は県水産研究所が独自に開発した「フリー配偶体」の種苗を三陸地方に提供する支援を進めてきた。フリー配偶体はワカメから雌雄別にわけて配偶体を保存し、混合後、培養して優良な種苗品種をつくりだす技術の結晶である。県水産研究所の棚田教生氏と中西達也氏らによると、種苗が宮城県気仙沼沿岸の一一地区に配布され、平成二四（二〇一二）年二月、成功裏に収穫された。徳島と宮城の相互交流と連携により、被災地の水産業復興の足がかりができた。

養殖業の復興にさいしては国や他府県自治体からの支援とともに、各漁業協同組合による独自の取り組みがなされてきた。資材や資金不足のため、従来のやり方では復興はおぼつかない。そこで、かぎられた資源を有効に活用する必要から、漁船・漁具・養殖施設を共同利用するシステムが発案された。漁業協同組合が率先してインフラを整備し、漁業者に資材を貸し出して共同利用、協業化する方式の採用である。

ワカメ養殖業では少数の漁船を漁業協同組合が購入し、組合員が共同で利用し、得られた利益を世帯ごとに均等配分する方策がとられた。個人経営であった天然ワカメ、ウニ、アワビなどの採集漁でも、何人かが船を共同で使い、得られた収入は世帯別に配分された。岩手県宮古市田老では、給料を先取りして支給し、翌年の収入から清算する方法がとられた。カキ養殖では、カキの稚貝を養殖業者間で分配する場合があった（宮城県石巻市万石浦）。冷蔵・冷凍施設の共同利用（宮城県南三陸町）の例もある。

多くの漁業協同組合は「オーナー制」を導入して全国から支援金を捻出する試みを実施した。宮城県石巻市では、一口一万円でワカメ養殖業再生のためにオーナー制を導入した。一五〇人のオーナーでロープなどの資材を準備し、三〇〇人で塩蔵・冷蔵設備を整備する。一〇〇〇人で漁船を調達し、ワカメ養殖業を再生できると試算した。再生後は、塩蔵ワカメ一キロ程度を各オーナーに発送する。平成二四（二〇一二）年六月三〇日現在で四二一名、四七七口が集まった。同様に岩手県田野畑町でも一口一万円で各オーナーは復旧後、一口で塩蔵ワカメ一キロを受け取るとされた。

ワカメだけではない。三陸牡蠣復興支援プロジェクトはオーナー制をよびかけ、平成二四（二〇一二）年三月三〇日までに二万三九三三名、三万一五一八口が集約された。そして岩手、宮城両県で合計三八三名のカキ養殖業者に約一億二三六三万四千円の支援金が配分された。このほか、ウニを通じた復興支援プロジェクト（宮城県石巻市網地島《あじしま》や田代島）、などが実施された。

岩手県大槌町では、平成二三（二〇一一）年八月一日に地元の四水産加工業者が「立ち上がれ！ど真ん中・おおつち」を立ち上げ、現在は協同組合として活動を続けている。水産復興を目指して、出資者のサポーターを募った。出資者には復興後、荒巻サケなどが送られる。サポーターの出資金は一口一万円であり、平成二四（二〇一二）年四月二七日現在では四九四九人、九〇六八口が集まっている。また地元のブランド水産品を全国規模でネット販売を目指すために協同組合は海の幸詰め合わせ（六千円）を販売している。これには、イカの塩辛（1）、ワカメ（1）、サバのみりん干し（2）、サケの粕漬け（2）、サンマのみりん干し（1）がふくまれる。わたしは、メカブ、ホタテ、イクラ、アワビなどを漬け込んだ「三陸漬け」も好評を博するのではないかと考えている。

海外からの支援も見逃せない。フランスではかつて一九七〇年と一九九〇年に養殖カキに病気が蔓延した。東北のカキ養殖業者がカキの幼生を送ることでフランスのカキ養殖業を救った。その縁で、被災したカキ養殖業者に筏や資材など七トンが贈られた。

以上のように、震災後は（1）共同経営の実施と利益の均等配分、（2）経費を組合と個人が折半した経費負担、（3）組合によるすべての資材の提供、（4）オーナー制の導入による復興の促進と支援者への利益還元、など、新しいコモンズ的な経営がなされてきた。かぎられた資材を生かした地域基盤型の復興方策として注目される。

沖合漁業、遠洋漁業の基地である気仙沼、石巻、宮古などの大型漁船も大きな被害を受けた。気仙沼の近海マグロはえなわ漁業をおこなう気仙沼遠洋漁業協同組合は、所属する一三隻のはえなわ船が協同操業する方式を採用した。従来は船ごとに操業する方式であったが、四船団を組んで魚群探知機により得たマグロに関する情報をいったん陸地の漁協に送り、漁協から各船団にその情報をメール配信した。さらに、水揚げ量や鮮度に応じて気仙沼に帰港する順番を指示してマグロの価格調整をおこなった。「集団操業」は水産復興と経営安定のための有効な措置であった。

インド洋大津波の教訓

漁村のあり方についての検討課題は、インド洋大津波で被災した国ぐにも等しく抱えてきた。二〇〇四年一二月二六日、スマトラ沖地震・インド洋大津波がインドネシア、タイ、そしてスリランカ、インド、モルディブなどの国ぐにを襲った。この地震津波で死者二三万人、被災者約一七七万人という未曾有の災害が発生した。壊滅的な被害をこうむったのは沿岸漁村や水産業である。津波直後からの緊急支援、そして復旧・復興が進むなかでさまざまな問題が浮上した。

広島大学の山尾政博教授は、インド洋大津波後の復旧・復興過程について、地域漁業学の立場から精力的な現地調査を続けてきた。山尾教授によると、各国の抱える問題は多様である。スリランカでは、震災後、カツオ・マグロの沖合漁業を輸出産業の基地として整備する政策により新たな水産経済策が打ちだされた。津波前はタイのプーケット港がその役割を果たしてきた。プーケットでは安い労賃でミャンマーの若年労働者を使うなど問題もあったが、それに代わりスリランカがカツオ・マグロ輸出産業の新しい基地となりつつある。インドやタイでは沿岸漁業向けの漁船が震災後に数多く建造・導入され、過剰な数の漁船による漁獲圧の増加が懸念され、減船方策が課題となっている。タイのアンダマン海沿岸域ではハタ類の活魚を蓄養する生け簀漁業が津波発生前よりも拡大し、ハタ仔稚魚の需要増にともなう資源の減少が懸念されている（図1-4）。

復興における社会経済的面での対応も注目されている。インドネシア西部では地域復興にさいして、漁村社会のリーダー兼キャプテンであるパングリマ・ラウトが強い指導力を発揮した。資源管理や震災復興における地域独自の主体的なかかわりが復興の大きな駆動力となりうることをふまえておきたい。

図 1-4　ハタの蓄養場。タイ国のアンダマン海に面するパンガー県では、ハタ、バラマンディ、カキ、ミドリイガイなどの養殖・蓄養業がさかんである。生け簀の木枠は背景にあるマングローブ材を利用。

津波災害を受けた水産業はとりわけ総合的な復興を必要とする。漁村社会の被害状況に応じて、全壊、中程度の損害、軽微な損害にわけて対策を検討し、個々の社会における復興の状況、復興支援上の留意点、今後の問題点など、柔軟な施策を適用することが肝要である。地域の多様性をふまえた復興、地方分権と住民参加の実態、公平性に配慮した支援のあり方についての山尾教授の提言は傾聴に値する。

これらの提案は、東日本大震災後の復興計画策定にたいへん参考となる。水産業は漁業生産だけでなく、水産加工業、流通機構などのインフラと密接に結びついた総合産業である。復興計画がこれらの産業ネットワークをふまえたものでなければ、今後の水産業を衰退に導くおそれがある。経済特区の構想が水産業の総合的な復興を視野に入れたものでなければ、全漁連の反対意見にも一理あるといわざるをえない。まして地域の自然と歴史・文化を無視して、経済効果に偏重した復旧・復興は未来ある方策であるとはいえない。

2　津波の歴史から

今回の東日本大震災以前に、日本の先人たちは津波にたいしてどのような対策を講じ、どのような備えを伝承してきたのだろうか。公害史や震災史の研究者である深井純一教授は、第二次世界大戦中期から戦後初期の震災に注目した。この時代、地震や津波に関する情報は軍部による極秘扱いや戦後の進駐軍による出版規制などにより公表されなかった。深井氏は昭和二一（一九四六）年の南海地震津波襲来時における徳島県下住民の体験に言及している。それによると、「地震のあと、家の戸を開けて逃げやすくすること、引き潮だからと家にものを取りに帰らないこと、火は消して逃げること、避難路をあらかじめ決めておくこと、ただし避難路が混雑する場合、裏道を利用すること、津波で運ばれた漁船がおそろしい破壊力をもつこと」などが教訓として語られている。

深井氏も指摘するとおり、地震津波を予知するさまざまな自然現象が知られている。十数年前、バングラデシュのダッカ大学人類学部のS・ハッサン教授はサイクロンによる自国の水災害をふまえて、津波を予知する現象の調査を日本でしたいとわたしに申し出られた。わたしは和歌山県、徳島県などの地方史にある津波災害の記載についての文献収集とその翻訳のお手伝いをした。のちふたたび津波発生の数年前に来日されたおり、三陸地方における津波関連の調査補助を、岩手県大槌町の教育委員会生涯学習課の佐々木健係長に依頼したことがあった。ハッサン教授の調査でも、地震直前にイワシやマグロの大漁があったことや、湧水が出なくなるとか涸れてしまうことがわかった。安政三（一八五六）年の地震直前にも同様にマグロ・イワシ大漁の記録がある。

物言う魚と津波

津波を後世に伝える伝承としてわたしが注目したのが「物言う魚と津波」の話である。石垣市登野城在住の郷土史研究家、牧野清氏によると、明和八（一七七一）年に八重山諸島を中心に発生した明和大津波のあと、八重山諸島や宮古諸島では人魚が津波の襲来を人間に伝えた伝承が残されている。石垣島北部の野底《のそこ》の伝承によると、上半身が人間の姿・形をした魚が網にかかったさい、三人の漁師がこれを持ち帰り、食べようとした。すると、その人魚は人間のことばで「わたしは人魚です。わたしを助けてくださったら、おそろしい海の秘密をお教えします」といった。漁師は相談の末、海に逃すことに決めると、その人魚は「明日の朝、おそろしいナン（津波のこと）がくるので山に逃げてください」と告げて海に去った。漁師たちはこの話を白保の村役人にしたが一笑にふされた。果たして翌日、津波が島を襲い、逃げなかった人は亡くなり、津波を信じた漁師と野底村の人びとは山に逃げて九死に一生をえた。この話にある人魚はジュゴンに相違ない。

宮古諸島では、ジュゴンではなく現地でピナーシ（シュモクザメ）が登場する。ピナーシが人間につかまり火あぶりにされている現場で、海霊が津波を起こしその魚を救助する内容の伝承がある。伊良部島の下地村では、「ヨナタマ」とよばれる魚が人間につかまって網の上であぶり乾かせられていたところ、人間のことばで「早々にサイ（津波）をやりて迎えさせよ」といった。これを聞いた人間がこわくなって逃げ、翌朝、下地村にもどると、村は津波で消えていたという。民俗学者の柳田國男はヨナタマの「ヨナ」は沖縄における「海」の古語であり、ヨナタマが海霊をあらわすものとしている。

沖縄本島の中頭《なかかみ》郡美里間切古謝《こじゃ》村（現、沖縄市）にも、魚と津波に関する説話がある。塩づくりをしていた人が海に浮かんでいる一尾の魚を家に持ち帰ろうとすると、「一波寄するか、二波寄するか、三波寄するか」と人間の声でつぶやいた。気味悪く思っていたところ、一人の無頼漢と会った。その無頼漢に事情を説明すると、その人物は一笑にふして魚を料理して食べた。そのとき、大海嘯《おおつなみ》がやってきた。

これらとよく似た民話はアジア・オセアニア地域でも知られている。南山大学の後藤明教授は柳田國男著の『物言う魚』に依拠して、インドネシア東部のセラム島における洪水（津波か）説話を紹介している。

あるとき、二人の姉妹が川へカニ獲りにいった。そのとき、岩場でウナギをみつけたので、そのウナギを獲ろうとした。ウナギは人間のことばで姉妹のいったことばを繰り返した。結局、殺したウナギを村に持ち帰ろうとしたが、ウナギは重すぎたので村人の助けを借りてようやく村に運ばれ、切り刻んで食べられた。しかしウナギの肉は十分でなかったので村人が文句をいうと、ウナギは人間のことばでおなじことを繰り返し話した。その夜に川の水量が増して村は水に呑み込まれた。ウナギを食べた家族はおぼれ死に、食べなかった家族は一命をとりとめた。

ジュゴンやサメ、ウナギなどと津波や洪水とのかかわりについての教訓は人間への警鐘である。津波や洪水の災禍は人間がジュゴン、サメ、ウナギを食べようとしたためのたたりであり、ジュゴンやサメの警告を聞いた人やウナギを食べなかった人が災難から無事、助かるというメッセージが示されている。これらの説話は自然の脅威にたいする人間の傲慢さを戒めるためのものであろう。二〇〇四年のスマトラ島沖の地震津波のさいにも、地震がきたら高いところに逃げよとする伝承を守ったことで多くの人命が救われた例がインド洋の島にある。立教大学の高藤洋子准教授はスマトラ島沖のシムル島に伝わる津波の伝承を子守唄などに詠み込んだ四行叙事詩について報告している。

人びとによる肉声の記録や民話・伝承ではなく、地震津波の記憶を後世に伝えるための石碑が残されている。青森、岩手、宮城の三県には津波災害の記録や教訓を刻んだ二〇〇基以上の石碑がある。碑文には「地震がなくとも異常な引き潮は津波と思え」「津波があったら高いところへ逃げよ」「低い場所に住居をするな」などと刻まれている例が多い。

図 1-5　昭和三陸地震津波ののちに建立された石碑。左が津波前、右が津波後のもの（岩手県大槌町）。

昭和八（一九三三）年三月三日未明に発生した昭和三陸地震津波ののちに、岩手県大槌町町方に建立された石碑にも前記のような内容が記されている。今回の一六～一八メートルの津波は沿岸部を呑み込んだが、石碑はのちにもとの場所近くで傷つきながらも発見された（図1-5右）。同町の吉里吉里《きりきり》地区にある金比羅神社にも大《だいか》海嘯《いしょう》記念碑がある。ここでも津波は神社のある場所を越えた。津波の常襲地帯とでもいえる三陸地方では、津波対策として高所に居住することが教訓として生かされなかったのだろうか。

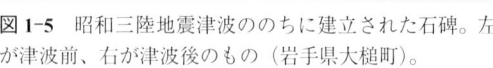

高台か、沿岸・河川流域か

縄文・弥生時代の人びとは過去数千年のあいだに津波を体験したにちがいない。ならば人びとは災害リスクを避けるため、高所に居住したのだろうか。東北地方における縄文時代の貝塚や遺跡が丘陵や小高い場所に多くあることがこの問題を考えるヒントになる。岩手県大槌町にある縄文・弥生時代の遺跡を例として挙げよう。大槌町の赤浜Ⅱ遺跡は大槌湾の入口近くの現、赤浜小学校の体育館あたりにあり、

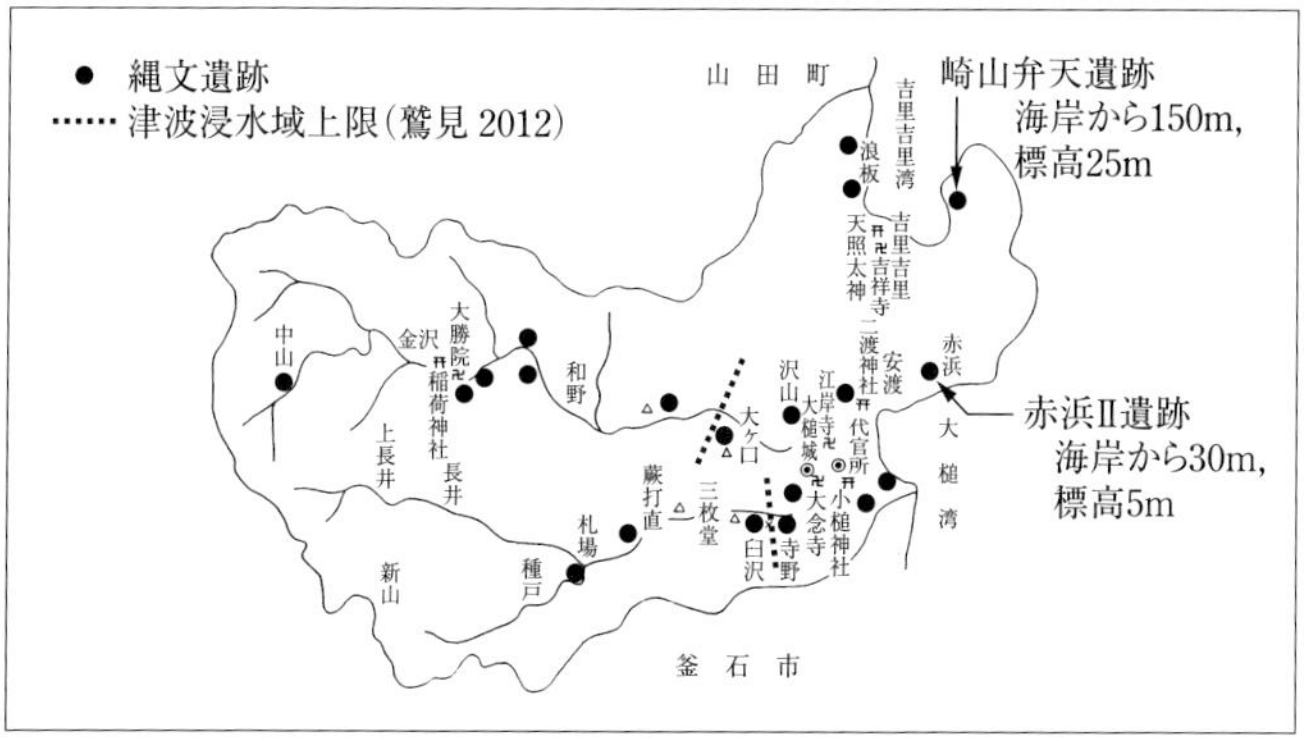

図 1-6　大槌町における縄文時代の遺跡分布。崎山弁天遺跡は海岸部の台地上に位置するが、そのほかは海岸部と大槌川、小鎚川沿いに分布している。外洋に面する吉里吉里湾では津波高は 18 m であったが、大槌湾内では 14 m 前後であった。津波浸水域は図の点線で示した場所までおよんだ。これをもとに盛土の高さと区域が設定された。

今回の津波の影響をまともに受けた。遺跡は現在の海岸線から内陸側に三〇メートル、海抜五メートルの南向きに位置している。包含層のなかで地下約一・八メートルに厚さ二〇～五〇ミリの海藻炭化層が数十メートルにわたって発見された。ここにはコンブ、イワノリなどの海藻が残されていた。海藻の存在は津波か地殻変動による攪乱の結果と考えられている。

一方、大槌川、小鎚川流域には縄文遺跡が多く残されている（図1-6）。河川両岸域は河川漁撈にとってたいへん便利であったことが想定できる。季節的であるとはいえ、河川には秋から冬にシロザケが、春にはサクラマスが溯上する。これらの水産資源を獲得するうえで河川近くに居住することは理にかなったものだろう。遺跡の立地場所で湧水が利用できた可能性も大きい。ただし、今回の津波で大槌川の大ケ口、小鎚川の桜木町あたりまで浸水したことが大同大学の鷲見哲也教授による調査であきらかにされている。

一方、崎山弁天遺跡は海抜約二五メートルの海岸台地上に立地する。ここからは縄文前・中・後・晩期から弥生時代までの包含層がみつかっており、人びとが長期にわたり居住していたことを示している。この遺跡は吉里吉里湾の東南部、北向きの台地上にある。遺跡の急斜面直下は海であるが、今回の津波は一八メートルに達したにもかかわらず、遺跡部分は波をかぶることはなかった。

仙台平野や松島湾にも多くの縄文遺跡があり、多くの場合、その海抜高度は一五〜三〇メートルである。では、縄文人は津波を避けるためだけに高台に居住したのか。考古学の内山純蔵准教授は、縄文人は森、野、川、海岸などの多様な環境に食料資源を依存しており、季節に応じてそれらの環境を使いわけるために森と海の接点に居住していた証拠とみる。一方、弥生時代人は水田稲作をおこなうためにその多くが低地に居住し、津波の被害に脆弱であったとした。縄文人は生態学的な移行帯（エコトーン）に居住し、効率的に環境を利用する「職住分離」の生活戦略をもっていたと考えるわけだ。では、河川流域の居住地は洪水や津波の災害に脆弱であったとのみ考えることは妥当であろうか。わたしは河川両岸の微高地であれば、問題なしと考えたい。大槌だけの情報を一般化することには無理があるかもしれないが、「職住分離」の原理だけですべて説明できるとはおもわないからだ。

三陸沿岸部には縄文遺跡が密集して分布している。人びとが海洋資源に大きく依存していたことは魚介類の遺存体や釣りばり、はなれ銛、やすなどの存在からもあきらかである。考古学者の渡辺誠教授は三陸における縄文時代の漁具についての類型を解明している。

縄文時代に三陸の沿岸環境が人為的に大きく攪乱された証拠はない。数千年後の現代、とくに戦後の高度経済成長期を経て沿岸環境は大きく劣化してきた。縄文時代とおなじような、海と日本人とのかかわりを今後、再生することは不可能であるが、少なくとも今回の大災害から復興する過程で依拠すべき枠組みがある。日本の沿岸域における適切な環境保全と地域振興を実現するうえで浮上したのが森と海のつながり論である。

3 森と海の連環と復興

現在、森と海の連環が注目されている。森と海を結ぶのは川である。宮城県気仙沼市唐桑半島でカキ養殖業を営む畠山重篤氏は、「森は海の恋人」論の提唱者である。畠山氏は沿岸にゆたかな幸をもたらすのは森に由来する栄養塩類（窒素、リン、鉄）であるとし、森づくりと植樹活動をここ二五年進めてきた。

畠山氏が森と海との連環に注目した背景には、一九八六年にフランスのロアール川河口域の町ナントでカキ漁場を見聞し、さらに川の上流にあるゆたかな森の存在を知ったことがある。しかも畠山氏はロアール川にウナギのシラスが多く溯上すること、ナントの名物料理となっていることを学んだ。

二〇一二年一一月下旬、津波で破壊された気仙沼市唐桑の舞根《もうね》湾にある水山《みずやま》養殖場に畠山氏を海洋開発研究機構（ＪＡＭＳＴＥＣ）の白山義久教授とともに訪れた（図1-7）。畠山氏と白山教授との関係は二〇〇三年にさかのぼる。同年三月、京都で第三回世界水フォーラムが開催された。当時、京都大学フィールド科学教育研究センター所属の白山教授は第三回世界水フォーラムの分科会に畠山氏を招聘した。水問題を生態学と産業の両面から取り上げるうえで、畠山氏の活動はぴったりあてはまると白山教授が白羽の矢を立てたのだ。森と海の連環についてはその後、初代センター長の田中克教授や同センターの山下洋教授が「森里海連環学」として継承し、現在に至る。

図1-7　唐桑での出会い。津波で被災した気仙沼市唐桑半島の舞根湾にある水山養殖場を訪れた白山義久教授（左）と畠山重篤氏（右）。カキとホタテの養殖場も整備され、カキの出荷が始まっていた（2012年11月）。

　森で育まれた栄養塩類が河川経由で海に輸送される。だから、沿岸域の生物生産を保障する森を保全すべきだとする発想は、津波後の沿岸復興を考えるうえで注目されている。

「森は海の恋人」論は、海外でも類似の研究として展開されている。白岩孝行准教授（現、北海道大学）は総合地球環境学研究所で実施されたプロジェクト研究のなかで、シベリアのタイガに由来するフルボ酸溶存鉄がアムール川経由で海に輸送され、オホーツク海の生物生産に重要な役割を果たすことをあきらかにした。森林の腐食土中にふくまれる腐食物質（フルボ酸、フミン酸）は鉄イオンと結びつき、フルボ酸鉄として溶存状態で川から海へと運ばれる。フルボ酸鉄は海で窒素やリンとともに海藻に吸収され、これが海洋における生物生産の源泉となる。白岩准教授らはフルボ酸鉄の輸送を促すアムール川集水域の森林を巨大魚附林《うおつきりん》と位置づけた。

海底湧水と循環

海に輸送される栄養塩類は河川ルートだけによるのではない。地中を経由し、海底で湧きだす湧水には、山地から地下水脈を経て海底から噴出する淡水湧水と、海底で淡水の湧水がレンズを形成し、その圧力で海水湧水を噴出する場合がある。降水が地下に入って基盤となる岩石のあいだを通過するさいに岩石の成分が地下水中に溶解し、結果としてさまざまな栄養塩類をふくむ湧水としてふたたび地上部や海底から噴出する。

藻場の研究者である海中景観研究所の新井省吾博士は、各地の調査から海中の生物生産にとり湧水が重要な役割を果たすことをあきらかにしてきた。水循環を研究する富山大学の張勁教授も、海抜三〇〇〇メートル級の立山連峰に由来する河川水とともに、地下に浸透した湧水が富山湾の海底一〇〇〇メートルまでつながっていることをあきらかにした。

岩手県宮古湾にある磯建て網の設置場所でニシンの仔稚魚が多く確認された（図1-8）。東京大学

図 1-8　ニシン仔稚魚の標本。宮古湾内における磯建て網の特定場所でみつかった。

大気海洋研究所の大竹二雄所長と同研究所博士課程の山根広大氏がこの調査を実施した。ニシンの仔稚魚は山根氏のお父さんである山根幸伸氏が所有する磯建て網で獲れた。湾内の特定地点で海底湧水の湧くことが確認された。

岩手県大槌町では、町面積（二〇〇・五平方キロ）の八九パーセントを占める森林から、大槌川と小鎚川が大槌湾に流出する。大槌湾の北側には吉里吉里湾があり、その北は船越湾につながる。海草研究者である相生啓子博士の調査で、船越湾には世界最長の七メートル以上になるタチアマモの生育が確認されている。

総合地球環境学研究所の水文学研究者である谷口真人教授は、淡水、湧水、海水の電気伝導度のちがいを検知する機器を用いて吉里吉里地区から釜石にかけての沿岸一帯で海底湧水の噴出場所を調査した。その結果、河川水が流出しない吉里吉里湾において海底湧水が噴出していることがわかった。このことは、吉里吉里湾の養殖ホタテガイがほかの地域のものよりも大きいことが漁業者間で知られていたことと符合する。つまり海底湧水のおかげで栄養塩類が供給され、プランクトンが豊富に存在することが裏づけられた。大槌

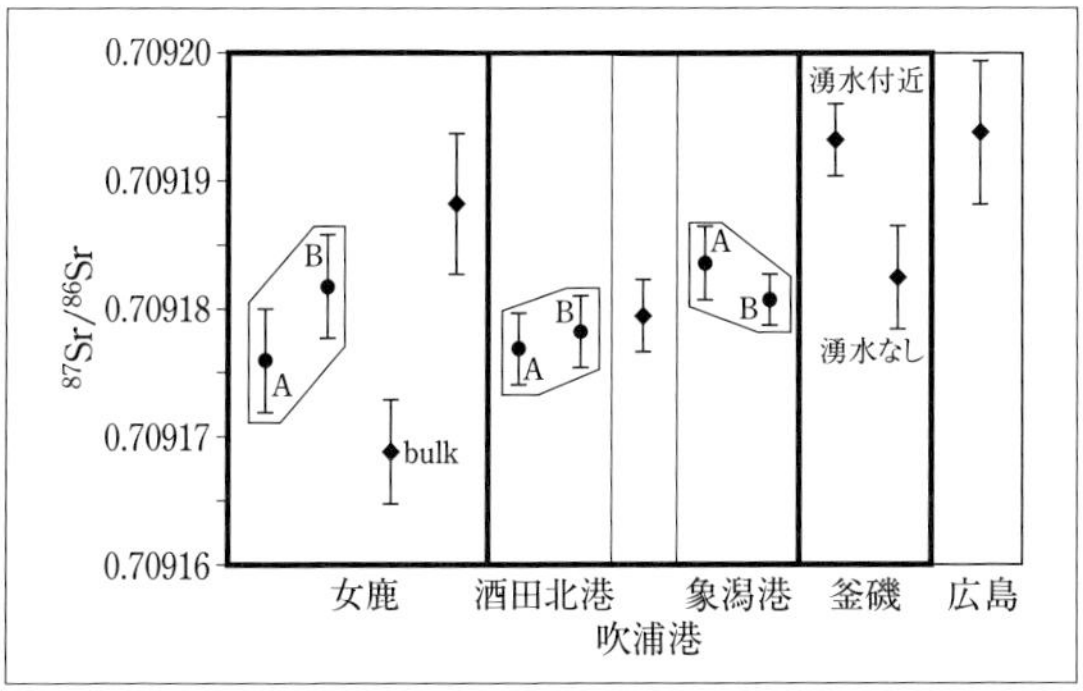

図 1-9　岩ガキのストロンチウム同位体比（谷口 2010 より作成）。山形県遊佐町沿岸域は岩ガキ（*Crassostrea nippona*）の産地である。沿岸に流出する河川がない場所でも大きな岩ガキが採れる。岩ガキに取り込まれた栄養成分の海水、海底湧水、河川水による水質の差がストロンチウム安定同位体比の差としてあらわれている。

湾でも海中がゆれるようにみえる場所がいくつもあり、海底湧水が噴出しているものとおもわれる。

谷口教授は山形から秋田に至る沿岸で、流出河川のない場所の海でも岩ガキを多く産することを同様な方法で実証している。採れた岩ガキのストロンチウム安定同位体比の値（$^{87}Sr/^{86}Sr$）は、海水、河川水、淡水湧水の順に大きくなる。このことから、とくに河川が流出しない地点の沿岸域であっても岩ガキの成長のよいことがわかった（図1-9）。

秋田県一円におけるハタハタ漁について、秋田県水産研究センターの杉山秀樹博士はハタハタの産卵場は鳥海山に由来する海底湧水が重要な役割を果たしていると指摘している。ハタハタの産卵場は沿岸藻場にほかならず、粘着卵が褐藻類のガラモ場に産みつけられる。以上の例からあきらかなように、沿岸域にもたらされる栄養塩類は森から河川を通じて海に輸送されるルートだけでなく、直接海底から噴出する湧水ルートも大きく貢献する。

震災からの復興にさいして、防潮堤や盛土、漁港や養殖施設の修復・建造などの工学的な側面が強調されているが、森から海に至る水循環を核とした自然界の「つながり」を阻害しない、生態系に配慮した対応が不可欠である。前述の田中元京都大学教授も、巨大構造物が三陸一円の水際に建設されると、各地の湿地や干潟が消滅し、森と海の連環が断ち切られる、それにより、養殖業の衰退と環境産業や環境教育に深刻な影響をもたらすと警告している。

4　海のレジリアンスと統治

津波で災禍をこうむった三陸地方の復興計画にたいして、前節で述べた森と海の連環に関する観点からどのようなメッセージが浮かび上がるだろうか。水産業は生産の場である漁場と、生活の場であり、漁獲物の処理・加工・流通にかかわるさまざまなインフラをもつ漁村社会から構成されている。いいかえれば、自然と文化・社会の両方にかかわっているのが水産業ということになる。スマトラ沖津波からの復旧・復興過程でも、水産業の総合性を指摘した山尾教授の意見とも相通じる。

生態と社会のレジリアンス

震災復興をレジリアンスという概念から整理しておこう。レジリアンスは「回復力」「復元力」を意味する。いったん環境や社会が劣化した状態からもとのように復元するとしても、その過程は一元的ではない。復元のプロセスで自然が変化し、それに対応して社会のあり方も変化する。社会が変わると自然への対応も変化し、生態系はその影響を受ける。二〇一〇年にノーベル経済学賞を受賞したE・オストロム教授はコモンズ研究のなかで生態学的・社会的システムという概念を提唱しており、津波からの復興においても生態と社会をあわせた統合的な視点を取り込むことの意義は重要である。

畠山信氏はNPO法人「森は海の恋人」の副理事長であり、畠山重篤氏のご子息である。平成二三（二〇一一）年八月五日に国連大学（東京都）で開催された東日本大震災復興支援シンポジウムで、畠山信氏は被災した三陸の海の回復が震災後、半年もたたない時点で意外と早いことを指摘した。もちろん、海底のがれきが時間とともになくなるわけではないが、ヘドロが津波の引き潮で除去された例や、生き物がもどってきたことが報告された。

逆の意見もある。前述の大竹二雄所長によると、海藻が着底して生育する場が津波の影響で極端に失われ、アワビの繁殖する場も少なくなった。代わりに石灰藻の繁茂する場が増えた。石灰藻が体内から分泌する化学物質の作用で海藻の胞子は死ぬ。そのため、石灰藻に覆われた場所では海藻は生育できない。ウニは餌となる海藻がないので生殖巣・卵巣の入りが悪くなる。いわゆる磯焼け現象であ

図 1-10　エゾアワビの選別作業。水産復興が進むなか、平成 24（2012）年 11 月 26 日に津波後初めてのアワビ解禁があった。アワビ資源の成長が懸念されるなかでの水揚げ風景（岩手県大槌町・魚市場）。

る。大槌でもアワビの成長が悪く、小型のアワビを採ることになるので平成二三（二〇一一）年冬のアワビ漁を自粛した漁業者がいた（図1-10）。アワビ漁の復興は津波による生態系の変化に対応して慎重に進められるべきだろう。

　人間社会の復興プロセスは生態系の変化とその速さとはまるでちがう。本章の冒頭で、インド洋大津波で被災した国ぐにが抱えている復興問題にふれた。自然の生態系は複雑な食物連鎖網と海水の物理化学的性質の影響で動的に変化する。人間社会では技術、経済、法、宗教など、多元的な要因がかかわっている。技術と経済、経済と法、法と宗教、宗教と技術はたがいに無関係ではない。しかも復旧・復興を人間社会だけの課題としてとらえることには問題がある。自然とかかわってきた人間が自然を無視してあらゆるリスクを軽減できると考えるのはいかにも偏向した思想である。

震災復興ガバナンス

ここで登場するのが統治、すなわちガバナンスの考え方である。この場合、統治は政府による体制を意味するのではない。関連する組織や社会の成員が主体的にかかわるなかで意思決定や合意形成を実現するための「しくみ」をあらわす用語であり、またそのしくみ自体をも指す。

震災復興にかかわる地域社会の成員が共通理解のもとにいかに協働作業を進めるかは簡単なことではない。国や都道府県のレベル、市町村レベル、さらには地域のなかの地区レベルまで、階層によりさまざまな思惑や意見があるだろう。海との具体的なかかわりを実践する当事者である漁業者の高齢化、漁業離れが急速に進行している。担い手の少ない水産業セクターが津波によって受けた打撃を克服して新たな海とのかかわりを創生していくことは多難である。しかし前節でみたように、森里海の連環を重視した人と海とのかかわりをふまえ、未来にむけて挑戦すべきことに変わりはない。

復興と新しいコモンズ

復興は、津波があらゆるものを流し去ったとして、従来あったすべてのものを否定して新規につくる「スクラップ・アンド・ビルド」を指すのではない。なにを修復し、なにを新たに創生するのか。復興プランが待ったなしで進められる背景には、国からの予算措置への性急な対応があったからだ。肝心な点は地域の人びとのくらしの再建と、安心して生きることのできる地域社会の構築が最優先されるべきことである。

この点で、生態系と地域住民ともに配慮した復興にとり、一四メートル以上の高さの防潮堤や沿岸住宅地に一〜二メートルもの盛土をする発想は、自然の循環を大きく損なうことになる。抜本的な復興プランにとり、中軸となる考え方なり哲学について自然の循環を無視した工学的な設計は否定せざるをえない。

第5章でふれる「共有地の悲劇論」では、共有地の資源を各個人がなんらの規制もなく自由に利用した結果、共有地の資源が枯渇してもその責任は誰も取ろうとしないとするシナリオを描いたものである。じっさいは、共有であったから悲劇が発生したのではなく、資源へのアクセス権が制限されていなかったために起こったのである。津波のあと、資材や施設は限定されていたのでおのずと共同利用の発想が生まれた。

本章の冒頭でふれたように、宮城県は国の基本方針にもとづき、津波による被災地を水産業復興特区とし、民間資本の活用による漁業協同組合再編の推進を課題としている。岩手県ではこうした経済特区の発想は打ちだされていないが、地域ごとの取り組みと上からの復興特区構想がうまく連結するものかどうかは今後の大きな試金石となる。

海の復興という重い課題を突きつけられた日本にとり、注目すべき論点を整理しておこう。それらは水産業のもつ総合性と複合性、地域住民の意見や考え方を尊重した統合的な合意形成、文化や歴史に配慮した政策の立案、自然の循環を組み込んだ復興計画などである。環境に配慮した沿岸部でのツーリズムも復興が進み、観光客がもどってくる段階で積極的に進めるべきだろう。環境省は三陸沿岸部を対象として広域にわたる「三陸復興国立公園構想」を打ちだしている。この線上でぜひとも重視しておきたいのが沿岸域の総合的な管理に関する提案である。これについては第6章で取り上げるのでここでは詳述しないが、漁村や水産業の復興をさらに大きな枠組みから位置づけるべきことを指摘しておきたい。

本章の復興論を受け、次章以下では海と人間とのかかわりをめぐる多様な問題をていねいに検討してみたい。そして、三陸以外の日本各地や世界の海におけるさまざまな事例を紹介しよう。災害からの復旧・復興は、施設や建造物、さらには住宅地などのハード面だけで事足りるわけではない。ソフト面、つまり文化や制度・慣行に注目することが肝要である。海と人間とのかかわりには、水産資源と海洋生態系全体をふくんだ自然的な側面とともに、水産資源の食料としての利用・流通・管理などとその制度・文化・慣行などの文化的な側面が総合的にあつかわれる必要がある。

こうした点を勘案して、以下の章では海と人とのかかわりを検討したい。まず自然の循環と生態系に配慮すること（第2章　海の生態系論）、地域の文化や歴史をふまえた食に関する知恵（第3章　海の食文化論）、流通機構を介した地域と地域、あるいは地球全体とのかかわり（第4章　海のエスノ・ネットワーク論）、海の資源を管理し、適切に利用するうえでの地域や外部者の役割（第5章　海のコモンズ論）についてである。そして第6章は上記の考察をふまえて、海の未来を読み解く作業の章としたい。

第2章――海の生態系論――南と北の海から

海はいのちを育む場である。約四六億年前に誕生した地球で最初の生命が生まれたのが三八億年前のことである。その生命は水のある海で生まれた。しかもその場所は深海で熱水が噴出するあたりのようだ。原始的な生命は熱水中の二酸化炭素や硫化水素を還元し、生存するためのエネルギーを獲得していた。やがて、エネルギーをみずから合成するバクテリアや、光合成をおこなうことのできるシアノバクテリア、栄養分を体内に取り込んでエネルギー源とする真核生物が生まれた。先カンブリア紀を経て、五・五億年前の「カンブリア大爆発」には、一万種もの生物が誕生した。そして今日まで、地球上の生物は適応放散と絶滅の歴史を歩んできた。

陸上動物である人類は海洋に進出し、海洋生態系の生物・非生物資源を獲得して利用してきた。人類進化の初期段階では、人類が海洋の生態系におよぼす影響は大きくはなかった。しかし、人類は効率のよい漁法を開発し、低緯度から高緯度に至るまでの広領域で資源を利用してきた。人類は海のもたらす恩恵を享受するとともに、前章でみた地震津波によるような災禍をこうむってきた。

二一世紀の今日、海洋環境は温暖化、酸性化、富栄養化などの影響をもろに受け、さらには開発と環境破壊により海洋の生物多様性が大幅に減少してきた。今後、人類は海の危機的状態を改善し、いかに海洋とそこに生存する生き物との折り合いをつけていくのか。第2章では、いのちの源としての海と人類とのかかわりとその動態について、海の生態系を解析する作業からあきらかにしてみたい。

1 海の生態系と食物連鎖

地球表面積の七割を占める海は、地球史が示しているようにその都度、形を変えてきた。現在の地球には三つの大洋がある。最大のものが太平洋であり、一億六五二四万六〇〇〇平方キロある。つぎが大西洋（八二四万四〇〇〇平方キロ）、そしてインド洋（七三四四万平方キロ）である。この三つで地球上の海の八九％を占める。

海は三次元空間である。海上技術安全研究所の松沢孝俊博士は世界で初めてEEZ（二〇〇海里排他的経済水域）の体積を算定した。それによると、日本のEEZは面積でみると世界第六位であるが、体積では米国、オーストラリア、キリバスについで世界第四位の一五・八（百万）立方メートルと試算された（表2-1）。しかも、深度別にみると水深一〇〇〇メートルまでの海域で日本は世界第四位

表 **2-1** 世界の200海里水域の面積と体積ベスト10（松沢 2005をもとに作成）。

順位	200海里面積の国名	百万 km^2	200海里体積の国名	百万 km^3
1	米国	10.7	米国	33.8
2	ロシア	8.03	オーストラリア	18.2
3	オーストラリア	7.87	キリバス	16.4
4	インドネシア	6.08	日本	15.8
5	カナダ	5.80	インドネシア	12.7
6	日本	4.46	チリ	12.5
7	ニュージーランド	4.40	ミクロネシア	11.7
8	ブラジル	3.638	ニュージーランド	11.4
9	チリ	3.635	フィリピン	10.7
10	キリバス	3.43	ブラジル	10.5

順位と数値は特定の条件にもとづく（松沢注記）。

であるが、五〇〇〇メートル以深では世界第一位である。このことは深海の資源開発や研究面で重要な意義をもつ。同時に、日本のEEZ内の海がプレートの動態による地震津波発生の温床であることが強く明示された。

大洋以外の海は付属海と総称され、付属海は地中海と縁海にわけられる。地中海の代表は、ヨーロッパ地中海、アメリカ地中海、東南アジアからオーストラリアに至る豪亜地中海である。後述する海洋生物センサスによる生態区（エコリージョン）の数から地中海を比較したのが表2-2である。地中海の生態区数は北極海をふくめると八～九であるが、ほかの地中海の生態区は一ないし二にすぎない。

半閉鎖的な地中海といえども、外部海域からの海水や生物の出入りがある。ヨーロッパ地中海では、ジブラルタル海峡と一八六九年に開通したスエズ運河を通じた外来種の侵入が報告されている。スエズ運河により、高塩分で貧栄養の紅海から、低塩分で栄養分の多い地中海に三〇〇種以上の魚種が紅海から侵入するレセップシアン移住が起こっ

表 2-2　世界の地中海の面積と生態区。

地中海	面積（万 km^2）	生態区（エコリージョン）数
豪亜地中海	ca.200.0	9
アメリカ地中海	275.4	8
ヨーロッパ地中海	250.0	8
北極海	1405.6	9
バフィン湾	ca.5850.0	1
バルト海	40.0	1
ペルシャ湾	24.0	1
紅海	43.8	2
ハドソン湾*	123.0	1

*: ハドソン湾は入口と内湾部で水深があまり変わらず、地中海でなくて巨大な入り江とみなす考えもある。

た。なお、オホーツク海、日本海、東シナ海などの縁海における生態区も一ないし二である。

海の食物連鎖

海には、微小なバクテリアやプランクトンから大型鯨類まで、さまざまな栄養段階の生物が生息している。一次生産者は植物プランクトンと海藻（草）などであり、海中の無機栄養塩類を体内に取り込んでエネルギーを生産する。光合成は太陽光の届く範囲に限定されるので、生産層は水深三〇メートル程度までとされる。動物プランクトンは植物プランクトンや生物の死骸が分解されるさいにできる生物残渣を栄養源としている。消費者の魚類には、動物プランクトン食、雑食性、付着藻類食、魚食性などの食性がある。鯨類、頭足類・腹足類、腔腸動物の食性はプランクトン食、付着藻類食、魚食など多様である。

海洋生物には食性が限定される種と、餌が多ければ手あたり次第に食べる種がある。前者は狭食性、後者は広食性とよばれる。後者の代表例がマグロやサメである。以上のように海洋生態系では、多様な種の生物が複雑な食物連鎖網を形成している。

地域に着目した食物連鎖の例として、世界自然遺産の知床半島では複雑な食物連鎖が形成されている。このなかには、植物プランクトンや海藻などの第一次生産者と複数段階にある高次消費者がふくまれる。知床ではトドやアザラシによるマダラ（刺し網）やサケ（小型定置網）の食害が深刻であり、地域の漁業と生態系保全とを両立させることを大きな目標として設定されている。人間活動が海洋生態系の食物連鎖網に深くかかわっていることへの理解は不可欠である。

海洋生物センサスと生態区

インド洋・太平洋の魚類相は比較的均一である。ただし詳細にみると、魚類の地理学的分布は海域ごとに異なっており、さらに細区分できる。魚種、海域の緯度、魚の生息深度を精査すると、インド洋・太平洋に広く分布する種類から地域ごとの固有種まで変異に富んでいる。この問題に関連してオーストラリアにおける底生魚の魚類相をもとに分析したP・ラスト博士らの研究がある。

しかも、魚類は海流・潮流により回遊・移動するのでその動態について遺伝的な系統群解析の研究が進められている。国立科学博物館の松浦啓一博士は、黒潮が南方系魚類の北上にとり、「ベルトコンベア」となるのか、分布拡大の障害となるのかについての研究を実施している。たとえば、ミナミクロダイは奄美・沖縄の固有種であるが、近縁のクロダイは北海道南部、本州から九州、朝鮮半島、中国大陸沿岸に分布する。このことから、黒潮が障壁となり、クロダイ属の近縁二種の分布が決まる。

ちなみに、ナンヨウチヌもクロダイ属の魚であり、琉球列島をふくめたインド洋・太平洋における広域分布種である（図2-1）。

　こうした科、属レベルの事例を包括した世界規模の海洋生物分布に関する調査研究が二〇〇〇～〇九年に実施された。それが海洋生物センサス・プロジェクトであり、八〇以上の国から二七〇〇人あまりの研究者が参画した。一二万種におよぶ海洋生物を対象とした研究の結果、新種発見や海洋生物の生態に関する数々の新知見がもたらされた。海洋生物地理学情報システム（OBIS）では、三〇〇〇万件の分布データが公開されている。また、本プロジェクトは海洋生物の分布様式から世界中で二三二の生態区を抽出した（図2-2）。

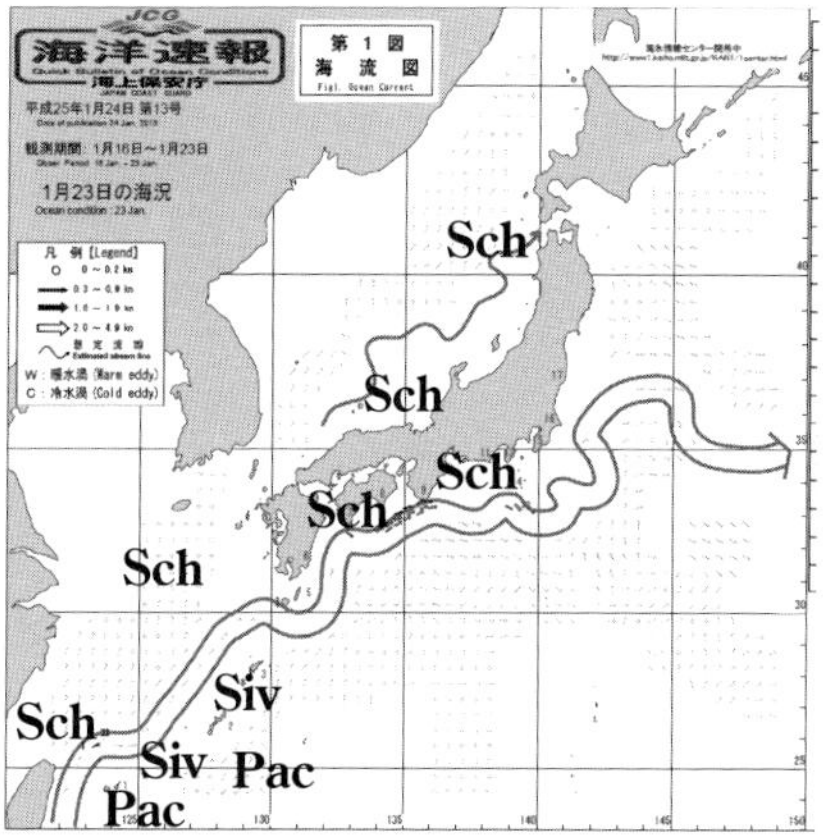

図2-1　クロダイ属の分布と黒潮。Sch：クロダイ（*Acanthopagrus schlegeli*）は北海道南部から本州、九州、東シナ海、台湾に分布する温帯種。黒潮が障壁となって、琉球列島には分布しない。Siv：ミナミクロダイ（*A. sivicolos*）は琉球列島に分布する亜熱帯性の固有種。Pac：ナンヨウチヌ（*A. pacificus*）は琉球列島から東南アジア、インド洋、紅海に広く分布する熱帯性の種。分類上、さらに異なる種にわかれる可能性がある（海上保安庁の海洋速報をもとに作成）。

　海洋生物センサスによると、世界でもっとも多い四〇〇〇種弱の魚種が東部インドネシア、マレーシア、フィリピン群島、ニューギニア島、ソロモン諸島でかこまれた海域に

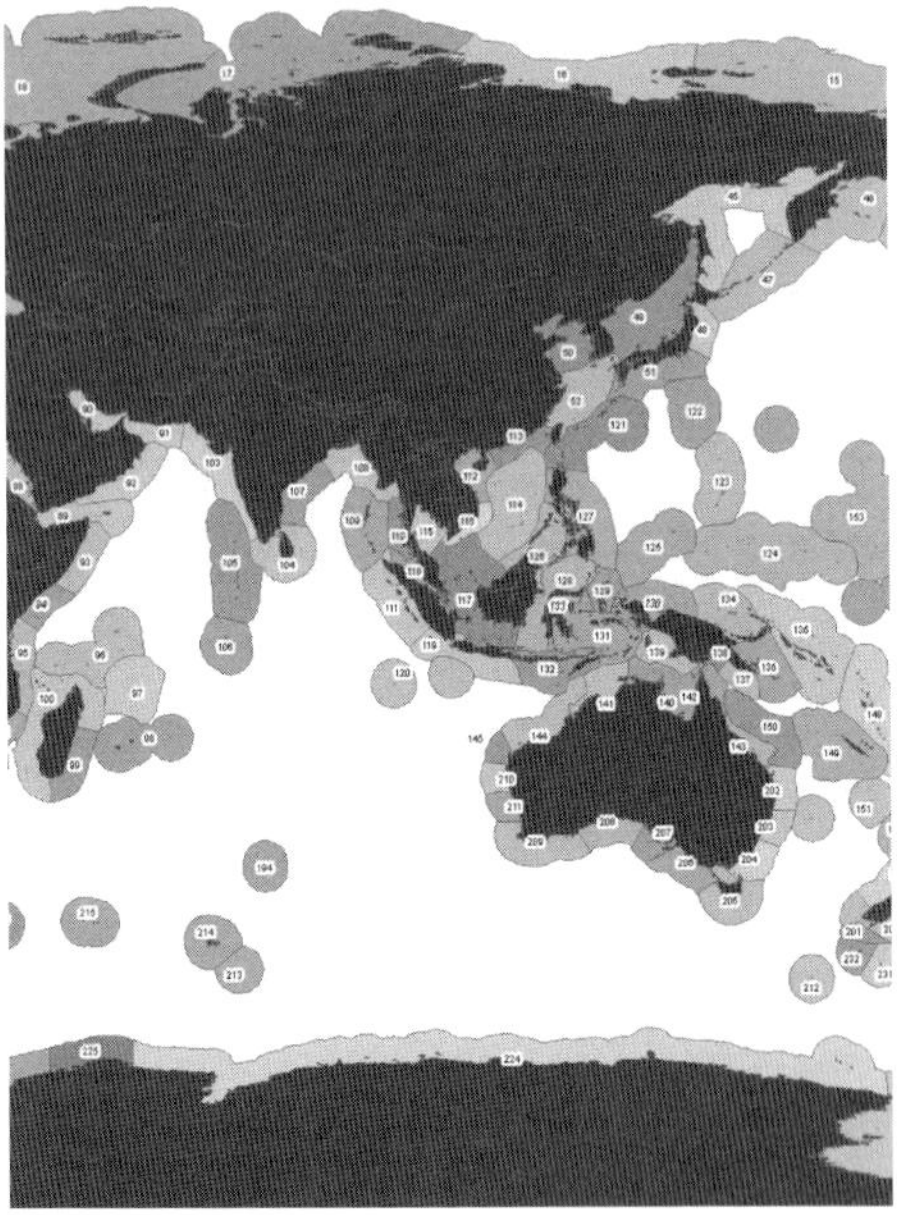

図 2-2　生態区（エコリージョン）。東南アジアでは多くの生態区に区分されていることがわかる（Spalding *et al.* 2007 より）。

分布する。この海域はコーラル・トライアングル（CT）とよばれ、なかでもインドネシア東部のマルク州、スラウェシ州～フィリピン中部にかけての海域でもっとも種の多様性が高く、CT全体における種の五二%におよぶ（図2-3）。

サンゴ礁・マングローブ・干潟・藻場

低緯度の熱帯・亜熱帯海域に特徴的なサンゴ礁では、光合成をおこなう褐虫藻と共生してエネルギーを獲得するサンゴ類をはじめ、サンゴの表面で生活する付着藻類や大きさ一～四ミリのマクロベントス、デトライタス食性、藻食性、魚食性の多様な生物種が生息している。このうち、植物プランクトンは二マイクロミリ以下の微小サイズで、これを取り込む動物プランクトンも小さい。魚は食物連鎖でさらに一段階上の大きな動物プランクトンを摂餌する。表層水と下層の海水が混じることはなく、表層水が生産層を占めており、栄養塩濃度の低い貧栄養の海が特

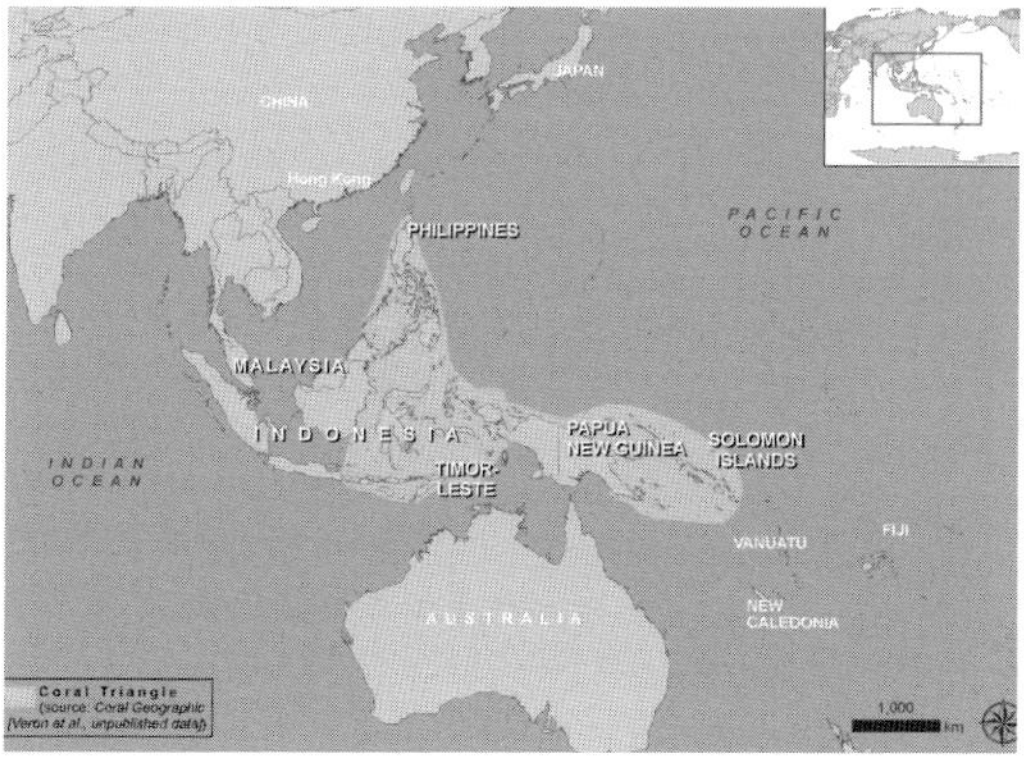

図 2-3　コーラル・トライアングル。海洋生態系のなかでもっとも多様性の高い海域で、4000 種弱のサンゴ礁魚類が生息する海域（Veron *et al.* 2009 より）。

徴である。生産量は亜寒帯にくらべて格段に低い。熱帯・亜熱帯のサンゴ礁海域では生物の多様性がたいへん高い反面、生物の現存量が低い特徴は以上の理由による。

マングローブは熱帯・亜熱帯の潮間帯から汽水域に分布し、多くの種類からなる植物群落ないしヒルギ科、クマツヅラ科などの特定種を指す。東南アジア・オセアニア地域でマングローブ構成種の多様性が高いことが知られており、潮汐の干満差に応じて、塩分濃度や乾燥度の勾配に適応した種が水平的な層状構造を形成している。最近出版された世界のマングローブに関するアトラスをみると、マングローブ植物の種類数はインドネシア（四五）、パプアニューギニア（四三）、フィリピン（四二）、マレーシア、オーストラリア（四〇）となっている。タイ、シンガポール、ベトナムでも三〇種類以上が分布する。日本では鹿児島以南の琉球列島に一一種が分布し、屋久島・種子島（一）、奄美（二）、沖縄（四）、宮古（四）、八重山（七）と地理的な勾配がある（表2-3）。

マングローブ地帯の食物連鎖網について、元琉球大

表 2-3　琉球列島におけるマングローブの分布と勾配（秋道・諸喜田 2000 より）。

地域／種類	メヒルギ	オヒルギ	ヤエヤマヒルギ	ヒルギモドキ	ヒルギダマシ	マヤプシキ	ニッパヤシ
屋久島・種子島	○						
奄美大島	○	○					
沖縄本島	○	○	○	○			
宮古諸島	○	○	○		○		
八重山諸島	○	○	○	○	○	○	○

メヒルギ：*Kandelia candel*、オヒルギ：*Brugiuera gymnorrhiza*、ヤエヤマヒルギ：*Rhizophora stylosa*、ヒルギモドキ：*Lumnitzera racemosa*、ヒルギダマシ：*Avicennia marina*、マヤプシキ：*Sonneratia alba*、ニッパヤシ：*Nypa fruticans*。このほか、サガリバナ：*Barringtonia racemosa*、サキシマスオウノキ：*Heritiera littoralis* なども奄美以南にみられる。

学の諸喜田茂充教授が模式図を提示している。マングローブ地帯では河川起源の栄養塩類やマングローブ植物のリター（落葉）を分解するバクテリア、リターを直接食べる巻貝やカニの仲間、動物プランクトン、小型魚、大型魚、カニ、アナジャコ、水鳥などが複雑な食物網を形成している。同時に、マングローブは仔稚魚や小型甲殻類などの養育場、逃避場となる。また、トラ、ワニ、トカゲ、ヘビ、鳥類などの動物の生息場を提供する。

アマモ場を例とした海草藻場について、島根大学汽水域研究センターの堀之内正博准教授が食物連鎖図を提示している。それによると、アマモの上部空間、アマモの葉と葉のあいだ、葉の周辺、表面、海底部、底質内を利用する魚類は異なっている（図2-4）。アマモ、植物プランクトン、付着藻類などを利用する消費者の食物連鎖と、デトライタスを消費する食物連鎖が藻場生態系の特徴である。

干潟は低・中緯度地帯に広くみられる。満潮時、小型の甲殻類、貝類、ゴカイなどのベントスを餌とする魚類や多くの鳥類が索餌にくる。泥干潟と砂地の干潟とでは生息する生物の種類や現存量は異なる。泥干潟では海草の生育はほとんどないが、砂地の干潟ではアマモの仲間の海草群落が形成され、仔稚魚の成育場やジュゴン、ウミガメの索餌場となっている（本章第3節を参照）。干潟は陸域からの有機物を海に直接流すことなく堆積し、ここに生息する環形動物・腔腸動物などが有機物を分解し、水の浄化機能を果たす。

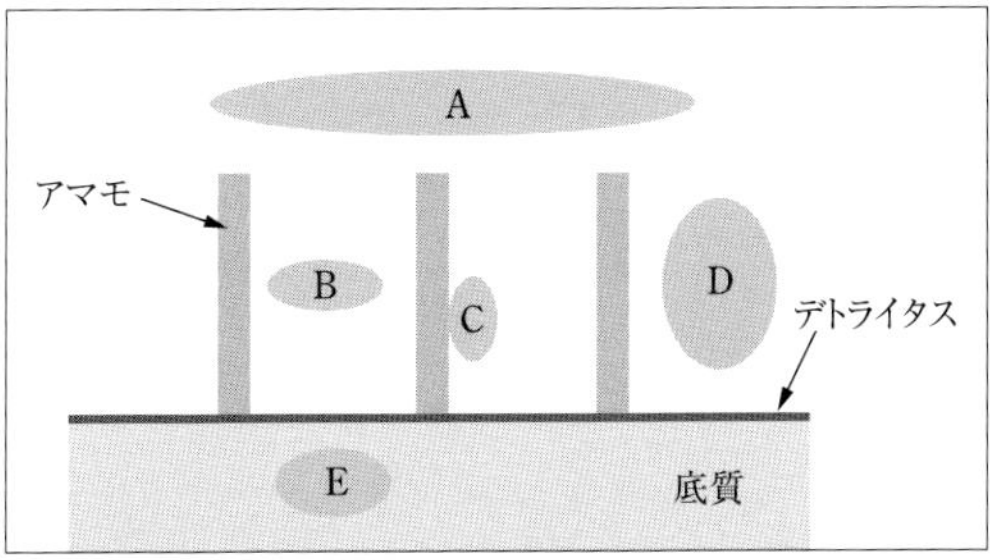

図 2-4　アマモ場における魚類のすみわけ（堀之内 2005 をもとに作成）。A：上部空間（クロダイ、アカカマス）、B：アマモの葉のあいだ（ウミタナゴ、アミメハギ）、C：葉の表面（アナハゼ、タツノオトシゴ）、D：アマモ場の周縁部（ハゼ科、ムツ）、E：底質中（スジハゼ、ホタテウミヘビ）。

このように、熱帯・亜熱帯の海にはサンゴ礁が発達しているとともに、河川下流域を中心にマングローブ地帯や干潟、藻場がモザイク状に分布している。

サンゴ礁海域に居住する漁撈民は、利用する生態系や生物についてさまざまな知識を体得している。その総体は伝統的生態学的知識、ないし民俗知とよばれる。表2-4は、ソロモン諸島マライタ島のラウ漁撈民における民俗知のうち、魚群と漁法の関係を示したものである。これ以外にも、魚の日周活動、季節性、食性などの項目がある。重要なことは民俗知の研究成果が自然科学的な研究に資することである。民俗知は経験にもとづくものであり、科学研究とは相容れないとする意見もあるが、

表2-4　ラウにおける魚群の民俗知識（秋道 1976より）。

漁法	群の民俗名称	魚種	季節	潮汐	漁場
Daudaula	Longa	ヒラアジ、フエフキダイ	乾季	満潮・干潮	ファフォブス
Ulula i ile	Ala	ブダイ	乾季	満潮・干潮	ファフォイレ
Falitala i ile	Aida'ari	イスズミ			ファフォイレ
		ニザダイ	雨季	満潮	
	Asi	ウミガメ			
Ala buma, Ala kefo, Ala uala, Ala hakwa etc.	Gwagwai	メアジ、イワシ、ボラ、キビナゴ、サバヒーなど	乾季・雨季	干潮	ファフォブス
Raraia	Asi	ウミガメ	雨季	満潮	アシナモ

ファフォブスは堡礁内の浅瀬。干潮時に水が少なくなる。
アシナモは堡礁内の浅瀬で、干潮時も水が多くある。
ファフォイレはサンゴ礁外縁の斜面。

われわれは科学が万能ではないことを今回の津波から学んだ。オーストラリアのR・E・ヨハネス博士はみずから海洋生物学者でありながら、地域で漁撈にたずさわる漁撈民の民俗知に注目している。民俗知の研究は自然科学と人文・社会科学をつなぐ学際的研究に寄与するものであることを強く主張したい。

津波と汽水域生態系

三・一一の地震津波が沿岸海洋生態系にあたえた影響について、これまで精力的な生態学的調査がおこなわれてきた。二〇〇四年のインド洋大津波のさい、タイ国アンダマン海のプーケット県沖にあるシミラン諸島では、島じまの西側でサンゴ礁が破壊されたが、東側はほとんどないか軽微な被害にとどまった。東北大学大学院の川俣秀樹氏や今村文彦教授らが津波の最大流速値が島の南北端や島嶼間の海峡部で最大になることからこのことを検証している。一七七一年の明和津波のさい、石垣島東海岸や宮古諸島では、津波が巨大なサンゴ石灰岩を打ち上げた（図2-5）。これが津波石である。なかには明和津波以前の津波で打ち上げられたものもあり、前述の東北大学グループが津波石の移動について数値モデルによる解析をおこなっている。

図 2-5　明和の大津波により打ち上げられたとされる津波石。八重山諸島・石垣島東南部の大浜。海抜約 17 m の地点にある。地震は 1771 年 4 月 24 日（明和 8 年 3 月 10 日）に発生。

スマトラ島西部海岸やタイのアンダマン海沿岸部でマングローブが津波減衰の効果を果たした。埼玉大学の佐々木寧教授らがタイ国アンダマン海沿岸域でおこなった調査でも、高い樹林密度のマングローブ林は津波の勢いを吸収するバイオフェンスの役割を果たした。また、マングローブ地帯の底質は粘性の高い泥質であり、土壌の侵食を免れた。

岩手県陸前高田市の高田松原は江戸時代から防潮林として植栽され、七万本もあったが、一本を残してすべて破壊された（図2-6）。津波の破壊力によるとともに松原の底質が砂地であり、侵食には脆弱であった点はマングローブ地帯とは顕著にちがって

図 2-6　奇跡の一本松。陸前高田市の防潮・防風林であった約７万本の松は津波で１本を残してすべて流失した。震災復興のシンボルとして現在、苗を植樹する準備が進められているが１億円以上もの莫大な経費がかかるという。

いた。

三・一一地震津波により、三陸の沿岸河口域では地盤沈下、土砂の堆積、塩水の溯上、冠水域の増加、河口域の攪乱などの地形的・生態学的な変化が発生した。北上川河口部に広がる汽水域で、ヨシ群落の調査がおこなわれた。地方整備局の合同調査により、北上川の下流域（海側一・〇～九・〇キロ）では、河口側（河口から五・八キロまで）のヨシ群落が大きく減少した。上流側（五・八～九・〇キロ）では津波による自然堆積物による裸地が形成されていたが、堆積物の下にあるヨシの地下茎に新芽が確認された。

ヨシは水中部分の地下茎が栄養生殖をおこない成長する。水中部分の植物体にはケイ藻・ラン藻などの微小な付着藻類とともに、枯死したヨシがつくるデトライタスを餌とする小型動物を育む。そして、これらを餌とする魚類が集まる。ヨシ帯は水の浄化、仔稚魚の成育場、隠れ家を提供する。ヨシ帯は生物多様性が高く、現存量も多い特徴がある。ヨシ帯のヨシ植物はバイオエネルギーとしての活用も期待されている。宮城県名取川下流の汽水域でも、津波後にパイオニア種の動物が出現し、生態系の回復傾向が認められている。今後のヨシ帯再生にむけたキメの細かい調査が引き続きなされる必要がある。

群集生態学を専門とする鈴木孝男博士は津波前後における仙台湾一帯の干潟を調査した。その結果、海岸地形の撹乱、土砂の堆積、干潟や藻場の消失、泥から砂地への底質変化、ベントス動物の激減など、地域ごとに地形や生態系の多様な変化が観察された。

かつて日本では干潟の生態学的な意義が軽視された。江戸時代から始まる干拓事業がその証左であり、戦後の大規模な埋立事業により、干潟は農地や工業用地へと転用された。しかし、経済優先と陸地中心の発想から進められた開発事業の結果、人為的な営為では取り戻すことのできない干潟の喪失につながった。そして、干潟が経済的な利益を超える価値をもつことがようやく理解されるようになった。海草藻場、干潟、ヨシ帯などのもつ生態系サービスをふまえた自然再生が津波後の復興に十分に考慮されるべきである。

以上挙げた領域は生物多様性、水質浄化、動物の成育場・避難場の提供、防潮、防風など、多面的な生態系サービスを提供する。なお、先述の鈴木博士も指摘しているように、ヨシ帯、塩性湿地、干潟、藻場は連続して分布するエコトーンである。細切れの環境保全ではなく、生態系の連続性が十分に配慮されることが肝要である。

津波による塩水の浸入と地盤沈下による塩水の流入で、農地や沿岸域では塩害（サリニゼーショ

図 2-7　津波による塩性化湿地。津波によって海水が陸域にたまり、いたるところが塩性化した。これをもとの状態にもどすかどうかは場所によって議論のわかれるところである（宮城県気仙沼市）。

ン）が広域にわたって発生した（図2-7）。塩害は農業用水のための地下水の過剰な汲み上げによっても起こる。津波後に塩害をこうむった場所をもとどおりにするのかについての議論がある。すべてもとどおりにするか、すべてを現状のままにするような大雑把な方策は適切ではない。一律ではなく場所に応じた順応的な対処が必要だ。それにしても、自然による大きな攪乱を人為的にもどそうとする行為がいかに高いコストのかかるものであるかはあきらかである。東京大学の鷲谷いづみ教授が指摘するように、生態系の回復にさいしては人間活動が過去におこなったマイナスの遺産がどのような影響をおよぼすかについて慎重なモニタリングが必要である。たとえば、人間活動により導入された侵略的な外来生物が津波による攪乱後に、加速度的に分布を拡大するおそれがある。大量のがれきに適応して生活する動植物の生息地を提供することにもつながるからだ。

2　海洋生態系とその変動

ここで地球の南北における海洋の生産構造について概観しておこう。低緯度帯の海では、光の届く範囲内で有機物の分解により生じる栄養塩類を利用する生産がおこなわれる。一方、深層からの栄養塩類の季節的な補給は顕著ではない。環境の変化は小さく安定した生産力が特徴である。これにたいして、高緯度では冬季に表面水が冷却されて沈降するために対流が起こり、下層部の栄養塩類が上部に供給される。春になると生産層が深くなり、対流層と一致すると急激に植物プランクトンが大増殖するブルーミング現象がみられる。じっさい、海洋生物の現存量は中高緯度から極域のほうが低緯度の海より大きい。南極海におけるナンキョクオキアミは世界最大の現存量をもち、推定一〜七億トンあまりとされている。ナンキョクオキアミは生物に消費されるだけでなく、年間一〇万トン程度が韓国、ノルウェー、日本などにより漁獲されている。

世界三大漁場と湧昇流

北半球の中緯度帯では、寒流と暖流の出会う潮目で風や海底地形、緯度により下層部の栄養塩類を海水の垂直方向の攪拌により上部に供給する湧昇流が発生する。表層部にもたらされた栄養塩類はプランクトンを大量に発生させ、さまざまな生物を育む。漁場では、サンマ、イワシなどの表層魚、サ

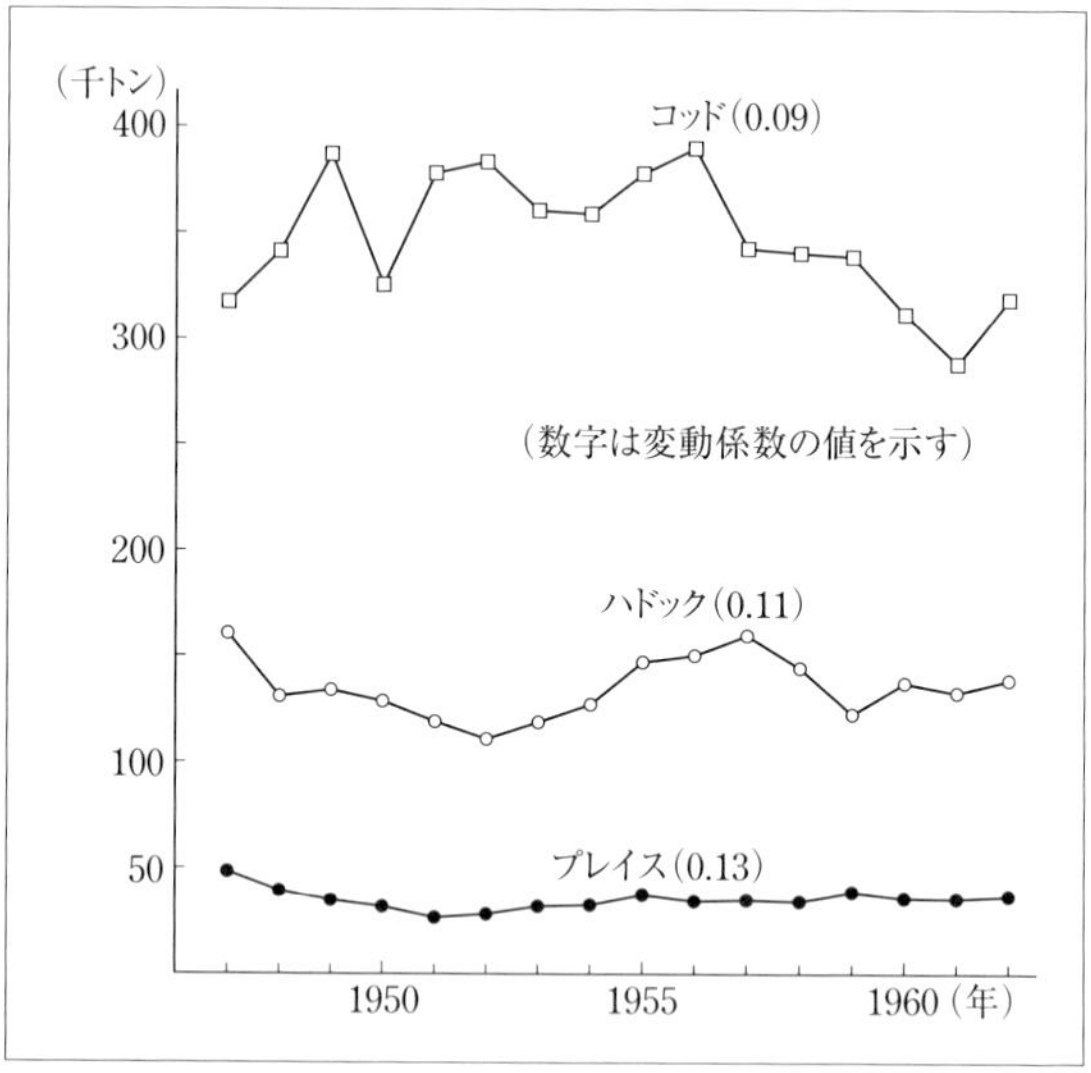

図 2-8　北海底生魚の漁獲変動（ワット 1972 より）。

ケ・マス、サバなどの中層魚、マダラ、スケトウダラ、オヒョウ、ニシン、カレイ、ホッケ、ハタハタなどの中・底生魚類が漁獲対象となる。

三大漁場における資源量はつねに安定しているとはかぎらない。漁獲量の変動傾向を魚種別に検討してみよう。英国の水産学者K・E・F・ワット博士による北海の底生魚に関する漁獲データをもとに作成したのが図2-8である。資料は一九四七〜六二年の一六年間におけるデータを集計したものである。これをみてもコッド（タイセイヨウダラ）、ハドック（モンツキダラ）、プレイス（カレイの仲間）の年別変動は大きくない。これら三魚種の漁獲量の変動係数（標準偏差を平均値で割った値）の平均値はほぼ〇・一前後である。ただし、変動幅と変動周期の長さのとり方により漁獲の安定・不安定性の評価が異なってくる。

表 **2-5**　サケ科魚類の漁獲変動に関する分散分析（秋道 1992 より）。

順位 種類	1 カラフトマス	2 シロザケ	3 ベニザケ	4 マスノスケ	5 ギンザケ
N（地域数）	11	11	7	7	7
X（平均値）	0.89	0.59	0.50	0.41	0.36

X は、各地域における漁獲量の変動係数（s/m）の平均値。s は標準偏差、m は平均値をあらわす。

カラフトマス（*Oncorhynchus gorbuscha*）、シロザケ（*Oncorhynchus keta*）、ベニザケ（*Oncorhynchus nerka*）、マスノスケ（*Oncorhynchus tshawytscha*）、ギンザケ（*Oncorhynchus kisutsh*）。

種類	カラフトマス	シロザケ	ベニザケ	マスノスケ	ギンザケ
カラフトマス	—	2.49*	2.85**	3.51**	3.88**
シロザケ		—	0.66	1.32	1.68
ベニザケ			—	0.60	0.93
マスノスケ				—	0.33
ギンザケ					—

Ryan の方法による多重比較で、数字は t-test の値。 *: $p<0.5$,　**: $p<0.01$.

北太平洋の東西におけるサケ・マス類の資源変動について考えてみよう。北米の太平洋沿岸域に居住する多くの先住民はサケ・マス資源を利用してきた。一九七〇年代における一連の研究では、北西海岸の先住民はサケ・マスを安定した資源とみなしていると結論づけている。他方、先住民のクワキュートル（現在は、クワァクワァカワクと称する）の一六地域集団について一七年間のサケ漁獲量の変動を検討した研究では、集団内の年変動とともに、集団間でも大きな変動が報告された。つまり、一見して安定とおもわれがちだが、予測どおりにはいかないとする結論である。

つぎに一九五一〜六三年の一三年間に、カナダ、ソ連（当時）、アラスカによるカラフトマス、シロザケ、ベニザケ、マスノスケ、ギンザケの地域別漁獲量をもとに変動係数を分散分析した結果、魚種ごとの有意差が認められた。すなわち、漁獲

表2-6　北海道の河川および沿岸域におけるシロザケの漁獲量の変動（田口 1966をもとに作成）。

	1891-1912年		1936-54年	
	河川	沿岸	河川	沿岸
平均（x）	378.91	3024.73	523.89	3092.05
標準偏差（s）	185.45	1525.46	163.30	1417.16
変動係数（s/x）	0.49	0.50	0.31	0.46

変動はギンザケ、マスノスケ、ベニザケ、シロザケ、カラフトマスの順に大きくなる。一三年間における変動係数の平均値は前述した北海の底生魚の値より大きいことがわかった（表2-5）。

ここで留意すべきは、北太平洋のサケ・マス漁では主要な漁獲対象や河川の状況が太平洋の東西で顕著にちがう点である。すなわち、太平洋東岸では、ギンザケ、ベニザケ、マスノスケなど生活史が四年以上の魚種が漁獲の中心であり、流長が一〇〇〇キロ以上の大きな河川がある。これにたいして、太平洋西岸ではシロザケ、カラフトマスなど生活史の短い二～四年のものが主要な資源であり、しかも溯上河川の流長は数百キロまでである。

サケ・マスの人工孵化と放流によって漁獲変動は小さくなる傾向がある。たとえば、北海道の場合、孵化事業の影響がほとんどない一八九一～一九一二年の二二年間と、孵化事業が積極的に進められた一九三六～五四年の一八年間をくらべると、シロザケの漁獲尾数にたいする変動係数は河川と沿岸ともに小さい（表2-6）。

つぎに、ニシン、イワシ、アジなどの多獲性浮魚類の漁獲変動について検討しよう。表層魚の資源変動には表面水温の変動が大きくかかわるので、地球規模での議論が不可欠である。

海洋生態系とレジーム・シフト

海洋には、地球の大気‐海洋システム（水温）、海洋の生物群集、海洋生態系がたがいに影響をおよぼしあう関係がある。この基本構造では時系列的に二〇～一〇〇年程度の周期で転換が起こる。そして空間的には、地球規模ないし太平洋、インド洋、大西洋などの大洋規模で転換現象が同期的に生起する。構造の転換は不連続的な場合と、連続して変化が徐々に蓄積される場合とがある。

以上の転換は卓越種がマイワシからカタクチイワシに急変した北米カリフォルニア沖の現象からあきらかになった。これ以後、こうした魚種交替を「レジーム・シフト」とよぶようになった。気圧配置などの変化が気候の寒暖、乾燥‐湿潤、多雨‐干ばつなどの転換をもたらすことをとくに気候レジーム・シフト、海洋の生物群集において複数の生物資源量や生産力の水準が比較的安定した状態から急激に別の状態に変化し、そのレベルが一定期間持続することを生態系レジーム・シフトと称する。

生態系レジーム・シフトは複数の栄養段階において発生する。水産学の川崎健教授は地球規模でマイワシ資源の変動が同期的にみられること、しかもその変動が気候の大きな転換、つまり気候レジーム・シフトとうまく一致することを見出した。

日本周辺では、アリューシャン低気圧の発達した一九四〇年代、一九七七～八八年の寒冷期にマイワシ資源が卓越した。低気圧が弱化した一九二〇年代後半、六〇年代、九〇年代以降にはカタクチイワシ、スルメイカ、マアジが卓越した。こうした多獲性浮魚類の卵・仔稚魚が生存するうえでの適水

表 2-7　魚種交替に関係する浮魚類とスルメイカの適水温範囲（桜井 2009 ほかをもとに作成）。

魚種	最低水温（℃）	中央値（℃）	最高水温（℃）
マイワシ	12	17	22
サバ類	14	19	24
カタクチイワシ	13	20	28
スルメイカ	18	21	24
マアジ	15	22	28

中央値に着目すると、マイワシが冷たい低温水温幅にある一方、温かい水温幅にスルメイカ、マアジ、カタクチイワシが生存できることがわかる。

温はそれぞれ異なっている。適水温分布の中央値がもっとも低いマイワシからもっとも高いカタクチイワシやマアジまで、水温で五度程度の開きがあることを北海道大学の桜井泰憲教授が指摘している（表2-7）。すなわち、アリューシャン低気圧の張り出し具合が日本周辺の海水温のちがいに反映する。

サケ・マスの場合もレジーム・シフトによる影響が指摘されている。つまり回遊期におけるサケ・マスの資源動態に北太平洋の水温が関係するからであり、アリューシャン低気圧の張り出す時期にカラフトマス、シロザケ、ベニザケの豊漁がみられたことと合致した。

マイワシとカタクチイワシはニシン科魚類である。日本では過去に春ニシンの資源変動が顕著にみられた。北海道における一八七〇年代以降の記録では、一八九七年に九七万トンの最大漁獲量があったがその後減少し、一九五七年以降ニシンは日本の北の海から姿を消した。一九八六年に約七万トンの漁獲があったが、この年のニシンは一九八三年生まれのものであり、この年海水温が極端に低かったことを北海道立中央水産試験場の田中伊織博士が指摘している。おなじニシン科魚類のウルメイワシやキビナゴは低緯度に生息し、資源量が安定していたことを東京大学大気海洋研究所の渡邊良朗教授らがあきらかにしている。

なお、極域と中緯度地帯における海面気圧の変動をもとにした北極振動指数（ＡＯＩ）では、値が正のときは北極と中緯度の気圧の差が大きく、乾季の流れ込みが弱まり温暖になる。ＡＯＩが負の場合、北極と中緯度の気圧差が小さく、寒気が流れ込んで寒冷になる。

エルニーニョとダイポールモード

低緯度における大気変化が海水温に影響をおよぼすのがエルニーニョとラニーニャである。エルニーニョでは、西部太平洋の気圧が上がると貿易風が弱まり、温かい海水が東部に移動する。ラニーニャはその逆の現象を指す。オーストラリア北部のダーウィンとポリネシア東部のタヒチ間における気圧配置の平均値からの偏差は南方振動指数（ＳＯＩ）とよばれ、エルニーニョ現象と連動する。両者をあわせたエルニーニョ南方振動はエンソ（ＥＮＳＯ）と称される。エルニーニョの発生によって東部太平洋におけるペルーカタクチイワシ（アンチョベータ）の漁獲量が激減することが知られている。湧昇流が抑制され、栄養塩類が生産層に供給されないため、プランクトンを餌とするペルーカタクチイワシの資源が増えないからである。また、太平洋の東部と西部で海面水温が低下し、中部で水温が上昇するエルニーニョもどきや、逆に太平洋中部で海面水温が低下し、東部と西部とで水温が上昇するラニーニャもどき、両者をあわせたエンソもどきがある。

インド洋でもエンソに類似の大気・海洋の相互作用現象がある。インド洋では南東貿易風が卓越すると、東側の高水温の海水が西に移動しインド洋西部では降水が増加する。一方、東側では湧昇流や蒸発が活発になり海面水温は下がる。逆に南東貿易風が弱まると、海流の移動が不活発となりインド洋西部で海水温は低下する。この現象は東京大学（当時）の山形俊男教授らにより発見され、インド洋ダイポールモード現象（ＩＤＯ）と称される。海面水温の高いインド洋東部で水温が低下しインド洋西部で海面水温が上昇する場合を正のダイポールモード現象、逆の場合を負のダイポールモード現象とよぶ。最近では二〇〇六〜〇八年にかけて、強さにちがいはあるものの三年連続で正のダイポールモード現象が発生した。

ダイポールモード現象はインド洋におけるカツオ・マグロ漁に影響をおよぼすことが考えられる。二〇〇三〜〇六年にかけてキハダ、カツオの豊漁が西インド洋の西部熱帯域からアラビア海でみられた。遠洋水産研究所の西田勤博士によると、大量漁獲の要因として、海水温の高温化で活発な湧昇流が発生し、それにより栄養塩類が生産層に供給される。基礎生産量が増し、キハダの餌生物となるワタリガニやシャコがマダガスカル島周辺で大量に発生した。また湧昇流により水温が鉛直勾配で急激に変化する水温躍層が浅くなり、そこに魚群が集中する要因なども関与した。ただし、ダイポールモード現象とのかかわりは明確に示唆されていない。

テレコネクションと風桶論

以上のように、全球レベルで大気と海洋の結合したダイナミックな現象が海洋生態系や漁業生産に大きな影響をあたえる。この節の最後に指摘しておきたいのは、大気と海洋で生じる現象と人間生活とのかかわりについてである。地球上の気圧変化が二つ以上の離れた地域でシーソーのような変動を繰り返すなかで、大気と海洋とが相互に関連してさまざまな現象が発生することを「テレコネクション」と称する。たとえば、先述したエンソもどきは太平洋における海面水温の変化だけでなく、インドや南アフリカの降水量に影響をおよぼす例がそうである。

離れた地域間で起こる動態は自然現象だけに限定されない。漁業や農業などが気候の直接的な影響を受けるとしても、人間のくらしや経済、政治、身体にあたえる影響は広範囲におよび、全体像を把握することは困難なことが多い。

わたしは環境と人間の相互作用環における「風桶論」の意義を提起してきた。風が吹けば桶屋がもうかるという話を援用し、確率の低い現象が連鎖、ないし同期的に生起するのではなく、社会に深くかかわった諸要因が絡みあって、連鎖的、波状的にさまざまな事象が高い確率で起こることを「生態連関」として分析する枠組みを提案した。生態連関は先述したテレコネクションと相通じる概念であるが、自然現象にかぎらず人間の経済、政治、文化や身体に波及するとした点で顕著に異なる。

たとえば、一九七二〜七三年に発生したエルニーニョによってペルーカタクチイワシの漁獲量が激減した。これを餌とするペリカン、カツオドリ、ウなどの個体数も餌不足のために減少した。ペルー産のペルーカタクチイワシのほとんどは魚粉（ミール）として使われる。このため、世界中で家畜飼料が不足するようになり、魚粉に代わって大豆を搾油した残りの大豆ミールが用いられた。大豆ミール需要の急増により大豆価格も上昇し、世界最大の大豆生産国であり輸出国である米国はこの経済危機にさいして大豆の輸出規制を決定した。大豆のほとんどを米国からの輸入に依存する日本では、大豆不足、家畜飼料や豆腐、味噌などの価格上昇など食生活にも大きな影響がおよんだ。エルニーニョがあたえる世界経済への影響は生態連関として理解することができる。本章であつかう生態系論も人間活動を無視した議論であってはならない。この点からつぎに取り上げたいのは、海の生き物と人間とのかかわりについての例である。

3　いのちの海——ジュゴンとクジラ

ジュゴンと生態系保全

わたしは平成二四（二〇一二）年六月末、韓国のヨス（麗水）万博を訪れた。海を主題とする万博の「テーマ館」におけるキーワードはジュゴンであった。海や海洋生物を展示する博覧会や博物館ではクジラやイルカがテーマとされることが多かったが、ヨス万博ではクジラではなくジュゴンが取り上げられていた。

ヨス万博終了後の九月に済州島で第四回ＩＵＣＮ世界自然保護会議が開催された。これまでのアンマン、バンコク、バルセロナにおける同会議と同様にジュゴン保護に関する勧告がなされた。二〇一〇年に名古屋で開催された生物多様性条約締結国会議第一〇回大会（CBD／COP10）のおりにも、本会議でジュゴン保護を個別案件として採択することはなかったが、本会場内ではジュゴン保護を訴える展示ブースがあった。会場外の名古屋学院大学でも「ジュゴン保護と日本の国際責任」と題するフォーラムが開催された。当時より、米軍の普天間基地の辺野古《へのこ》移転がジュゴン生息地を破壊する危機感から多くの反対が巻き起こっていた。海外からジュゴン保護の支援が数多く寄せられた。ヨス万博ではジュゴンが現在おかれている危機的状況をふまえ、海洋保全のシンボルとして位置づけられていた。では世界のジュゴン保護の状況はどうか。タイ国の例をもとに検討したい。

タイのアンダマン海域とシャム湾では、ジュゴンがエビを獲るプッシュネット（さで網）、刺し網、底曳網などの漁で混獲されていた。ジュゴンの個体数調査は一九九四年までなかった。タイ国海洋沿岸資源部のK・アドゥリアヌコソル氏によると、ジュゴンはアンダマン海沿岸に約二〇

図 2-9　ジュゴンの骨格標本（タイ国プーケット県のプーケット海洋生物研究所）。

〇頭、シャム湾に四〇頭が空中からの目視調査などで確認されているにすぎない。アンダマン海側のトラン県では一二三個体が報告されている（図2-9）。ジュゴンは海草を主食としている。アンダマン海沿岸の海草藻場には、ウミヒルモ、ベニアマモ、リュウキュウアマモ、マツバウミジグサ、ウミショウブ、リュウキュウスガモ、ボウバアマモ、カワツルモなど一二種の海草が生育している。ところが、海草藻場は河口部からの土砂堆積、底曳網やプッシュネット、地曳網などの漁による攪乱、エビ養殖場や農地からの排水による汚染などで劣化した。そして、二〇〇四年の津波も藻場攪乱の要因となった。

海草藻場はジュゴンだけでなくウミガメ、ハンドウイルカ、ウスイロイルカやアイゴ、ヒイラギ、ハゼ科魚類などの索餌場となる。そして多くの仔稚魚やエビの成育場、隠れ家を提供する。藻場に生息するアカガイ、スイショウガイ、ノコギリガザミ、タイワンガザミ、エビ類、シャコ、ナマコなどは人間にとり経済価値の高い資源である。

アンダマン海沿岸で漁業を営むタイ人漁民はイスラム教徒である。かれらはジュゴンについてさまざまな観念と文化的な慣行を育んできた。端的にいえば、漁民は捕獲したジュゴンの肉はいうにおよばず皮、骨、牙などを利用する文化をもち、ジュゴンはそのための重要な資源とされてきた（表2-8）。

文化継承のために絶滅危惧動物を消費してもよいのか。この疑問を解くために、トラン県にベースをおくNGO団体のヤドフォン（雨だれの意味）は漁民への説得を進めてきた。ジュゴンが索餌する

表 2-8 タイにおけるジュゴンの文化的な利用（Adulyanukosol *et al.* 2010 をもとに作成）。

部位	処　方	利　　用
肉	野菜炒め、カレー、甘酢炒め	タンパク資源、長寿と健康。
骨		骨の器質はレモン汁と混ぜて食中毒の解毒剤、魚の棘による傷の治癒、解熱
	ペニス状、リング状に加工	魔よけ、腕輪とする
皮	背の皮を整形して天日乾燥	杖
	切断	貴重品
脂分	ハーブと混ぜる	筋肉痛緩和、やけど治療、性的欲望の昂進
涙腺	儀礼のあとで使用	ほれ薬
牙と歯	ペニス状に加工ないし全体	海の霊からのお守り、お守り、闘鶏用の蹴爪用剣
	リング状に加工、財布に入れておく	幸運と富の源泉
ペニス	乾燥	幸運と貴重品

藻場は漁民が対象とする魚類やカニ類の漁場でもあり、その保全はジュゴン保護だけでなく漁民の生活をも保障するものだ。こうした話をもとに漁民にジュゴン保護への理解を求める活動が功を奏した。わたしがヤドフォンの代表と会った一九九八年当時、約一〇〇名の漁民が賛同してくれていると聞いた。ジュゴンの保全と生活の向上はけっして矛盾しないことを示す事例と評価したい。ジュゴンの保護は、タイ以外にインド洋沿岸、太平洋地域の国ぐにで国連環境計画（UNEP）のもとにあるCMS（移動性野生動物種の保全に関する条約で、通称、ボン条約）が行動計画を策定している。

ジュゴンとおなじ海牛目に属するステラーカイギュウはベーリング探検隊に同行したG・W・ステラーにより一七四一年に発見され、そう命名された。当時、この海域ではラッコが毛皮目的に乱獲され、ラッコの餌となるウニが大繁殖し、ウニの捕食するコンブなどの海藻類が激減していた。このため、ステラーカイギュウの個体数も餌不足で相当減少していた。さらにこのカイギュウが美味な肉をもつことで乱獲され、発見から三〇年もたたないうちに絶滅した。

海洋生態系における海藻、ウニ、海生哺乳類の食物連鎖についての同様な研究が一九七〇年代以降、アリューシャン列島でJ・A・エステス博士などによりなされている。当該地域では、ラッコがウニや貝類を捕食し、コンブを主体とする海中林が維持されてきた。しかし、ラッコが乱獲されて天敵のいなくなったウニが大繁殖し、コンブ海中林が激減した。コンブ林は豊かな生態系を育み、そこに生息する魚類やその魚類を捕食するハクトウワシなどの猛禽類の生存にも大きな負の影響をあたえることが懸念されている。ラッコは北太平洋のコンブ林が卓越する海洋生態系のキーストーン種とされている。ラッコ、コンブ、ウニ、ステラーカイギュウをふくむ海洋生態系で食物連鎖関係のバランスが失われた背景に、ラッコの乱獲という人間の経済活動が大きく関与したことはあきらかだ。

アフリカや北米のフロリダ、南米のアマゾン川に生息するマナティも、その肉と皮が利用されてきた。さらに、生息地環境の劣化や水質汚染、漁業による混獲などを通じて個体数が減少し、現在、絶滅の危機にある。海牛目の生き物は人間活動の影響により受難の歴史を歩んできた。その保護の現代的意味はきわめて大きい。先述した知床では、トドやアザラシによる食害が発生しており、人間と海生哺乳類はタラやサケなどの魚類をめぐり競合関係にある。人間とのかかわりからして、海生哺乳類のおかれるニッチェは歴史的にも地域的にも多様である。なお、先述したボン条約に日本は加盟していない。クジラも高度回遊性の動物であり、日本は捕鯨の対象としている立場にあるからだ。

クジラと政治

ここでクジラの保全と利用について検討しよう。鯨類は韓国で新石器時代から捕鯨対象とされてきた。韓国東南部の慶尚南道蔚山《うるさん》郡大谷里にある新石器時代の盤亀台《ばんきだい》遺跡（一九七一年発見）には、三〇〇以上ものクジラ、海生哺乳類、陸上動物などと、捕鯨や陸上での狩猟を示すペトログリフ（岩面陰刻画）が残されている。盤亀台は一九六五年、遺跡の四キロ下流に建設された大谷川のサヨン（泗淵）ダム建設により年に数カ月間、水面下に没する。冬季に岩の割れ目に入った水が凍結し、圧力で岩が破壊される危険が指摘されていた。二〇一〇年の調査でも遺跡の四分の一ほどが劣化していることが判明した。遺跡が破壊されてはならないと、韓国の捕鯨研究者である朴九秉博士は訴えられていた。蔚山市当局は遺跡保全のためにダムの水位を低下させることを議会で決議したが、そのための予算が国から措置されずに現在に至っている。クジラ自体でなく、クジラにかかわる文化の保存をめぐる議論が白熱しているわけだ。

蔚山はかつて韓国の捕鯨基地であったが、一九八六年に国際捕鯨委員会（ＩＷＣ）で決議された商業捕鯨モラトリアム（一時的全面禁止）以降、網漁で混獲されたクジラを利用する程度であった。蔚山市は二〇〇五年に第五七回ＩＷＣ年次会合を招致した。その後、鯨肉の市場価値が高まる一方、クジラの密漁が頻繁に摘発された。しかし、政府が密猟を抑止したこともあり、鯨肉価格は依然として

図 2-10　捕鯨船への威嚇。南極海で調査捕鯨に従事する第3勇進丸（左）に左舷後方部から体当たりして威嚇行為を繰り返すシーシェパードの船（右）（財団法人日本鯨類研究所提供）。

高騰した。こうした流れのなかで、韓国政府は二〇一二年の第六四回ＩＷＣ年次会合（七月二～六日開催）において、調査捕鯨を新たに開始する方針を提示した。しかし、国内外の抗議が相次ぎ、政府は急転直下、七月一七日に調査捕鯨の提案を撤回した。この措置は国際世論に配慮したものといえるが、政府自体、大統領選をひかえて国内世論にたいして弱腰になっていた要因も見逃せない。

　クジラと人間のかかわりの歴史は長く、その地域も広い。ところが人間とクジラの関係は近代以降大きく変質し、国家間の対立や意見の齟齬をめぐる問題に矮小化されるようになった。一九五〇～六〇年代、オリンピック方式による大型鯨類の乱獲を契機として、一九八二年、商業捕鯨が一時的全面禁止となった。それ以降も日本の調査捕鯨や商業捕鯨再開論、南極海の聖域化などについて、捕鯨推進国と反捕鯨国とのあいだで対立が続いている。毎年開催されるＩＷＣの会合において、科学委員会の勧告をもとに商業捕鯨再開を主張する日本の立場を無視した反捕鯨国による政治の道具化されているのが、残念ながら現状である。

二〇〇九年に制作されたドキュメンタリー映画「ザ・コーヴ」(「小さな入り江」の意味)で、和歌山県太地町におけるイルカ漁の盗撮や捕鯨者への不当な取材と「やらせ」演出などが発覚し、上映の是非をめぐる大きな議論が巻き起こった。また、南極海における日本の調査捕鯨を妨害するシーシェパードの活動が激しさを増していることは周知のことである(図2-10)。先述した韓国政府による調査捕鯨開始の声明とその直後の撤回の動きは、現代世界における捕鯨をめぐる政治状況を如実に反映している。事の善し悪しを別とすれば、いかなる海の生き物も政治の道具とされる潜在性を秘めている。

環境保護と正統性

捕鯨を是とする正統性とはなんだろうか。クジラを地球環境問題のシンボルとしてその保護を訴える考え方と、前述したジュゴンの場合とではどのようなちがいがあるのだろうか。決定的にちがうのは、クジラ問題が環境問題というより政治問題化されている点である。ジュゴンの保護は人間とのかかわりからすると、漁業との軋轢・混獲によるへい死、ジュゴンを消費するイスラム系漁民の文化などの要因がジュゴン保護と対立する関係にある。それだけでなく、ジュゴンの生息地や索餌場となる海草藻場の劣化と減少の要因は陸上の人間活動に起因する。開発による土砂の堆積、エビ養殖によるマングローブ林の破壊、工場や住宅地からの汚染物質の排出なども、ジュゴン保護のうえで問題とされるべきである。ジュゴンは世界全体とともに、それぞれの地域に固有の課題である。

クジラの場合はどうか。海洋の温暖化や酸性化、沿岸環境の汚染などの要因が捕鯨の是非論に影響をおよぼしていることはまちがいない。しかし、この状況がクジラを守れとする論拠とはならない。クジラは海の環境保護・保全のうえで「シンボル化されやすい」存在であり、そのクジラを「殺す」「食べる」行為を断罪するための言説として用いられていることが問題である。現在、世界に八十数種類生息するクジラ・イルカの仲間が抱える問題は一様ではない。絶滅に瀕するシロナガスクジラやカワイルカの状況と、極端に増加しつつあるミンククジラとを一緒にあつかうわけにはいかない。しかも、南極海ではシロナガスクジラとミンククジラは餌をめぐって競合関係にある。こうした海洋生態系の動態をふまえた鯨類資源の管理こそが総合的に進められるべきであろう。

クジラをめぐる状況にくらべて、世界の良心的な環境保護派の人びとはジュゴン保護に傾いている。しかも、マングローブの破壊を是として進めてきた経済優先主義の企業にたいする非難が巻き起こるなかで、みずからマングローブの植林を通じて環境の修復を進める地元漁民やＮＰＯ団体の活動は、世界の多くの人びととの関心と賛同を集めるに相違ない。

日本では、ジュゴンは沖縄の米軍基地移転やオスプレイの沖縄配備に反対する立場から、環境シンボルとされている。また、米軍による沖縄県民への暴力行為や犯罪が日本人の大きな怒りをよび起こしている。海がいのちの源であり、進化の過程でジュゴンやクジラなどの海生哺乳類が誕生したことを重く受け止め、これらの生き物の海洋生態系における位置を正当に評価する政策の推進が求められている。

われわれは第1章で津波からの復興をキーワードとした森と海をつなぐ連環の重要性について学んだ。それでは、ゆたかな海とはなにか。人類はどのようなイメージを育んできたのか。そして、今後ともにどのような考え方をもち続けるべきであろうか。

4　海のゆたかさとイメージ論

海の楽園像——南と北の海

海洋環境のなかでも、熱帯・亜熱帯の造礁サンゴは生物にとっての「楽園」であるとみなされてきた。たとえば、サンゴ礁の研究者である元琉球大学の西平守孝教授らによる著作では、生物がつくりだしたサンゴ礁の世界は楽園と位置づけられている。色とりどりのサンゴ礁魚類やその多様な種類の存在が楽園のイメージを喚起することはまちがいない。

サンゴ礁の楽園の代表例として、ミクロネシアのパラオ諸島、インドネシア・イリアンジャヤ州西部にあるラジャ・アンパット諸島、キリバス共和国のミレニアム環礁などが挙げられている。ラジャ・アンパットは、本章第1節でふれたコーラル・トライアングルにふくまれている。特徴的な点は、

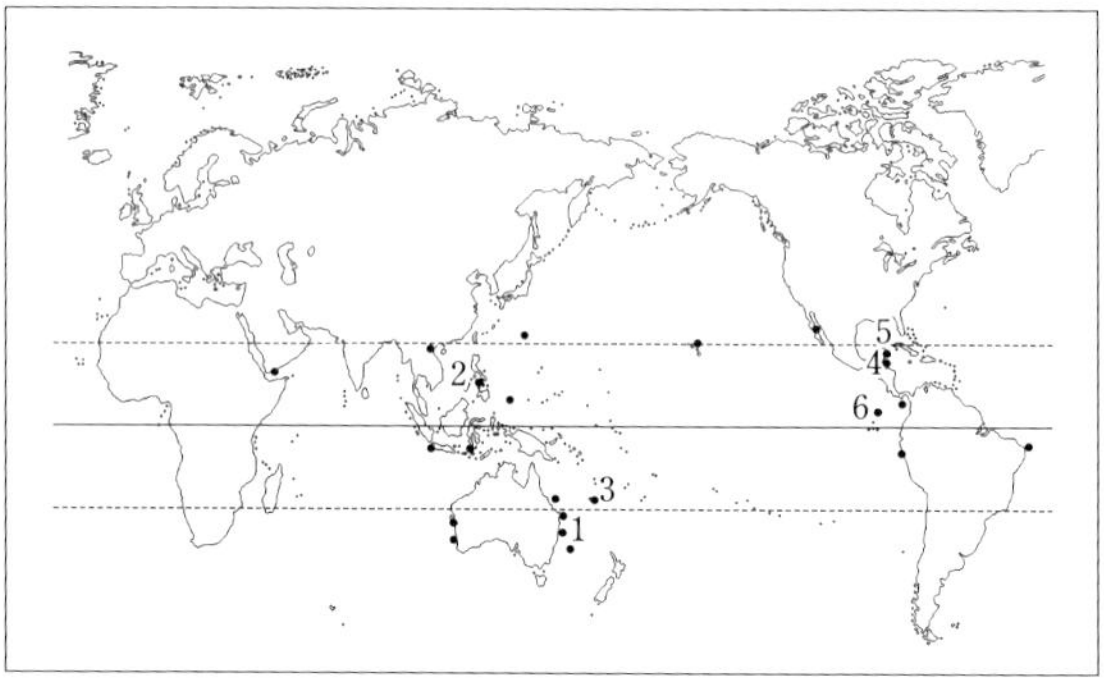

図 2-11　サンゴ礁をふくむ世界自然遺産地域。1：グレートバリア・リーフ、2：ツバタハ・リーフ、3：ニューカレドニア、4：ベリーズ、5：シアン・カーン、6：マルペロ島。

これらの場所が人為的な影響の軽微かほとんどない典型的なサンゴ礁生態系を残していることだ。つまり、人為的な撹乱やその影響による劣化がなく、多様な生物がサンゴ礁に生息する点こそが楽園に値するとされている。自然の多様性と貴重な生物種の存在は、世界自然遺産の評価点でもある。これまで世界自然遺産となったサンゴ礁海域を図2-11に示した。ただし、地球上には人間の手つかずの自然はそう多くない。人跡未踏の地であっても、前節でふれたようなテレコネクションの概念を援用すれば、大気循環や地球温暖化の影響が原自然の地におよぶことをわれわれはうすうす感じ取っている。その典型例が世界規模で発生しているサンゴの白化現象である。

だれにとっての楽園か。楽園像は、外部の人間が抱くだけのものではない。たとえば、ソロモン諸島マライタ島北東部に発達した堡礁に、サンゴ石灰岩を積んで造成した数十もの人工島にラウとよばれる人びとが分散居住している。ラウの人びとにとり、生活の基盤となるのはサンゴ礁の海そのものである。人びとは堡礁にあたるラグーン海域をアシ・ナモ、あるいはアシ・ハラとよぶ。ナモは「干潮時でも干上がらない場所」、ハラは「畑、耕地」を指す。人びとによると、ラグーンはラオアギ・アラ・イア、すなわち「魚の索餌場」と考えられており、餌を食べにくる魚であふれるゆたかな「海の畑」であることをアシ・ハラという用語が如実に示している。サンゴの白化がここで発生すれば、いったいだれがラウの人びとを楽園から「追放」することに責任をもつのか。現場の人間が抱く楽園像は生活に深く根ざしたものであることを認識しておく必要がある。

海藻の繁茂する北の海は「海の楽園」といえるだろうか。大型褐藻類のマクロシスティス属からなるジャイアント・ケルプは陸上の竹よりも成長が早く、ゆたかな海の森をほうふつとさせる。ホンダワラの卓越するガラモ場やコンブの海中林では、アワビ、ウニなどの藻食動物、貝類やウニを食べるラッコ、海草食のジュゴン以外に高い栄養段階にある動物はいない。むしろ、海藻（草）などが海底に堆積してできる生物残渣（デトライタス）食の底生生物が多い。また海藻（草）に付着するケイ藻・ラン藻類や甲殻類なども繁殖する。藻場では海水の流れがないので懸濁物質が堆積しやすく、これらのものを餌とする動物が集まる。ただしジャイアント・ケルプは水の流れが激しい場所でも栄養分が補給されるので長さ数十メートルに達することがある。こうして北の藻場では生物多様性の高い生態系が形成され、生物群集にとって楽園を形成する。

生物多様性ではなく、海の生産力に注目すると海のゆたかさにたいする認識は異なってくる。サンゴ礁と藻場における現存量について比較すると、藻場における生物生産量は炭素量で一日・単位面積あたり五〜二〇グラム、サンゴ礁で一一グラム程度である。海のゆたかさが見た目とは異なることはあきらかである。

北大西洋にはホンダワラの仲間（サルガッスム属）が海面を覆い尽くした場所がある。それが北大西洋の亜熱帯高圧帯に位置するサルガッソ（藻）海であり、ここは偏西風と貿易風のはざまにあり、海流の流れがほとんどない。流れ藻が集まって浮遊している海域であるが、海藻が多くある割にプランクトンが少なく、水はたいへん澄んでいる。かつて、この海域に入った帆船が身動きとれずに「船の墓場」としておそれられた。しかし、無風のために帆船が立ち往生することがあっても、けっしてそこで帆船の乗組員が命を落とす場所であったわけではない。この海の海藻は流れ藻で、帆船の動きを完全に封じたわけではない。少なくとも、海藻の多い海がすべて「ゆたかな海」を示すわけではない。

北米大陸の中緯度から高緯度にかけての沿岸・河川流域には、大量のサケ・マス類が回遊・溯上する。このことからかつては無尽蔵のサケ・マス資源を産する「地上の楽園」と考えられた。しかし、そのような位置づけは単純化しすぎたものとされるようになった。というのは、サケ・マス資源はつねに変動を繰り返しており、いつもゆたかであるとはいえない。しかも前にみたように、アリューシャン低気圧の発達程度により、回遊中のサケ・マス資源に影響がおよぶレジーム・シフトの存在がわかってきたからだ。

海のゆたかさと来遊資源

地域の人びとはどのようなゆたかな海のイメージを抱いてきたのか。年中、目の前の海がゆたかであるに越したことはないが、海の資源は季節性をもつ。磯の資源であっても、植物は枯れるうえ、魚介類には産卵期がある。サケ・マスのように季節的に来遊する種類もある。

ニュージーランドに居住するマオリの人びとにとり、浜に漂着するクジラは特別の意味をもっていた。クジラは人間の食料となる肉や、武器、装飾品、道具製作に欠かせない材料の骨や歯などを人びとにもたらした。マオリは漂着クジラをマオリ・タオンガ、つまり「マオリにとっての宝物」のひとつとみなした。

アイヌの人びとにとり、シャチはクジラを沿岸に追い込んでくれる「カミのクジラ」(カムイ・フンペ)とされている。日本ではクジラが多くの人びとに幸をもたらすことから、江戸時代には「鯨一頭、七浦をうるおす」とのいいまわしが流布した。日本鯨類研究所の元所長である長崎福三博士が指摘するように、クジラに魚群のつくことがしばしばあり、日本人はクジラを「エビス」として畏敬の念を抱いてきた。エビス(恵比寿)は豊漁をもたらす神である。一七世紀、大坂在住の浮世草子・人形浄瑠璃の作者で俳諧師でもあった井原西鶴の『日本永代蔵』巻二には、「紀伊国に隠れなき鯨ゑびす」「鯨恵比寿の宮をいはひ、鳥井にその魚の胴骨立ちしに、高さ三丈ばかりも有りぬべし」という記述がある。ベトナムでも沿岸に魚群を追い込んでくれるクジラをカー・オン、つまり「翁の魚」と

図2-12　鯨廟。ベトナム中南部には魚群を沿岸に追い込んでくれるクジラへの信仰がある。クジラはカー・オン（魚の主、あるいは翁）とよばれ、畏敬の念で迎えられる。クジラの骨を祀る廟はヴァンチャイとよばれる（ベトナム中南部のニャチャン沖の小島にて）。

みなし、その骨をヴァンチャイとよばれる鯨廟に祀る慣行が南シナ海沿岸部にある（図2-12）。ヴァンチャイは沿岸の漁民が水産資源を管理していくうえでの中核的な組織ともなっている。このことを海洋地理学者のケネス・ラドル教授があきらかにしている。

魚湧く海

海の豊饒を謳った言説はこのほかにも多くある。昔はよく魚が獲れた。足の踏み場もないほどアサリがいた。海底にサザエがザクザクいた。こうした話を漁民から聞くことがよくある。最後の例でいえば、下北半島大間地先に貝殻瀬という名前の浅瀬があり、エゾアワビの好漁場となっている。ゆたかな海が地名として継承されてきたわけだ。

では、獲（採）れなくなった原因はなにか。過去の大漁時へのノスタルジーか。乱獲による資源の減少か。環境変化による生態系の劣化か。レジーム・シフトのような魚種交替を指すのか。いずれにせよ、複合要因による不漁と大漁の変動が「昔はああだった」という言説に帰着するのだろう。

「魚が湧くゆたかな自然」という用語が戦後日本の流れのなかで語られてきた意味を忘れてはならない。極端な二つの例を示そう。ひとつは、里海の再生とサンゴ礁の保全を目的として、石垣島の白保で平成一七（二〇〇五）年に「白保魚湧く海協議会」が発足した。この協議会は、WWFしらほサンゴセンター（代表、上村真仁氏）と連携して海の保全と資源管理の取り組みを地域に根ざした活動として展開している。そこには、サンゴ礁の保全によって「魚湧く海」が創出されるとする理念がある。つまり、海の保全が魚湧く海を創生するという現代の資源観を示すものである。

もうひとつは、魚湧く海を取り戻すことがいかに大切なことであるかを訴えた例である。九州の八代海で発生した悲惨な水俣病を忘れることはできない。チッソがたれ流した化学工場の有機水銀をふくむ廃液が海洋環境を汚染した。汚染された魚を食べた多くの漁民や地域住民は、有機水銀中毒による重篤な公害病に苦しめられてきた。水銀中毒が母親から胎盤を通じて胎児に影響をおよぼすことをあきらかにした熊本学園大学の原田正純教授の説が長く認められなかった。この事実も当初はありえないとされ、海とかかわる地域住民のくらしを国や企業、そして一部の研究者が否定してきた。

人間の体内や海の生態系で生起することがらが重篤な問題を引き起こすことをレイチェル・カーソン氏がDDT残留農薬を例として『沈黙の春』のなかで指摘したのは一九六二年のことであった。一九九七年七月、水俣の海に安全宣言が国からなされた。最初の水俣病患者が報告された一九五六年から四一年が経過していた。翌年、水俣病患者連合編による『魚（いお）湧く海』が出版された。この書は魚湧く豊饒の海とそこに生きる人びとの生命とくらしを奪った企業を告発するものであった。海のゆたかさを維持していくために過去の負の遺産を語り継ぎ、新たな海を再生することこそが求められている。

第3章——海の食文化論——食の未来へ

海とのかかわりからすると、人類はきわだった食性をもつ。すなわち、人類は狩猟、採集、漁撈を通じて一次生産者である海藻（草）から高次消費者のサメやマグロやクジラまでをもふくむ複数の栄養段階にある生物群を利用してきた。このような広食性の種はほかに存在しない。われわれ人類は魚類をはじめ多種類の海洋生物を食料として利用するなかで、さまざまな料理法を生みだし、さらには食をめぐる多様な観念や価値観を育んできた。その総体を広い意味で「魚食文化」とよんでよい。前章でふれたとおり、海洋生態系は複雑で多様である。世界各地の魚食文化も以下にみるとおり、多種多彩である。

現在、水産物は生産現場で獲得され、国内で消費されるだけではない。国や海を越えて遠隔地に輸送されているうえ、漁場が国を遠く離れた場所にあることも少なくない。獲るだけでなく、安定供給と増産のため、栽培漁業も飛躍的に増大している。こうしたなか、日本は魚介類の輸入量、消費量ともに世界でトップランクにある。そのことが世界の海洋生態系や海洋をめぐる国際関係にさまざまな問題を引き起こしている。

三・一一に発生した地震津波により、福島原発から放射性物質が海に流出した。水産物における放射性物質の基準値が人びとの耳目を集めている。食の安全・安心の確保は水産業復興のなかでもとりわけ大きな課題である。第3章では東北の魚食をめぐる課題や日本と世界における魚食文化の過去・現在について、海洋生態系の保全や資源の適正な利用をふまえて検討し、魚食の未来について展望してみたい。

1　魚食文化と栄養

動物行動学者の日高敏隆・元総合地球環境学研究所所長は独特の発想をもっておられた。人類はほかの動物と異なり、文化（カルチャー）をもつ。これは人類学の常識である。しかし、日高所長は、「そうではない。動物にも文化がある」と明言された。つまり、あらゆる動物は生きるためのさまざまな形態や生理、そして行動様式を進化・発達させてきた。その総体を文化と位置づければ、人間だけに文化があって、ほかの動物にはないと考えるのはいかにも人間中心主義であり、認めるわけにはいかないという立論だ。人類学を学んだわたしにとっては衝撃の見解であったが、あとで日高所長の考えもなるほどと思うようになった。

人間は口から体内に魚介類を取り込むまでに、それを食べてよいかどうかを決める文化固有の価値観や規範を育んできた。そしてさまざまな料理法を生みだし、いまも新しい料理が考案され続けている。調理・加工された食物を口腔内に取り込むさいにも、味蕾細胞が食物の成分をどのようなシグナルとして受容して大脳に伝達するのかについての機作も魚食文化の考察にとっては周縁的だが重要な問題である。まずこの点から議論を進めよう。

魚料理のうまみと珍味

食物としての水産生物の特徴はなんだろうか。東京海洋大学の藤井健夫教授は日本の水産加工品に「珍味」の多いことに着目した。水産物は畜肉にくらべてはるかに多種類にわたり、栄養成分の組成は魚種ごとに変異に富む。しかも成分組成は畜肉にくらべて季節・地域・部位（とくに脂質）・飼料（養殖の場合）などにより異なっている。こうした点が水産物の多様な味と、食べる人の嗜好性を生みだす源泉となった。

日本では一九〇八年に池田菊苗博士が「だし昆布」からグルタミン酸を発見した。一九一三年に小玉新太郎博士がカツオ節からイノシン酸を発見する。一九五七年にはシイタケからグアニル酸が抽出された。そして二〇〇〇年に舌の味蕾にある感覚細胞からグルタミン酸受容体（mGluR4）がみつかった。コンブ、カツオ節などを使った魚料理のうまみ成分が日本で発見されたことは、日本型魚食文

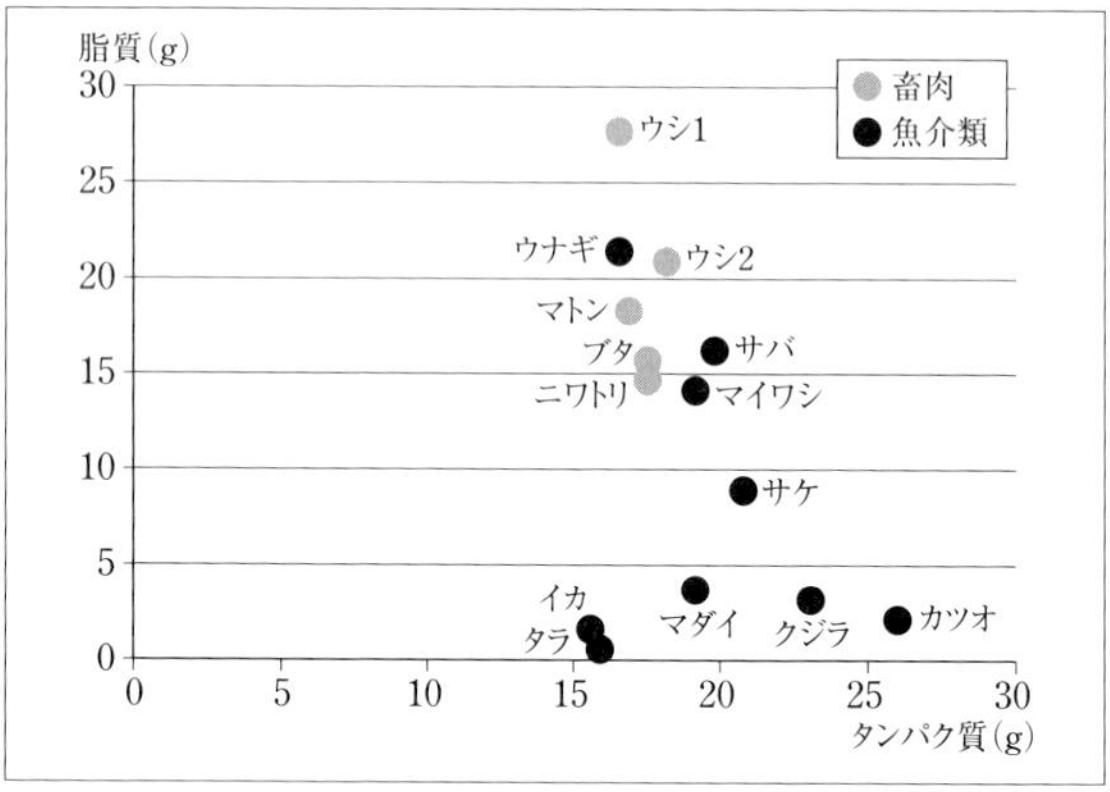

図 3-1　魚介類と畜肉のタンパク質・脂質含量。ウナギ、サバ、マイワシは畜肉に近いタンパク質・脂質成分をもつ。その一方、それ以外の魚類は高タンパク・低脂肪である。

化の特質を如実に反映するといってよい。

では、日本人が好む水産食品の「うまみ」成分とはなにを指し、魚介類の摂取が健康にとりどのような機能を果たしてきたのか。魚介類のタンパク質含量は、種類にもよるが畜肉とくらべて同等ないしやや少ない傾向にある。脂質含量は種類や部位によって相当異なる（図3-1）。脂肪は内臓やイクラ、スジコ、タラコなどの魚卵で高い傾向がある。

東京海洋大学の白井隆明教授は、魚介類のうまみが多様な要因によって決まると指摘する。われわれが魚介類を咀嚼するさい、唾液中にエキス成分が溶出する。そのうちの遊離アミノ酸であるグルタミン酸ナトリウムやグリシン、アラニン、アルギニン、メチオニンなどが水産食品の甘味や苦味のもとになる。魚介類の筋肉が死後硬直により分解されるさいに蓄積されるイノシン酸もうまみ成分となる。日本料理の「だし」として汎用されるカツオ節のうまみがイノシン酸によるこ

表3-1 魚介類のうまみ成分（白井 2005をもとに作成）。

魚介類の種類	特徴的なアミノ酸・うまみ成分
カツオ	イノシン酸・クレアチニン
エビ・カニ	グリシン、アラニン、プロリン
ウニ	グリシン、アラニン、イノシン酸、グルタミン酸、バリン・メチオニン（苦味）
タコ	遊離アミノ酸は少ない
イカ	グリシン、アラニン
貝類	コハク酸、グルタミン酸・グリシン（クロアワビ）

遊離アミノ酸には、うまみアミノ酸（グルタミン酸）、甘味アミノ酸（グリシン、アラニン）、苦味アミノ酸（アルギニン、バリン、メチオニン）があり、これらの組成がうまみに反映する。

とはすでに述べた。脂質自体も魚介類の種類ごとに独特の味をつくりだす。サケ・マス類、カニ・エビ、ウニ、イカ・タコ、貝類などのうまみのちがいにはそれぞれ異なった組成や量の脂質・アミノ酸がかかわっている（表3-1）。

健康と魚

魚介類はうまみ成分とともに、健康にとりプラスとなる成分をふくむ。とくにイワシ、サバ、マグロ、ハマチ、サンマなど背の青い魚に多くふくまれる不飽和脂肪酸のエイコサペンタエン酸（EPA）とドコサヘキサエン酸（DHA）は体内の悪玉コレステロール（LDL）値を下げ、善玉コレステロール（HDL）を増加させる。魚を食べることは血圧、血糖値を下げ、動脈硬化や脳梗塞、高血圧などを予防することになる。ただし、青い魚をたくさん食べれば健康によいというわけではない。不飽和脂肪酸は酸化されやすいことから、料理法次第で脂肪酸が失われる。焼き魚よりも、鍋物やムニエル、煮付けなどの調理法が適しているのはそのためだ。アミノ酸のタウリンも血圧を正常にし、肝臓の解毒作用やインスリン分泌の促進など、生活習慣病予防に役立つ。タウリンを多くふくむタコ、イカ、貝類などの摂取もすすめられる。魚介類の食品には高塩分のものがある。塩辛、佃煮、魚卵、塩昆布などは塩分を多くふくんでおり、過剰摂取は魚のもつEPAやDHAの機能とトレードオフの関係にある。以上述べた魚介類の栄養価と成分は魚食文化の基礎となる。いかにそのうまみを引きだすかがつぎに取り上げる料理の多様な展開である。

2　料理の多様性と文化

構造人類学者のC・レヴィ＝ストロース教授は人類の食を「料理の三角形」としてとらえるモデルを提示した。三角形を構成するのは、「生のもの」「火にかけたもの」「腐ったもの」である。料理の三角形は三つの対立項からなる。生の食物と火を加えた食物とのあいだには自然と文化の対立がある。生の食物は時間とともに分解されて腐敗する。この場合、生のものと腐ったものはおなじ自然物であるが、分解の前と後で対立関係にある。火にかけたものと腐ったものにも、「食用可能」と「食用不可能」の対立項が存在する（図3-2）。

ただし、生の魚介類に塩や酵母などを加える発酵法は文化的な技術であり、自然のままに腐敗することとは相容れない。発酵は料理の三角形モデルには該当しない。結論からいえば、この点こそがアジアの魚食文化の特質である。

日本には歴史的にみてもさまざまな魚介類の料理法がある。マサバを例にとれば、表3-2に示したように生、加熱したもの、発酵させたものまで多様な料理がある。『日本の食生活全集』をもとにサバの料理法を全国集計すると二三九種類となり、地域性もあきらかだ。以下、生食と発酵に焦点をあてて多様な魚食文化について検討する。

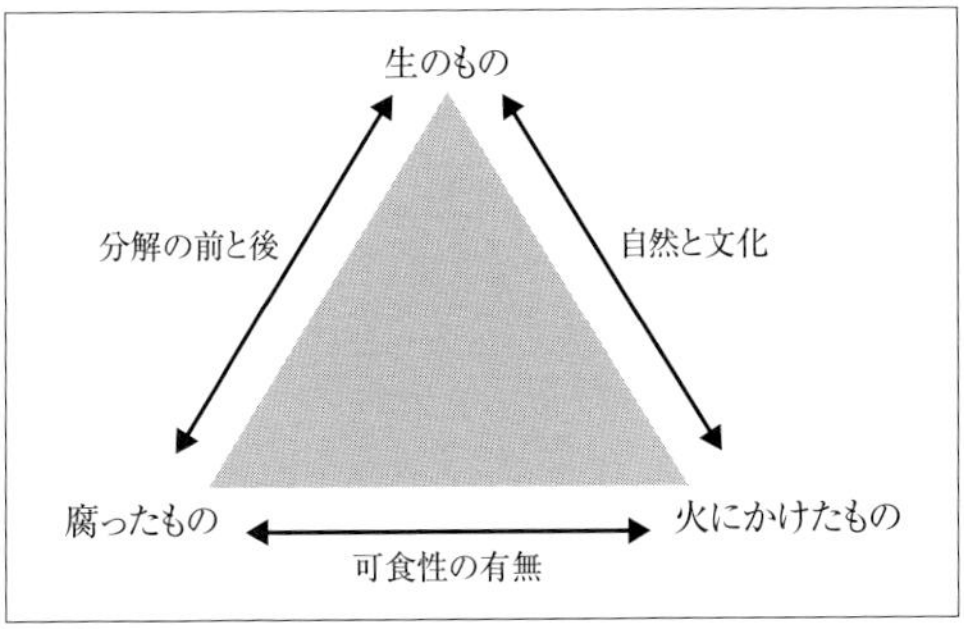

図 3-2　料理の三角形モデル（レヴィ＝ストロース 1968 をもとに作成）。

生食の広がり

魚介類の生食文化の歴史的な展開と地理的な広がりを検討しよう。縄文時代人が魚介類を生で食した明白な証拠はない。古代には魚食をさぐる資（史）料がいくつもある。たとえば、諸国から藤原宮、平城京、長岡京、平安京などへ運ばれた魚介類につけられた木簡（木製の荷札）には、水産物の種類、生産された国と地域、数量、貢進の種類、年月日、加工方法などの項目が記載されている。木簡付札に生の魚介類が記載されている例はほとんどない。生のものとしては、「生鰒」（藤原宮、平城京）、「生海藻」（徳島市国府町観音寺）、「生鮭」（平城京）、「生年魚」（平城京）、「生堅魚」（藤原宮）などの記載があるにすぎ

表 3-2　サバの料理法。

○生

　刺身

○火にかけたもの

　焼きサバ

　サバの煮付け（砂糖、ミリン、ショウガなどと煮たもの）

　サバの揚げもの（油で揚げたもの）

　サバ節（湯がいてくんせいしたもの）

○酢でしめたもの（半生の状態から発酵への過渡的な段階）

　しめサバ、あるいは生ズシ

○発酵したもの

　サバ鮨（酢と塩でしめて発酵させたもの）

　へしこ（サバの糟漬け）

　早鮓《はやずし》（酢飯と塩・酢でしめた魚を重ね、一晩ならしたもの）

　生熟《なまなれ》（紀州北部のサバの腐鮓《くされずし》）

　開いたサバの生魚に飯をつめてすし桶で押し、1週間から約1カ月発酵させたもの

ない。上代研究者の竹内亮氏によると、生堅魚は腐敗しやすく、伊豆国や駿河国から藤原宮までの輸送に堪えないので近隣諸国からもたらされたと推定している。

一〇世紀前半に源順《みなもとのしたごう》撰による『和名類聚《わみようるいじゆ》抄《しよう》』（『和名抄』）がある。このなかで「細切肉也」とある鱠《なます》（膾）は生魚を調理したものとおもわれる。民俗学者の神崎宣武氏は平安時代における宮中の大饗《だいきよう》で「鯛盛立」「鱒盛立」とある記述も刺身を指すと推定している。

のちの鎌倉時代には、カツオが生産地やその周辺地域で生食された。室町時代の料理本には多種類の「なます」が登場する。「雪なます」は生魚の上におろし大根を盛りつけたもの、「山吹きなます」はカレイの刺身にその卵をまぶしたものを指した。いずれも酢であえて食された。現代でも「アカガレイの子まぶり」は島根県因幡地方の郷

土料理とされている。室町中期以降には細切りではなく厚めに切った生魚を酢や蓼酢《たです》にひたして食べられた。当時すでに現代とおなじような刺身の食べ方があったことになる。

江戸時代には魚の生食が文献にも多く登場する。『和漢三才図絵』（正徳三［一七一三］年）には「魚肉薄ク切ルヲツクルトイフ」とあり、当時から現代に至るまで、関西とくに大坂（阪）、京都では刺身を「造り」「お造り」とよぶならわしと符合する。

世界の生食についてみよう。ポリネシアのタヒチやハワイにはマグロやカツオに海藻、ネギ、香辛料を混ぜて食べるポケがある。フィジーには生魚をレモン汁で軽く酢じめし、ココナツ・ミルクに漬け込み、冷製にして食べるココンダがある。ミクロネシアのサタワル島では生魚はイーク・エマスと称される。イークは「魚」、エマスは「生の」意味である。これとは別にサシュミという用語があり、日本語の刺身からの借用語である。パラオ、ヤップ、サイパンでも生魚食が知られている。

韓国では魚の刺身はコチュジャン（トウガラシ味噌

図 3-3　韓国の刺身。韓国では、魚の刺身をワサビ（ないし、ショウガ）と醤油に浸して食べるのではなく、コチュジャンが使われる。右上の魚はサバである（韓国・済州島の魚市場）。

の調味料）をつけて食べられる（図3-3）。フィリピン中部のビサヤ地方でキニラウ、タガログ語でキラウェンとよばれるのはマグロやカジキマグロの生魚を酢でしめ、チリ・トウガラシ、タマネギ、ココナツ・ミルクなどであえた料理であり、オセアニアの料理法と類似している。シンガポールや東南アジアの華人社会では春節に魚を生食する慣行がある。シンガポールではアイゴの生魚が使われていた。中国料理でもタイの薄づくりをワンタン皮、カシューナッツ、長ネギ、酢などと混ぜて提供する創作風の料理（海皇ＴＯＫＹＯ赤坂店では鳳城魚滑）や、活エビに紹興酒を注いで生食する料理法（酔蝦《ツイシア》）がある。香港や福建省では米粥に生魚の薄づくりをトッピングとして食べる魚生粥がある。

極北地域のエスキモーやイヌイットはクジラの脂身やサケの切り身、イクラやスジコ、ウニなどを生食する。北海道アイヌでは多くの種類の魚介類が生食される。アイヌ語で「生の食べ物」はフイベと称される。刺身のつけ汁は海水を煮て冷やしたもので、薬味としてサンショウ、ワサビ、ヤマブドウの葉などを使う。浦河アイヌの人びとはエゾウグイ、ガンギエイ、カワカジカ、サメ、サケ、カラフトマス、サクラマスなどのたたきを食べる。海獣の肝臓、心臓、腎臓、目玉なども生で食される。サケはアイヌの世界でもっとも重要な魚であり、カムイ・チェップ（カミの魚）と称される。屋外でサケを生のまま凍らせ、身を三枚におろし薄く切ってそのまま食べるのがルイベである。このほかにも多様なサケ料理が知られている。樺太アイヌの例では、熊送りなどの儀礼のさいにきざんだサケ皮を膠《にかわ》状になるまで長時間煮たものにツルコケモモ（カタム）の果実を加えたものを寒気にさらした冷果ムシをつくる。またサケの肝臓（チュフチェヘウラカ）を塩ゆでしてすりつぶし、前述のカタムを加えたチュフチェヘウラカチカリベがある。

西洋ではカキ、サケ、ニシンが生食される。本来、生肉の切り身にマヨネーズソースや香辛料で味つけしたイタリア発祥のカルパッチョ料理で生魚を使うようになった。メキシコや南米ペルーでは白身の生魚やエビ、ホタテガイなどをレモン汁、タマネギとトマトのみじん切り、トウガラシ、パセリ、香草などとあえたセビッチェ料理が知られている。

魚の生食は古代日本から連綿と生き続け、世界でも意外と広く分布することがわかった。独特の調味料や香辛料が地域ごとに使われており、生魚食イコール醬油とワサビと考えることはない。現在では日本の鮨が健康食品として欧米社会で人気があり、スシバーでは醬油とワサビが定番となっているが、欧米人の醬油にたいする嗜好はまちまちである。

魚介類の料理法

日本の水産研究で知られる渋澤敬三氏や日本中世史家の網野善彦教授などが強調してきたように、古代・中世の朝廷への神饌や貢納品には多くの種類の水産物がふくまれている。関西学院大学の福島好和教授が指摘するように、平安時代の『和名抄』に記述された水産物の加工法として、鱠（膾）、鮨（鮓）、乾魚、楚割《すわやり》（魚條）、炒鯆《ひぼしのいを》（火乾）、炙《あぶりもの》、腊《きたひ》（短冊状に細長く切って乾燥したもの）、煎汁《いろり》などがある。古代日本では、基本的に生、干す、煮る、焼く、（塩に）漬けるなどの方法があった。

アジア・オセアニアでも、魚介類の加熱処理には天日乾燥、湯引き、煮物、焼く、蒸し焼き、くん

図 3-4　ウム料理。ウム料理では、魚を木の葉で包んで石蒸し焼きにすることが多い（左）。魚の種類によって包み方が異なる。頭部の大きな魚（この場合、ヒメジの仲間）は細長い葉を2枚用いて魚の頭部だけを葉で包み、蒸し焼きにする。この方法はアフバータラナとよばれる（右）（ソロモン諸島マライタ島）。

せいなどの方法があり、個々の料理法は地域や魚種ごとに多様である。オセアニアで発達したウムは、薪で加熱したこぶし大の石の余熱を利用して、多くの場合、木の葉に包んだ魚を地炉で蒸し焼きにする料理法である（図3-4）。

発酵食品——魚醤と塩辛

料理の三角形モデルで検討されていないのが塩蔵による発酵である。英語のファーメンテーションは、発酵過程で二酸化炭素が発生することから、「泡立つ」を意味するラテン語フェルヴェーレに由来する。われわれが利用する穀類、果物、野菜、肉、魚介類、乳製品など多種類の有機化合物は乳酸菌、イースト菌などの微生物により酸化される。そのさいに遊離したエネルギーを使ってＡＴＰ（アデノシン三リン酸）を合成するのが発酵である。

魚介類を塩蔵して保存し、さらに発酵を通じてうまみを醸成する方法は古くから知られていた。ヨーロッパではカタクチイワシを塩蔵したアンチョビが生まれた。塩蔵して出る滲出液を魚醤として利用する文化は古代ローマにもガラムとして知られていたが、これを後代まで継承する文化はヨーロッパでは広まらなかった。

食の文化人類学者である石毛直道教授によると、アジアでは魚と塩、米（ないし麹、米ヌカ、炒った米）を塩とともに漬け込んで乳酸発酵した魚醤や塩辛などの多様な発酵食品が生みだされた（図3-5、表3-3）。魚介類のさまざまな料理法のなかで、料理の三角形モデルでは検討されなかった発酵技術がアジアの魚食文化の特質であるといえる。

図 3-5　アジアの魚醤。左からバゴオン（フィリピン）、ナム・プラー（タイ）、ショッツル（秋田県男鹿）、イシリ（石川県能登）。

魚食と規制——大伝統から小伝統まで

魚介類には文化的な条件や宗教、あるいは時節に応じて食べることを禁止される場合がある。逆に、ある条件下で特定種類の魚介類を食べることが優先ないし推奨される場合がある。ここで魚食の文化的な規制について検討してみよう。

カトリック宗派では断食の期間中であっても、聖金曜日にかぎり魚を食べることが許された。イスラム教では

表 3–3　アジアにおける主要な魚醤（魚醤油と塩辛）（石毛・ラドル 1990 などをもとに作成）。

国　名	魚醤油	塩　辛
日本	ショッツル（秋田）、イシリ（能登）、コウナゴ醤油（香川）	イカ塩辛、酒盗（カツオ）、めふん（サケ）、スクガラス（アイゴ）、うるか・あゆきょう（アユ）、タラコ（スケトウダラ）、コノワタ（ナマコ）、ヒシコ（イワシ）
韓国	醢水、醢汁	ケジャン（蟹醤）、セウジョ（秋醤蝦、アキアミ）、メルッチョ（イワシ）、チャリッジョ（スズメダイ）
中国	魚露、魚奇油	魚はまれ。蝦醤、蝦糕（ブロック状）
タイ	ナム・プラー	プラ・ラー、カピ
ベトナム	ニョク・マム	マムズオック、チャオ
カンボジア	トゥエク・トレイ	プロ・ホック
ラオス	ナム・パー	パー・デエク
マレーシア	ブドゥ	プラチャン
インドネシア	ケチャップ・イカン	トラシ
フィリピン	パティス	バゴオン、バゴオン・アラマン
ミャンマー	ガンピャーイェー	ガピ
バングラデシュ	—	ナピ

コーラン経典の教えにより、地面を這うカニやウミガメを食べることはできなかった。バリ・ヒンドゥー教を信奉するバリ島民は教義にしたがいウミガメをさまざまな儀礼の供犠《くぎ》とし、直会《なおらい》のさいに共食した。現在、絶滅が危惧されるウミガメがバリで大量に消費されることへの国際的な批判がある。イスラム教を信奉する多くの民族はウミガメを食べないが、卵を食用とする。キリスト教徒はウミガメやブタも食べる。こうした背景があり、砂浜で産卵したウミガメの卵を採集する人びとが増えた。この問題がバリ人によるウミガメ消費とは別にウミガメ保護の脅威となっている。

　キリスト教のＳＤＡ（安息日再臨派）宗派はイスラム教の場合と似て「這う動

物」を食べることが禁止されている。SDAの人びとはシャコガイ、ウミガメ、ブタ、カニなど地面を這う動物や大型の魚、不浄とされる動物も食べない。

ユダヤ教の教義では旧約聖書『レヴィ記』にあるようにカシュルートとよばれる食品規定があり、「鱗と鰭のない動物」を食べることは禁じられていた。水産物としてタコ、ウナギ、ナマズなどがふくまれる。キリスト教世界でも、スペイン、イタリア、フランス、それにギリシャなどではタコは食されるが、ドイツや北欧ではタコはデヴィル・フィッシュ（悪魔の魚）として好まれない。

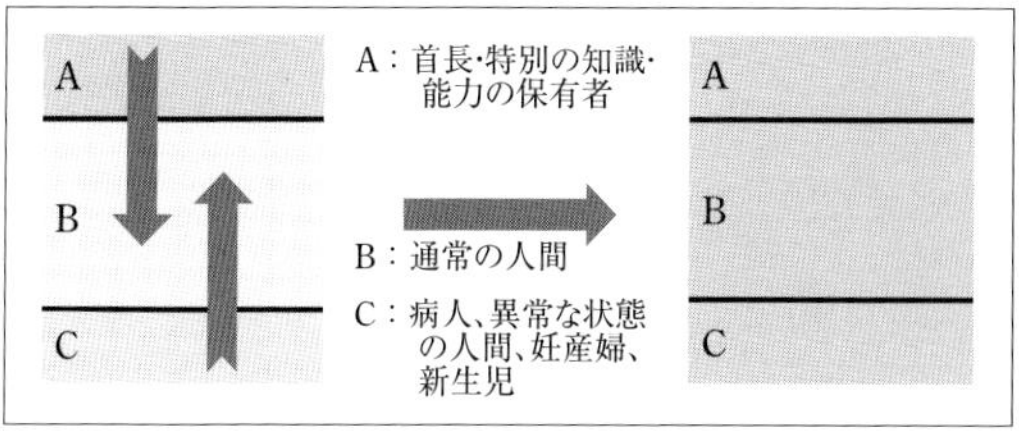

図 3-6　集団構成と食物規制。優位な、あるいは劣位にある個人や集団が食物規制を破ると、その影響は島民全体におよぶ（カロリン諸島サタワル島）。

世界各地では特定の個人や集団が食べることを禁止ないし優先する魚介類が決められていることがある。たとえばハワイ王国ではカツオやアジの初物を食べることができたのは王や首長だけであり、しかもカツオは一一～四月のみ、アジは五～一〇月にかぎり王、首長、平民ともに食べることができた。静岡大学の森口恒一教授らによると、台湾蘭嶼のヤミ人は海の魚を「良い魚」「悪い魚」（じつは美味しい魚）「天の魚」「死霊の魚」に区分している。香港の水上生活者は「聖魚」とされるノコギリエイ、シロイルカ、ウミガメ、カメ、クジラなどを禁食としている。以上の例では、海産動物の巨大性、美味しさ、異常性などが食べるうえで禁忌もしくは優先される要因となっていることが多い。

集団のトーテム（集団の神話的な祖先となる動植物）とされる魚介類を食べることが禁止される例は世界各地で報告されている。わたしはサメを例として特定の集団が食べることを禁止される意味について考察し、サメが祖先そのもの、人間を襲う恐怖の対象、人間と魚の両方の属性をもつ両義的な存在など、特徴的な傾向のあることを指摘した。

これ以外にも、魚をめぐるさまざまな規制やタブーがある。人間と魚の属性をあわせもつ両義的な存在、食べることでその個人や集団に負の影響がおよぶとする感染呪術の思考にもとづく禁忌魚や中毒魚まで、さまざまなカテゴリーの人間に応じた魚介類の食物規制が存在する。とくに、社会のなかで優位なグループと劣位のグループのいずれかが食物規制を破るとその影響が島の集団全体におよぶことを図3-6に示した。

中毒魚

世界では中毒を誘発する魚が広く知られている。その典型がフグの卵巣であり、食べると致死に至る。二〇一二年四月、熊本県天草でみつかった熱帯産のヒョウモンダコもフグと同様のテトロドトキシン毒をもつので注意が喚起されている。サンゴ礁海域ではバラフエダイ、サザナミハギ、オニカマス、ウツボ、ヒラアジの仲間などを食べると、温度感覚異常、おう吐、発熱、めまいなどの症状を起こすシガテラ毒が知られている。この中毒はサンゴの表面にある渦鞭毛藻類の毒素成分が藻食性魚に取り込まれ、その魚が高次消費者により摂食されて生体濃縮を起こし、魚を食べた人間が罹患する食物連鎖説が定説となっている。シガテラ中毒の発症については地域差や個体差がある。シガテラは琉球列島でも知られており、漁民は中毒症状を「酔う」と称する。最近では本州でも同様な症状例の報告があり、温暖化によるサンゴ礁魚類の分布拡大の影響が想定されている。地中海から大西洋に生息するタイ科のサルパ・サルパを食べると幻覚症状を引き起こす。古代ローマ時代には幻覚誘因剤として用いられていた。このほか、エビ、カニ、サバによるアレルギー症状や生イカでアニサキスによる胃腸障害を起こすことがある。

動物の権利と料理法

魚介類の食べ方の究極は生きたままで食べる「踊り食い」である。これにはシロウオ（ハゼ科）、スルメイカ、タコ、ノレソレ（マアナゴの幼生）、アワビ、シラウオ（サケ科）などの例がある。ユダヤ教やイスラム教では、生きたままの魚を食べることは血の通う生命を奪うことになるので厳禁されている。踊り食いは食の美学なのか、あるいは残酷な行為なのか。この問題を動物福祉（アニマル・ウエルフェア）の観点から考えてみよう。

オーストラリアでは動物福祉に関する議論がさかんである。動物福祉法が一九九三年に法制化され、二〇〇六年には「オーストラリアにおける魚類の福祉にたいする取り決め見直し」に関する最終報告が提出された。魚類以外の水産無脊椎動物としては、タコ、イカ、コウイカなどの頭足類、ロブスタ

図 3-7　サケと殺魚棒。新潟県の三面川に溯上するサケを上り簗で留めて捕獲し、一撃でいのちを絶つ。用いられる木の棒は安楽棒と称される。

ー、クレイフィッシュ（ザリガニ）、カニ、エビが福祉の対象として挙げられている。そして、これらの動物が痛み、損傷、被害などの非人道的な扱いを受けないように対処すべきとしている。

無脊椎動物の非人道的扱いには、殺すさいに（1）引き裂く、（2）突き刺す、（3）冷蔵する、（4）ゆでる、（5）海水の炭酸ガス濃度を上げる、（6）動物を淡水中に入れる、（7）薬物による麻酔などの処理法、が指摘されている。中枢神経系が未発達の無脊椎動物の場合、以上のような方法では即死することがないので、非人道的な苦痛をあたえるとされている。カナダ・グエルフ大学のS・ユー氏はそうした処理法を改善するうえで電気ショック法を提案している。甲殻類は一一〇ボルト・二〜五アンペアの電流を流せば一秒以内に気絶する。さらにロブスターは五秒で、カニは一〇秒で死に至るという。オーストラリアのサウス・ウエールズ州では中国料理におけるエビの踊り食いを禁止する措置がなされている。

踊り食いが残酷であるとする論拠は魚介類に苦痛をあたえるからだ。かつて捕鯨を残酷として日本批判がなされた。クジラの人道的な殺戮法がＩＷＣでも議論された。五島列島・福江島の三井楽《みいらく》沿岸に迷い込んだイルカの群れをこん棒で撲殺するシーンが海外メディアで大々的に報道された。三井楽漁業協同組合長に直接聞いた話では沖にもどれないイルカを安楽死させたことがまちがって報道されたということだ。

東北地方一帯では簗《やな》で獲ったサケを一撃で絶命させる。その棒は殺魚（安楽）棒とよばれる（図3-7）。北米・北西海岸の先住民もサケを絶命させるさいに殺魚棒を用いる。サケを一撃で殺す方法は動物の殺し方としてもっとも合理的である。タイやヒラメの活けじめにしてもそうであり、血を肉にまわさないからだ。小さなシロウオから大型クジラまで、人道的な殺戮方法と動物愛護の議論はもっと広い視野からなされる必要がある。

動物が別の動物を捕食するさい、食いちぎる、窒息死させる、呑み込むなど多様な摂餌様式がある。日高所長による動物の文化についての考えにしたがえば、そのいずれかを残酷であると評価することができるだろうか。殺し方についての議論とともに考えたいのは消費する動物にたいする生命観や、殺したあとのかかわりあいについてである。

魚の供養と食

魚介類を殺して消費することは人間が生きるうえでしかたがない。日本では死んだ魚介類を弔う供養の文化がある。とりわけクジラや魚類、ウミガメを弔う儀礼がおこなわれ、位牌、供養碑、塚など

図 3-8　鯨塚。沖で遭難した漁船を2頭のクジラが御崎神社沖まで運んでくれたことを感謝して建てられた鯨塚（宮城県気仙沼市唐桑半島の御崎）。

を建立するならわしがある。クジラや魚の霊を供養すると称しても、対象は多岐にわたりその動機もさまざまである。クジラを例にとろう。親仔連れのクジラや妊娠中のクジラを胎児ともども殺したことにたいする後ろめたさや慚愧の念、憐憫の情などからクジラを供養する例が多々ある。たとえば山口県青海島・通《かよい》の向岸寺には元禄五（一六九二）年に建立された鯨墓があり、七〇体あまりの仔クジラの骨が埋葬されている。宮城県気仙沼市唐桑半島の御崎《おさき》神社周辺にある鯨塚は、海で遭難した船を二頭のクジラが背に乗せて神社沖の海まで無事に運んだとする伝承がある。神社の氏子はクジラを食べない（図3-8）。愛媛県南予の鯨塚は天保時代の飢饉のさい村民の窮状が救われたことを感謝し、その記憶を後世に伝えるためのものである。宝暦六（一七五六）年、大坂・上新庄の瑞光寺住職である潭住《たんじゅう》が南紀地方を行脚していたさい、和歌山県太地が飢饉に陥っていた。村人から豊漁祈願を頼まれ、躊躇した末に祈りをささげたところクジラが獲れて人びとは救われた。それ以来、太地の人びとは五〇年おきに瑞光寺に鯨骨を寄進することとなった。その慣行は現在も続い

図 3-9　鮭大漁供養碑。終戦後の食料難のさいにサケが大量に漁獲されたことを記念して 1945 年 12 月 31 日に建立された（岩手県大槌町・源水地区）。

ており、寄進された鯨骨でつくられた雪鯨橋《せつげいきょう》が境内にある。寺にはクジラの位牌もおかれている。

魚についてみよう。岩手県大槌町にある鮭供養碑は昭和二〇（一九四五）年一二月三一日に建立された。終戦直後の食料難のさい、川を溯上してくるサケによっていのちを救済されたことへの感謝の気持ちを表明するものであった（図3-9）。山形県飽海郡遊佐《ゆざ》町の箕輪にはサケ孵化場があり、犠牲となったサケの霊を供養する法要が毎年二月のサケ終漁期に地元住職によりおこなわれる。このほか水産会社の繁栄を祈念して供養碑を建立したり、漁業協同組合により大漁と海上安全を祈願するために供養塔が建てられる場合もある。岩手県大槌町の組合神社横にある「いるか供養碑」は鈴木善幸元首相の直筆で、平成二（一九九〇）年八月に建立された。江戸時代以来の歴史をもつ大槌のイルカ漁の存続を祈念したものである。沿岸漁業者の生活を支えるためとはいえ、捕獲されたイルカの霊にたいして感謝と追悼の意味を込めたと供養碑の横にある別の碑に記されている。今回の津波で神社はすべて流出したが、供養碑は無事みつかっている（図3-10）。

図3-10　いるか供養塔。沿岸漁業者の生活を支えるためとはいえ、捕獲されたイルカの霊にたいして感謝と追悼の意味を込め、江戸時代以来の歴史をもつ大槌のイルカ漁の存続を祈念したもの。当時の鈴木善幸首相の直筆で、平成２年８月建立。震災後に別の場所でみつかった（岩手県大槌町）。

供養の動機と目的はさまざまであり、一元的な解釈はできない。供養の多くは仏教的な意味合いがあるものの、時代とともにその位置づけが変化してきたことに目を配る必要がある。魚や動物を殺したあと、なんらかのかかわりももたないとする欧米の動物観、生命観と日本の供養文化とはきわだったちがいがある。アイヌが利用した動物の霊を神の国に送り返すイオマンテの儀礼も共通する面がある。なお魚の供養については東海大学の田口理恵准教授が全国で詳細な現地調査とアンケート調査を実施している。供養は魚介類を食べることの意味を人間とのかかわりで考える契機となることがわかった。それではつぎに、魚介類の消費そのものについて日本と世界の動向を探ってみよう。

3　日本と世界の魚食

現代日本の魚食

日本では戦後すぐの時期には炭水化物偏重の食生活が特徴であった。しかし一九七五〜八〇年にかけては、炭水化物、タンパク質、脂肪の摂取バランスがよく、「日本型の食生活」の典型例とされるようになった。その後、食生活の欧米化が若年層を中心に進んだが、全体としてみれば欧米諸国にくらべて畜肉の消費量が魚介類をしのぐことなく推移してきた。その比率が逆転したのは二〇〇六、二〇〇七、二〇〇九年である。若年層の魚離れと肉食の増加、簡便な食材の利用傾向がこのまま進めば、日本人の食生活における魚食の位置が大きく後退する懸念がある。

ここで都道府県別に主要な魚介類の購入量の傾向をさぐろう。二〇〇八〜一〇年における個人の魚介類年間消費量（キロ）を二人以上の世帯員からなる九〇〇〇世帯を対象とした調査が総務省によりおこなわれた。それによると全国平均では約四五・一キロとなった。多い順では青森県で七五・三キロ、毎日二〇六グラムの魚介類を消費したことになる。ついで鳥取県（六〇・一キロ）、秋田県（五九・〇キロ）、島根県（五八・九キロ）、富山県（五八・五キロ）、新潟県（五八・二キロ）と日本海側の県が上位を占める。

一方、消費量の少ない県は愛媛県（三八・九キロ）、愛知県（三八・四キロ）、鹿児島県（三七・六キロ）、熊本県（三六・〇キロ）、沖縄県（二四・四キロ）である。青森県と沖縄県とではじつに三倍の開きがある。ちなみに沖縄県では一日あたり六八グラムの消費量で、可食部を六割として一〇五グラムのマイワシ一尾を消費することになる。

魚介類の種類別にみるとイカ（ほとんどはスルメイカ）は島根県で年間一人あたり七三六六グラムともっとも多い。東北日本にかたよる例がサケ、ワカメ、サンマであり、西日本に多いのがイワシ、アジ、タイである。日本海側ではイカとカニが多く、太平洋岸に多いのがマグロ、カツオである。カツオ節の消費量は沖縄でもっとも多い。タコは瀬戸内海の各県と北海道で多く、前者でマダコ、後者でミズダコとヤナギダコが消費されている。

三陸の魚食文化

地震津波の大きな被害を受けた岩手、宮城、福島三県における魚食の特徴はなんだろうか。前項でみた魚介類年間消費量からすると、岩手県が全国第八位、宮城県は一六位、福島県は一九位である。ワカメの消費量は岩手県が全国一位、福島は二位、宮城は九位である。このほかサンマ、サケ、カツオの消費量が多く、イワシ、サバ、アジ、タイ、ブリ、エビは軒並み少ない。

三陸の主要漁港に水揚げされる魚介類は約一七〇種類であり、（1）沿岸のアワビ、ワカメ、ウニなどのベントスや、ワカメ、カキ、ホタテ、ホヤ、ギンザケなどの養殖物、（2）沖合のイカ、サンマ、マグロ、カツオ、サメ、イルカなどの浮魚資源、（3）母川回帰するサケ・マス、から構成されている。

現代よりも地産地消の傾向が明瞭であった大正～昭和初期の食生活はどうであったか。『日本の食生活全集』によると特徴のある食事がわかった。宮城県桃生郡雄勝《おがつ》町大須濱《おおすはま》の例を挙げよう。夏の朝食は「コウナゴのシラス飯、ホヤの酢の物、ワカメの味噌汁、たくあん」、昼食は朝食メニューにイワシの塩焼きが加わった。夕食には「ひじき飯、メカブのとろろ、アイナメの刺身、味噌汁、たくあん」が出された。沿岸部では女性が背負子で海産物の行商をおこない、米と物々交換された。また、米とワカメ、ヒジキ、シラス、イモ、大根などを三対七の分量で混ぜて炊き上げたカテ飯がふつうであり、魚介類は沿岸漁で獲れたものばかりであった。

岩手県北部の重茂《おもえ》では、海藻（ヒジキ、ワカメ、マツモ、イワノリ、フノリ、チガイソ）、ウニ、ホヤ、カツオ、サバ、ブリ、アジ、スルメイカ、ヤリイカ、アワビ、サケ、毛ガニ、マダラ、スケトウダラ、エゾイソアイナメ（ドンコ）、サメ、マンボウなどが季節ごとに食された。アワビの内臓はトシル（トシロ）とよばれ、煮付けや塩蔵して食された。マグロ、カツオ、モウカザメなどの心臓はホッチと称され、焼いて食べられた。

福島県いわき市豊町では、日常の食として朝食は「麦飯、魚の煮こごり、塩ザケ、サンマのぬか漬け」など、昼食は朝の残りと焼き魚を、夕食は「麦飯、タラやアンコウなどの入った味噌汁、アンコウのともあえかとも酢」などが食された。福島ではアンコウ料理がよく知られており、つるし切りにして調理された。

三陸から福島にかけての沿岸部では米ないし麦の飯を味噌汁、魚介類のおかずとともに食するのが典型的な食事であった。また海藻を多用していたこと、塩辛、ぬか漬け、乾燥などの保存食も多くあったこと、サメの腸、イカの内臓、マンボウ（「サメノミ」と称される）の肝臓など、地域固有の料理のあったことがわかる。以上のような地域性を生かした魚介類の料理は今後の復興過程で観光産業やブランド品を創出するための手本とすべきではないだろうか。料理をつくるノウハウは浜の女性が継承している。子どもたちへの食育とともに、伝統的な魚介類の料理を未来へと伝えていく取り組みが求められている。

世界のなかの魚食

日本人は世界のなかでどれくらいの量の魚を食べているのか。世界食糧農業機構（ＦＡＯ）による国別魚介類消費量の統計をもとに検討した。二〇一一年の食料需給表によると、世界でもっとも多く魚を食べる国はポリネシアのトケラウ諸島で、個人あたりの年間消費量は二〇〇キロ、一日平均五四八グラムとなる。第二位はモルディブ共和国で年間一三九キロ、第三位はポリネシアのニウエで一〇〇キロである。日本はその半分の年間約五五キロ、一日あたり一五一グラムとなる。国によって人口規模が異なるので人口一〇〇万人以上の国における魚の消費量が多い順に抽出すると、日本が第一位となる。上位一〇位までの国には、多い順にポルトガル、韓国、ノルウェー、マレーシア、スペイン、

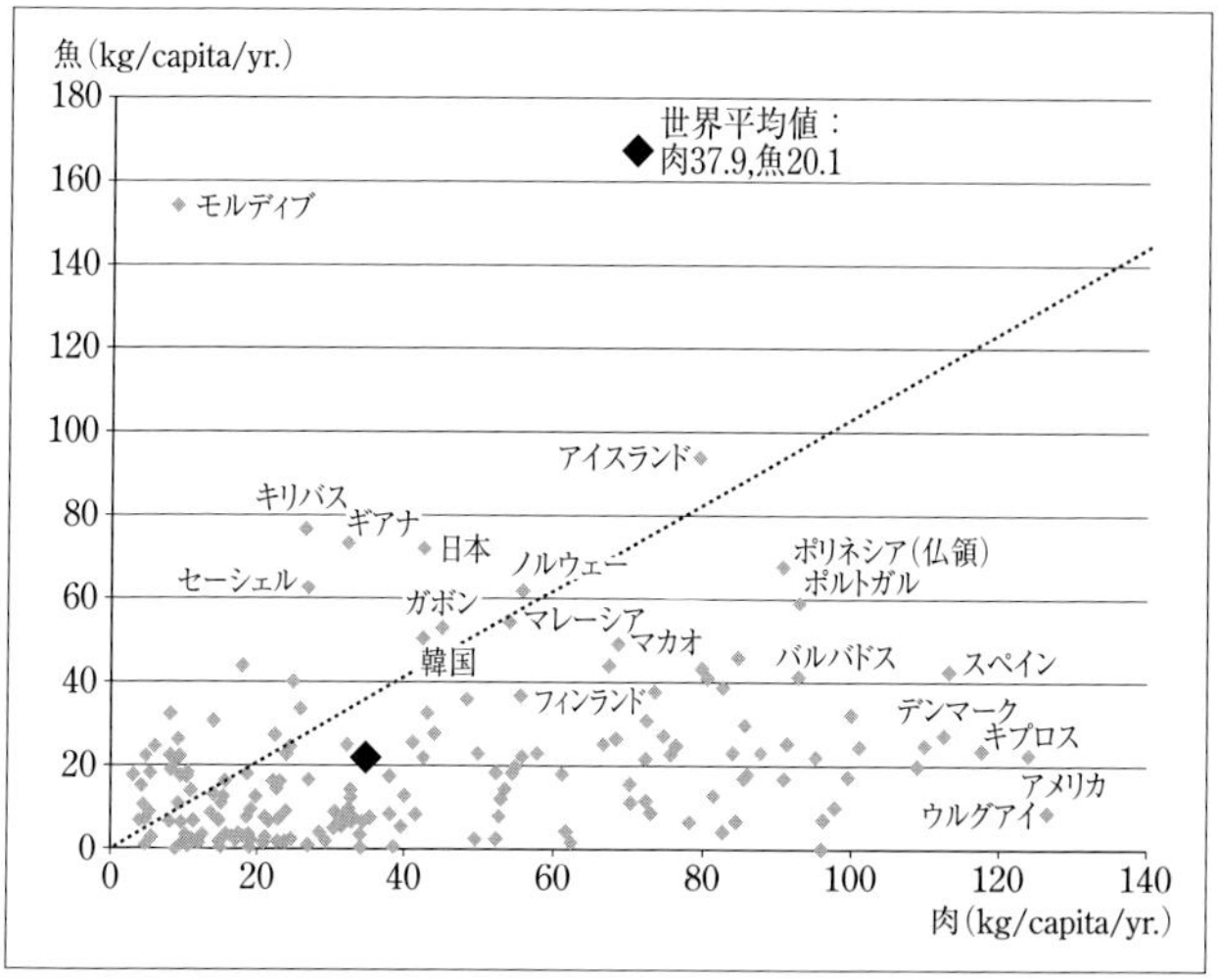

図 3-11　国別の個人あたり肉・魚の消費量（kg/capita/yr.）。世界の 179 カ国のデータによる。点線上は魚と肉の消費量がおなじ割合であることを示す。

フランス、フィリピン、フィンランド、タイとなり、ヨーロッパとアジアで五カ国ずつふくまれる。

世界で魚消費量の多い地域は四群にわけることができる。第一は南北低緯度のサンゴ礁島である。イスラム教国のモルディブでは魚嗜好が強く、釣りで漁獲されたハガツオを塩水で煮てくん乾し、太陽光で乾燥させたものはモルディブ・フィッシュ、現地語でヒキマスの名がある。第二は日本、韓国、中国（香港・澳門）から東南アジアに至る地域であり、生物多様性のもっとも高いコーラル・トライアングルをふくんでいる。第三は北半球の中高緯度地帯で、多様な魚食傾向がみられる。第四は、熱帯のカリブ海一帯で、熱帯地域のカリブ共同体に属する小さな国ぐにがこのなかにふくまれる。

　図3-11は二〇〇五～〇七年における世界の一七九カ国における肉食と魚食の比率を個人あたりの年間供給量（キロ）として示したものである。世界平均で肉と魚の消費量はそれぞれ三七・九キロ、二〇・一キロである。先述のＦＡＯの資料とはサンプル対象と調査年がちがっているが、もっとも魚を消費する国を六〇キロまでの国で列挙すると、モルディブ、アイスランド、キリバス、グヤナ（カリブ共同体の国）、日本、仏領ポリネシア、セーシェル、ノルウェーなどである。

　世界における魚食の顕著な国では周囲の海から得られた漁獲物だけが消費されているとはかぎらない。モルディブ、セーシェル、ニウエなどの小島嶼国では自国産の魚を食べているが、多くの先進国では水産物を輸出ないし輸入している。日本は一二〇カ国から水産物を輸入している。財務省の貿易統計資料によると、平成二三（二〇一一）年度では輸入水産物の総量は二六九万トン、金額で一兆四五四七億円となっている。内訳を品目別・金額別にみたのが図3-12である。

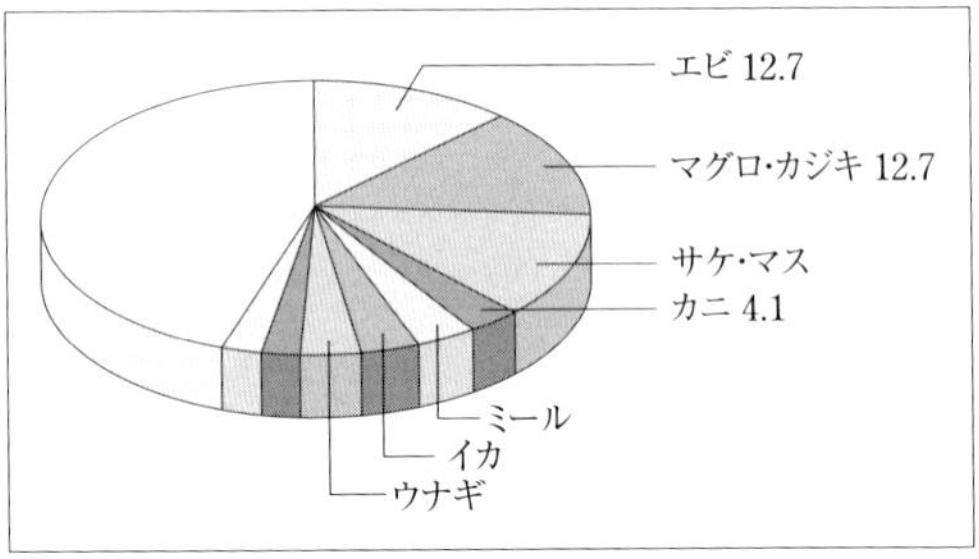

図 3-12　日本の水産物輸入金額内訳。2011 年度の総輸入金額は 1 兆 3709 億円（農林水産省「我が国と世界の水産物需給」により作成）。エビはベトナム、インドネシア、タイ、マグロ・カジキは台湾、韓国、インドネシア、サケ・マスはチリ、ノルウェー、米国、ロシア、カニはロシア、米国、ミールはペルー、チリ、エクアドルが主要輸入国である。

一方、水産物輸出量は東日本大震災による原発事故の影響もあり、前年度比で二五％減の四二万トン（一七四一億円に相当）になった。品目別の金額では、乾燥ナマコ（六・八％）、貝柱（五・一％）、サバ（四・三％）、マグロ・カジキ類（四・三％）、サケ・マス類（三・八％）となる。品目別ではナマコと貝柱が圧倒的に香港向けである。サバやマグロ・カジキ類はタイ、ベトナム、フィリピンなどの東南アジア諸国向けが多く、香港や中国がこれにつぐ。サケ・マスは中国向けが全体の七割、タイが一・四割を占めている。

日本の水産物輸出量は輸入量の一割強にすぎないが、アイスランドやニュージーランドでは漁獲された水産物のほとんどが輸出向けにまわされ、国内消費向けは数％から一〇％に満たない。日本の漁業が国内需要にむけられていることはあきらかである。

4　魚食と環境問題

現代の俵物交易をめぐって

近世期、日本はナマコ、フカひれ、アワビ、海藻、干魚などの俵物を清国に輸出していた。この間の事情については近世海産物輸出史の研究に詳しい。三・一一の大震災を受けて水産業の復興が課題とされるなか、俵物《たわらもの》交易の現状はどうなっているのだろうか。

現在、アワビやナマコの採捕には近世とさして変わらない鉤ややすによる小規模な漁法が営まれる。しかしフカひれの場合、格段に技術の進歩がみられ、マグロはえなわ漁で混獲されるサメが利用されているのが現状である。漁獲されるサメの九割以上がヨシキリザメであり、気仙沼がサメ漁業の国内最大の水揚げ港となっている。二〇一一年二月一一日付の英国の新聞『ガーディアン』は日本のサメ漁を批判する記事のなかで、サメが絶滅危惧種であること、フカひれの部分だけを持ち帰り、魚体を海上投棄していること、生物として「偉大な」サメを殺すことへの倫理的な問題を挙げている。

水産資源学の勝川俊雄准教授が指摘するように、ヨシキリザメの資源量は津波前までの五年間の漁獲水準をみても安定しており、絶滅のおそれはない。水産庁はサメの鰭だけを持ち帰ることのないよう徹底した指導をおこなっている。勝川准教授はサメを利用することへの倫理問題や感情論は、サメ漁業ないしフカひれの資源利用とは峻別して議論すべきとしている。サメはマグロはえなわ漁の混獲物というが、むしろ副産物ないし複数種の漁獲物のひとつである。マグロ一本釣りでもマグロ以外にサワラ、シイラ、カジキマグロなどがふつうに漁獲される。中国におけるフカひれ製品の半分近くがまがいものであることが二〇一三年一月に報道された。高級食材であることを利用した犯罪行為である。

フカひれは中国向けの輸出品であるが、魚肉はかまぼこ、はんぺんなどのねり製品、モウカザメの心臓は料理（モウカの星）に、皮は工芸品や皮革製品、軟骨は医薬品（コンドロイチン）などとして多目的に利用されている。これはクジラの場合についても同様であり、日本では鯨体を余すことなく利用する文化が育まれてきた。一九世紀の石油発見まで、欧米捕鯨では鯨油生産のためにクジラの脂肪（ブラバー）を使い、鯨肉は海上投棄されていたことは日本と欧米の資源利用のちがいを如実に示すものであろう。

図 3-13　ナマコ料理。中国料理で、かつては大皿で提供されていたナマコの旨煮料理は銘々皿で出されるようになった（中国南京市内の料理店）。

現代中国では日本産マナマコ（刺参）がＤＨＡを多くふくむこと、糖尿病、心臓病に効くうえ抗ガン作用をもつことなど、医食同源の発想が消費の背景にある。良質の乾燥ナマコはキロ単価で二〇万円以上の高級食材であり、とくに北海道産のものは高価格である。昨今、ナマコの旨煮を大皿ではなく銘々皿で出す変化が中国料理ではやっている（図3-13）。小サイズのナマコが求められることに端を発したもうけ主義の発想から、規格外の小さなナマコを採取する密漁が陸奥湾や北海道一円で多発している。ダイバーによる夜間の採取や高速船の使用などで当局は対応に苦慮している。津波の影響で三陸産ナマコが採れなくなったこともあり、北海道産ナマコの価格が上昇している。小型のマナマコを採取することで縮小再生産が進み、ナマコ資源の枯渇を招くおそれがある。現代の俵物交易では資源の持続的な利用にむけての抜本的な方策が求められている。

ウシエビの養殖とマングローブ

東南アジアのマングローブ地帯における典型的な漁業はエビ養殖である。タイでは一九五七年以降にバナナあるいはホワイトとよばれるエビの粗放養殖が開始された。年間二回、一一〜二月と五〜八月にかけて養殖し、単位面積あたり年間で五〇〜二五〇キロのエビを収獲した。一九七一年からは集約的なエビ養殖がブラックタイガー（ウシエビ）を対象として開始された。この場合、小区画の養殖池に大量の稚エビを放流し人工給餌と水車による酸素供給、エビの病気予防用に抗生物質投与がおこなわれる。こうした集約的な養殖によりブラックタイガーの収量は単位面積あたり年間で一五〇〇〜二〇〇〇キロも期待でき、圧倒的な生産増加が実現した。

ウシエビの高密度養殖は一九八〇年以降に急速に発展し、沿岸域のマングローブが激減し、エビ養殖池に転用される水田も増えた。タイでは広大なマングローブ林をエビ養殖池に改変したことでマングローブの多様な生態系サービスが失われた。しかも、現地住民にエビ養殖の利潤が還元されなかった。その結果、環境と地域住民を犠牲にして利益を追求してきた養殖池の経営者や主要輸出先である日本企業の倫理が問われている。

マングローブ地帯ではエビ養殖以外にハタ類やバラマンディの活魚蓄養もさかんにおこなわれてき

た。しかし魚食性のハタやバラマンディの餌となる小型アジ類の切り身が水域を汚染すること、餌代のコストが経営を圧迫することなど、多くの問題を抱えることとなった。二〇〇四年のインド洋大津波によりタイのアンダマン海沿岸域は壊滅的な打撃を受けた。津波からの復興過程でハタやバラマンディの蓄養が着手され、生け簀による活魚の蓄養が過剰におこなわれた結果、仔稚魚が減少したことは第1章でふれたとおりである。

ウナギ養殖とワシントン条約

ウナギには日本産のウナギとヨーロッパウナギ、アメリカウナギなどがある。海で生まれたウナギの幼生がシラスウナギに変態し、河口部に接岸後、河川で成育する降河性魚類である。これまでの研究で北米東岸のアメリカウナギとヨーロッパ・地中海産のヨーロッパウナギはともに大西洋北部にあるサルガッソー海（第2章第2節参照）で産卵することが一九二二年にたしかめられている。一方、日本や中国・朝鮮半島沿岸域に回遊するニホンウナギの産卵場は最近までなぞとされていた。一九六七年にウナギのレプトケファルス（葉形幼生）がみつかった。のち東京大学大気海洋研究所の塚本勝巳教授らによる精力的な調査により、一九九一年にマリアナ諸島西方海域でレプトケファルスが一〇〇〇尾近く採集され、この海域が産卵場と推定された。そして潜水艇や探査機器を用いた研究によりマリアナ諸島沖の海山（水深三〇〇〇〜四〇〇〇メートルの海底から水深一〇メートルほどまでにそびえる海の山）がウナギの産卵場であることがたしかめられ、二〇一一年には産卵直後の受精卵が一四七個採取された。
　ウナギの養殖は明治九（一八七六）年に東京深川で開始された。その後、養鰻業は水の便とウナギの餌となる蚕のサナギが入手しやすかった東海地方で発展し、現在では鹿児島、静岡、愛知、三重などをはじめ全国各地に広がっている。これまでマリアナ方面から日本沿岸に達したシラスウナギが養殖に利用されてきたが、生産増とともに国内の河口域で採集されるシラスの価格が高騰し、シラスウナギの乱獲傾向に拍車がかかった。国内供給分だけでは十分でなく、シラスを韓国、台湾などの近隣諸国とともにヨーロッパウナギやアメリカウナギを産する欧米からの輸入に依存している。

図 3-14　鰻重。2013年2月1日、環境省はニホンウナギを絶滅危惧IB種に指定した。

　日本だけがウナギを消費するのではない（図3-14）。ヨーロッパでもウナギ料理がある。『ラルース料理百科事典』には四五種類のウナギ料理が記載されており、英国をはじめドイツ、フランス、イタリアなどでウナギのアスピック（煮こごり）、ウナギのパイやフライ、くんせい、シラスウナギをガーリックとオリーブ油で調理した料理、フランス中部のウナギを赤ワインで煮込んだマトロット料理などがある。

ウナギのシラス減少は国際取引上も大きな課題となっている。じっさい米国ではCITESを通じてアメリカウナギの商取引を制限する動きがある。すでに二〇〇七年、EU（欧州連合）は第一四回ワシントン条約締結国会議でヨーロッパウナギをCITESの附属書IIに掲載することを決議し、翌二〇〇八年、IUCNはヨーロッパウナギをレッドリスト（絶滅のおそれのある野生生物のリスト）のなかで絶滅危惧IA類（CR）としている。日本はヨーロッパウナギを中国経由で輸入してきたこともあり、ウナギの商取引規制による食文化への影響が懸念されている。環境省は二〇一三年二月一日、ニホンウナギを絶滅危惧IB類（近い将来に絶滅する危険性が高い）に指定した。

シラスウナギの減少は需要増だけが原因ではない。ウナギの溯上する河川環境の劣化や漁業権をもたない集団の密漁による国内産シラス価格の高騰、欧米諸国による輸出規制、台湾、中国、韓国との生産競争など、自然と経済両面にかかわるさまざまな要因が絡んでいる。気仙沼市唐桑でカキ養殖業を営む畠山重篤氏が「森は海の恋人」論を展開する契機となったフランス・ロアール川河口部におけるシラス漁の話を思い起こしていただきたい。マリアナ海溝におけるウナギ産卵場の発見により、ウナギ資源の今後について資源生物学の知見をふくめて資源利用と食文化の持続を考える段階にきた。天然ウナギが溯上できる河川にはダムや堰堤がなく海とつながっている。ウナギのすむ河川をこれ以上破壊し、いたずらに改変する行為をやめるべきである。そのことが天然ウナギの再生につながる。

近海マグロと三陸

マグロは現代日本の魚食文化で大きな位置を占める。日本は世界最大のマグロ消費国であり、年間で六〇万トン近くものマグロを消費し、その量は世界全体の約三分の一に相当する。江戸時代には見向きもされなかった脂の乗った大トロや中トロが高値で取引される。本章第1節で取り上げたように、背の青い魚であるマグロが栄養学的にも健康上からも利点をもつことはいうまでもないが、マグロの目玉にＤＨＡが多くふくまれるので、頭がよくなるという理由だけでマグロを食べる人は多くはいまい。

マグロは鮨ネタとしてだけでなく缶詰やフレーク製品としても消費されている。人間だけでなくイヌやネコのペットフードとしても利用されている。このまま世界中のマグロを消費し続けるだけなら日本は世界の大きな批判を浴びることになる。かつて日本がクジラのつぎにたたかれるのはマグロであるとした水産学者の予測が的中したことになる。

世界ではクロマグロ（太平洋と大西洋）、キハダ、メバチ、ビンナガ、ミナミマグロなどを適正管理するため、世界の海を五つにわけた海域ごとに地域漁業管理機関がおかれている。水産庁の金子守男氏によれば、日本はその五機関いずれにも加盟し、「責任ある漁業」の推進に貢献する責務があるという。二〇一二年一一月にパリで開催された大西洋マグロ類保存国際委員会（ＩＣＣＡＴ）の年次会合で、科学的な勧告を遵守して大西洋クロマグロの漁獲割当量を引き上げることが決定された。ただし、マグロ漁をめぐる違法漁業、規制を順守しない漁業や無報告の国際取引など、いわゆるＩＵＵ漁業については十分な配慮がなされなかった。このことをＷＷＦ（世界自然保護基金）も指摘している。

マグロは日本近海で一本釣りやはえなわ、巻き網などにより漁獲されてきた。とくに三陸沖合ではゆたかなマグロ漁場が形成されている。津波で気仙沼、石巻、宮古などを基地とする大型漁船の多くが失われたが、第1章でふれたように気仙沼のマグロはえなわ船団が集団操業を新たに開始し、水産復興と経営の安定化を目指している。一九九九年の国際減船と今回の地震津波により三陸の沖合・遠洋漁業の落ち込みがあるなかで、復興促進の動きとして注目しておきたい。海外からのマグロ輸入を前提とするだけでなく、三陸の地場産業としてのマグロ漁を推進する施策がなされるべきだ。三陸沖のマグロ漁ではメバチマグロやメカジキがおもに漁獲される。需要量の問題があるにせよ、三陸産のメバチマグロ「塩竈ひがしもの」にあるような付加価値を生みだす工夫がなされることを期待したい。

生物濃縮と海洋汚染

地震と津波発生直後、東京電力福島第1原子力発電所から海に流出した放射性物質はゆゆしい放射能災害をもたらした。平成二三（二〇一一）年四月二～六日早朝にかけて、福島第1原発2号機から高濃度の汚染水五三〇トンが流出し、ヨウ素、セシウムをふくむ四・七×一〇の一五乗ベクレルと推定される放射性物質が海に流れた。

これまで海洋生物の汚染についてのデータが収集され、その一部が公開されてきたなかで、水産物における放射性物質の蓄積濃度と暫定的な規制値を超える値が検出されるか否かに耳目が集まった。平成二三（二〇一一）年四月初旬に茨城県北部沖で採取された検体のコウナゴから放射性セシウム（セシウム134とセシウム137の合計）で、暫定基準値の五〇〇ベクレルを上回る五二六ベクレルが検出された。これを受けて福島県下での出荷が停止された。以後、福島県内の漁場は試験操業区域を除いて漁業をすべて自粛し、この海域内で汚染状況の調査が継続的になされている。その一部は平成二四（二〇一二）年度に解除され、いまに至る。

放射性物質を吸着した海水中の塩類は生物体内に三つの経路で吸収される。それらは（1）海水摂取による直接的取り込み、（2）皮膚からの取り込み、（3）餌生物を通じた体内での吸収、である。いったん体内に取り込まれた塩類の一部は尿とともに、さらには鰓にある塩類細胞から体外に排出される。

元中央水産研究所の海洋放射能研究室長であった吉田勝彦氏は原発事故以前の調査研究から、セシウム137と水産生物の栄養段階における関係を以下のように要約している。低次栄養段階にあるサンマ、マイワシなどのプランクトン食性魚類と、高次の栄養段階にある魚食性のブリやアブラツノザメを比較すると、栄養段階が高くなるにつれてセシウム137の濃度は食物連鎖を通じて五倍程度に濃縮される。タコやイカなどの頭足類、エビ、カニなどの甲殻類、海藻類などのセシウム137濃度は低次栄養段階にあるサンマやマイワシなどと同程度ないしはそれ以下である。ストロンチウム90

は魚介類の筋肉ではなく骨に蓄積される傾向がある。ヨウ素131は海藻類に蓄積され、そのまま海中に排出されないのでヨウ素の半減期（八・〇二日）により減少する。

放射性物質は凝縮沈殿ないしは海中に浮遊または懸濁している直径二ミリ以下の粒子状物質（SS）に吸着して海底に達する。これまでに福島県、茨城県でおこなわれたモニタリング調査によりまだ多くの種類の魚介類が出荷・販売自粛の対象としてふくまれていることが判明した（平成二四［二〇一二］年一一月一日現在）。たとえば、福島県水産試験場の調査報告では原発事故以来、放射性物質の濃度は一般に低下傾向にある。これはセシウム134の半減期が約二年であること、海中の放射性物質が希釈、拡散したことによる。放射性物質濃度が明確に低下した魚種や水産生物としてシラス、コウナゴ、ホッキガイ、アワビ、海藻などのほか、イシカワシラウオ、マガレイ、アオメエソ、エゾイソアイナメなどで低下傾向にある。しかし、低下傾向が明白でないババガレイやマアナゴのほかアイナメのように極端に数値の高い魚種もある。魚介類の種による差異は完全にはあきらかになっていない。

以上、魚介類の食をめぐる多様な問題群は、栄養面から文化の継承、海洋環境の保全までにわたっている。原発事故のあと、われわれにとって海洋生態系には未知の部分があまりにも多いこと、津波の災禍からの復興にさいして生態系に配慮した食のあり方を考えておくことの重要性を本章の最後に強調しておきたい。

第4章——海のエスノ・ネットワーク論——つながりのなかで

海は陸地と陸地、島と島とをへだてる。同時に海は離れた陸地と島をつなぐ媒介となる。海が障壁となり架橋ともなるとする視点は前からあった。一九七二年に刊行されたオーストラリア国立大学のD・ウォーカー教授編『ブリッジ・アンド・バリア』（架橋と障壁）はニューギニアとオーストラリアのあいだにあるトレス海峡の自然・文化史をあつかったものである。この海峡は先史時代にかぎれば、陸上生物相、人類の言語、集団遺伝学的な点では架橋となったが、生業面では障壁となったことがあきらかにされた。つまり、農耕はトレス海峡を越えてオーストラリア大陸に到達しなかった。

津波で被災した三陸地方では、江戸時代から沿岸産のアワビを中心にナマコ、フカひれなどの俵物が中国に運ばれた。岩手県大槌の前川家は同地域の吉里吉里に拠点をもち、大廻船問屋として広範な商業活動を展開した。とくに二代目当主の前川（吉里吉里）善兵衛は巨額の富を蓄財した。三陸から俵物を運ぶ海の道は日本と琉球、清国を結んだ。当時、鎖国下の日本にも海外との交易拠点となる蝦夷口、対馬口、長崎口と薩摩口があった。蝦夷口はアイヌ、対馬口は李氏朝鮮、長崎口はオランダと清朝、薩摩口は琉球王国と、それぞれ対象となる国や地域を結ぶ海の出入口であった。本章では海産物の多様な交易と地域とのかかわりについて第2章、第3章の成果をふまえて展望してみたい。

1　海峡の交易史

海洋史観と生態史観

陸域を中心とした人類の拡散と交流の歴史から「文明の生態史観」を構築したのは国立民族学博物館初代館長の梅棹忠夫教授である。梅棹教授はユーラシア大陸の乾燥地帯における遊牧民とその南の湿潤地帯における農耕民とのあいだで繰り広げられた諸民族興亡史をふまえ、ユーラシア大陸の周縁に形成された文明世界として東側に日本と東南アジアを、西側に東欧と西欧を位置づけた。この構想は人類の歴史をアジア的生産様式（原始的な共有制をもととした社会）→古代奴隷制→中世封建制→近代ブルジョア資本主義→社会主義→共産主義へ移行するとみなすK・マルクスの唯物史観に対峙するもので、文明の発展段階的な世界観にたいするアンチテーゼとなる文明論として位置づけられる。

これにたいして元国際日本文化研究センターの川勝平太教授は、梅棹教授の生態史観は唯物史観と

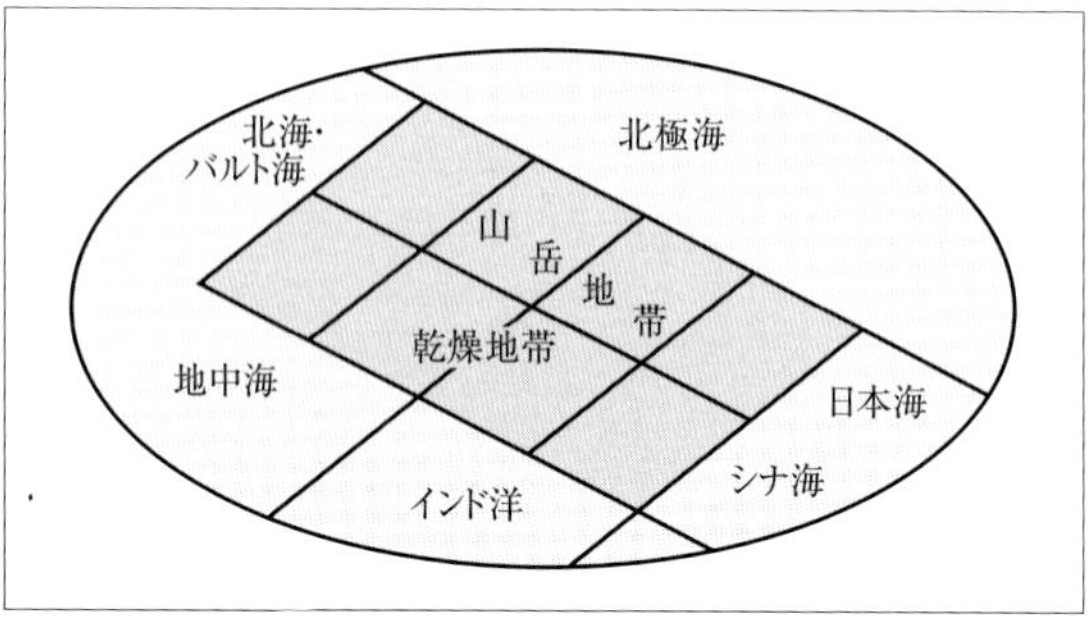

図 4-1　文明の海洋史観をあらわす模式図（川勝 1997 をもとに作成）。

は相容れないものの、陸地史観としてはおなじ位相にあると規定した。そして、日本とヨーロッパの文明が歴史的な転機を迎えるさいに海が果たした役割を文明の海洋史観として描き出した。そのなかで梅棹教授の文明地図に修正を加え、東欧の部分に北海・バルト海を、日本と東南アジアの部分に日本海とシナ海（東シナ海・南シナ海）をあてはめた（図4-1）。

わたしは海洋文明論の上に立ち、海域における交流と断絶に焦点をあてたさらなる論考が必要と考えた。手始めとして世界各地における海洋資源の交易について考察を進めたい。その骨子が後述する海のエスノ・ネットワーク論である。トレス海峡の自然・文化史に関する論考では、海峡がバリア（障壁）にもブリッジ（架橋）にもなるとする構想が示されていた。以下、アジアにおける八つの海峡史から説き起こそう。

先住民間と欧米との交易路——ベーリング海峡

ベーリング海峡はアラスカのスワード半島とシベリアのチュコトカ半島のあいだにある。北はチュクチ海、南はベーリング

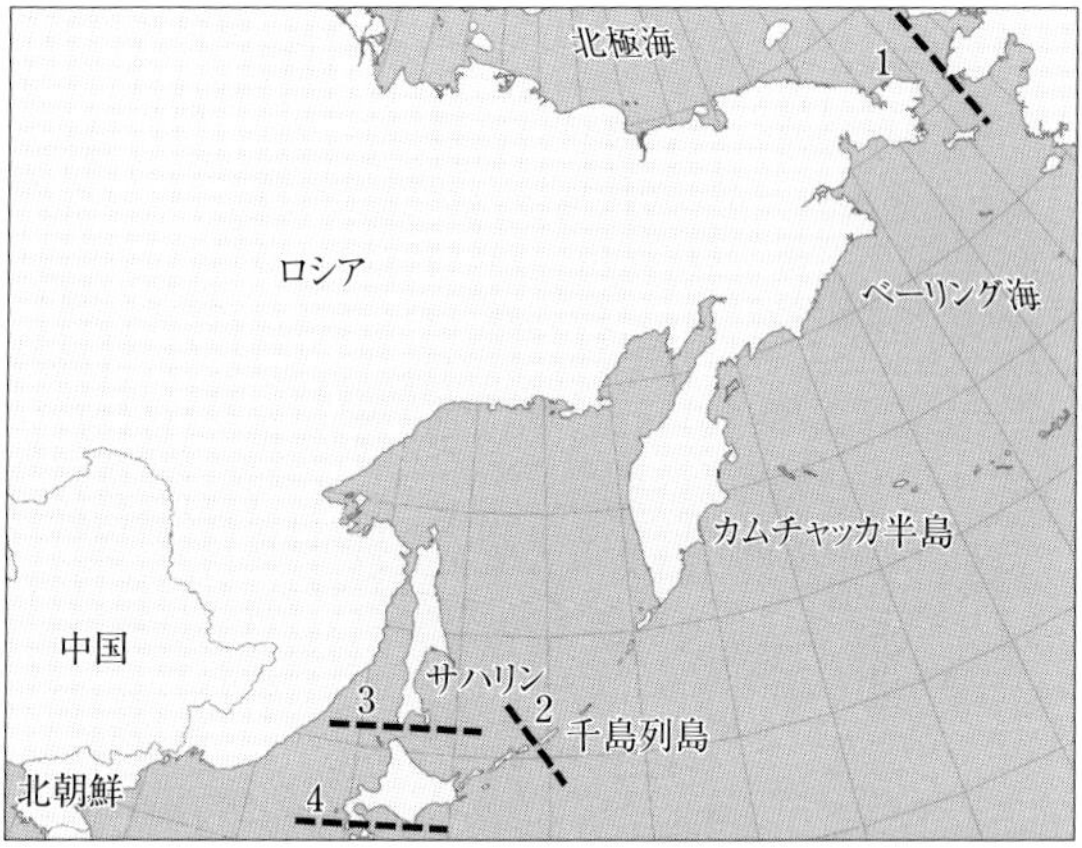

図 4-2　北の海峡。1：ベーリング海峡、2：択捉海峡、3：宗谷海峡、4：津軽海峡。

海に面している。かつて最寒冷期のウルム氷期にベーリング海峡は地続きとなり、モンゴロイド集団がアメリカ大陸に移住・拡散した。海峡をはさむ地域の先住民は海獣猟・漁撈・トナカイ遊牧を中心とした生活を送ってきた。海峡名は、一七二八年に海峡に到達したデンマーク人探検家のV・J・ベーリングによる（図4-2）。冬の荒々しいベーリング海峡の海は人の活動をこばむ障害であったが、夏にはシベリアとアラスカをつなぐ架橋となり、多くの人びとが行き交った。

北方研究の人類学者である岸上伸啓教授によると、海峡をはさんだ交易により鉄器がシベリアのチュクチ人によりアラスカへともたらされたのは西暦三五〇〜一〇〇〇年のことであり、海峡交易は一五世紀ころまでに成立していた。ロシア人がシベリアに到達する一七世紀中葉以降にはヨーロッパ製品がチュクチ人、シベリア側のユッピック人を介してアラスカ先住民へと伝播した。第2章でふれたG・W・ステラーはベーリング探検隊に同行し、海峡域でロシアの金属製品と毛皮が交易されていたことを目撃している。一八世紀中葉以降、チュクチ人はそれまで対立関係にあったロシア人と和解し、アラスカとの交易仲介者としての役割を果たした。ロシア側からのタバコや各種金属製品はアラスカ側からのテン、ビーバー、ホッキョクギツネなどの毛皮や海獣の脂肪、セイウチの牙、クジラのヒゲなどと取引された。また先住民間でも、チュクチ人が準備したトナカイの毛皮と、アラスカ側のイヌピアック人やユッピック人のもちよる狩猟用弓矢の材、仮面、椀などが交易品とされた。ベーリング海峡は先住民とロシア人とを結ぶ海洋資源交易の架橋となった。

ラッコ交易をめぐる境界——択捉《エトロフ》海峡

択捉海峡は千島列島の択捉島と得撫《ウルップ》島のあいだにある幅四〇キロほどの海峡であり、オホーツク海と太平洋を結ぶ。この海峡は植物分布からみて温帯域の択捉島と、亜寒帯に属する得撫島の境界となっており、生物地理学的に宮部線とよばれる（図4-2）。

一八世紀以降、北太平洋に進出したロシアはラッコの毛皮交易を広域にわたり展開した。アラスカのシトカはロシアによる毛皮交易の集散地であり、その後ロシアはカリフォルニアまで進出した。日本からも北方開拓が進められ、正徳五（一七一五）年、松前藩は北海道、樺太、千島列島、勘察加（カムチャッカ）を松前藩領とする旨江戸幕府に上申している。一八世紀中葉にはロシア人が択捉島に来島し、現地のアイヌ人をラッコ猟に従事させた。ロシアによるアイヌ人への過酷な強制労働にたいして、アイヌ人は明和八（一七七一）年にロシア人を襲撃してかれらを島から追放した。一八世紀末以降、ロシアは南下政策の一環として日本に再三、開国を求めたが拒否された経緯がある。ロシアの脅威への対抗策として、幕府は寛政一一（一七九九）年に択捉島を幕府直轄地とし南部・津軽藩に警護させた。緊張関係のなか、ロシアによる択捉島の南部・津軽藩襲撃が相次いで起こっている。

翌年の寛政一二（一八〇〇）年、幕府に信の厚かった廻船問屋の高田屋嘉兵衛は幕命を受け、国後島と択捉島を結ぶ択捉航路を開拓し、択捉島にサケ・マス漁業のための一七カ所の「場所」を開き、北方交易に大きく貢献した。明治期になっても択捉島周辺でロシア人によるラッコの密猟が横行したので、北海道開拓使は領海内のラッコ猟に制限を加えた。

ちなみに一七〇二年に『海洋主権論』を著したオランダのC・ヴァン・バインケルスフークは当時の大砲着弾距離が三海里程度（約五・六キロ）であったことから、領海を三海里とする着弾論を提起した。この理論は二〇世紀まで世界の趨勢となった（第5章を参照）。

安政元（一八五五）年、下田で日露和親条約が締結され、択捉島と得撫島のあいだの択捉海峡は日本とロシアの国境となった。そして樺太には国境を策定せず日露両国民とアイヌ人が混住することとなった。その後、樺太の実効支配を進めるロシアにたいして、日本では樺太を放棄して千島列島の領有を主張する意見が台頭し、明治八（一八七五）年、日露両国間で樺太・千島交換条約がサンクトペテルブルグで批准された。これ以後、国後・択捉をふくむ南千島とそれ以北の北千島は日本領となり、択捉・得撫間の国境線は消滅した。

樺太と南海をつなぐ――宗谷海峡

宗谷海峡は北海道と樺太のあいだにあり、日本海とオホーツク海をつなぐ（図4-2）。この海峡は両生類、爬虫類の分布境界で八田《はった》線とよばれる。宗谷海峡域にある礼文島で一三カ所知られている縄文遺跡のうち、島北部の砂丘地にある船泊《ふなどまり》遺跡からさまざまな遺物が発掘された。なかでもイモガイ製ペンダント、タカラガイ製装飾品、マクラガイ製のブレスレットは大きな注目を集めた。この遺跡の住人はアザラシ・トドなどの海獣猟や漁撈に従事した。南海産の貝製装飾品の存在は海を越えた交流を裏づけるものであるが、これらの貝製品が直接、沖縄や九州からもたらされたのかどうかは不明である。

船泊遺跡出土のヒスイは新潟県姫川産のものであり、黒曜石製の石鏃《せきぞく》を固定するためのアスファルトは樺太産のものである。黒曜石は礼文島には産しない。また地元産とおもわれるビノスガイを使ったアクセサリーが大量に出土している。完成品だけでなく半成品や貝殻片、加工用とおもわれるメノウ製工具もあることから、ビノスガイを専門に加工して交易品とする工房の役割をもっていた可能性がある。ビノスガイは東北から樺太、沿海州に分布する二枚貝であり、礼文島で大量に産出することがアクセサリー工房を可能にしたようだ。出土人骨が北海道南西部のものと類似していることや冬季に食料を利用した形跡がないことをふまえ、集団が季節居住したと推定されている。宗谷海峡をはさんだ北と南の交流に礼文島が果たした役割はたいへん大きかった。

「商人」の行き交う海の道――津軽海峡

本州（青森県）と北海道にはさまれ、日本海と太平洋を結ぶのが津軽海峡である（図4-2）。津軽海峡は哺乳類や鳥類の分布境界（ブラキストン線）であるが、海峡は人間にとり架橋となった。津軽海峡をはさみ、北海道南部と青森、岩手、秋田に縄文時代の亀ケ岡式土器が分布している。亀ケ岡遺跡（青森県つがる市）は縄文時代晩期の遺跡であり、遮光器土偶がみつかったことで知られる。土器文化は津軽海峡を越えて広がった。

青森市に縄文時代の三内丸山遺跡（前期中葉から中期末）がある。かつて大規模な集落が形成され、日本考古学の常識をくつがえす数かずの遺物が出土した。ヒスイ、アスファルト、黒曜石、コハク、イモガイの土製品、鯨骨製刀剣などがそうである。

三内丸山における豊富な交易品の存在から、元国立民族学博物館の小山修三教授は縄文時代当時より交易を専門とする「商人」がいたとする仮説を提示している。

大陸との交渉と倭寇――対馬海峡

対馬海峡は九州と朝鮮半島のあいだにあり、東シナ海と日本海を結ぶ。ここには対馬線ないし朝鮮海峡線とよばれる生物地理学的境界線があり、大陸系と日本列島の動物分布のちがいが目安とされる。海峡中央部にある対馬をはさみ、壱岐と対馬のあいだを対馬海峡東水道、韓国と対馬とのあいだを対馬海峡西水道と称する。東水道を狭義の対馬海峡、西水道を朝鮮海峡とよぶこともある。

　旧石器時代から縄文・弥生時代にかけて、対馬海峡域では漁撈活動が活発に営まれてきた。考古学者の渡辺誠教授があきらかにしたように、朝鮮半島と北九州とで共通した組み合せ式の釣りばりが出土している。土器や石器などの分布をみても海を越えた交流がいまから七〇〇〇年前に実現していた。第2章でふれた朝鮮半島南部にある蔚山の岩絵や壱岐、松浦、生月などを基地とする西海捕鯨の歴史が示すように、対馬海峡域はクジラの回遊路にあたる捕鯨の一大センターであった。

　北九州呼子周辺の縄文・弥生時代前期の遺跡から南海産のゴホウラ製貝輪が出土している。交易品としてのオオツタノハやイモガイ製の腕輪が北九州各地でみつかっており、南海とのネットワークが存在したとおもわれる。前述した船泊遺跡出土の南海産貝製品のたどった交易ルートに、対馬海峡域がなんらかの役割を果たしたことが想定されている。

　古墳・平安時代の四世紀後半～一〇世紀初頭に、玄界灘にある沖ノ島の祭祀遺跡から莫大な量の遺物がみつかっている。沖ノ島の遺物はヤマト政権とともに新羅を中心とする大陸部からもたらされた。一一世紀に日本と高麗とのあいだで交易がさかんとなる。一二世紀に対馬海峡域を舞台として倭寇《わこう》の活動が活発化し、対馬海峡域は海賊行為の温床となった。文永の役（文永一一［一二七四］年）と弘安の役（弘安四［一二八一］年）で蒙古軍の日本襲来が失敗に終わり、対馬海峡から東シナ海の制海権は倭寇がにぎることとなった。倭寇の脅威を受けた高麗王朝は日本との交易を制限し、その大部分が対馬島民による年に一回、二隻の進奉船による交易がおこなわれた。のち高麗が破れ、朝鮮王朝の成立後、朝鮮は倭寇を鎮圧する目的で応永二六（一四一九）年対馬に大軍を送り、倭寇勢力を一掃した。そして捕虜となっていた被虜人《ひりょじん》の中国人、朝鮮人を解放した。倭寇活動はこれで終焉する。これが応永の外寇である。以上のように、先史時代から中世に至る時代を通覧しても、対馬海峡が大陸と日本をつなぐ架橋となったが、一時期には倭寇勢力によって分断されたことがわかる。

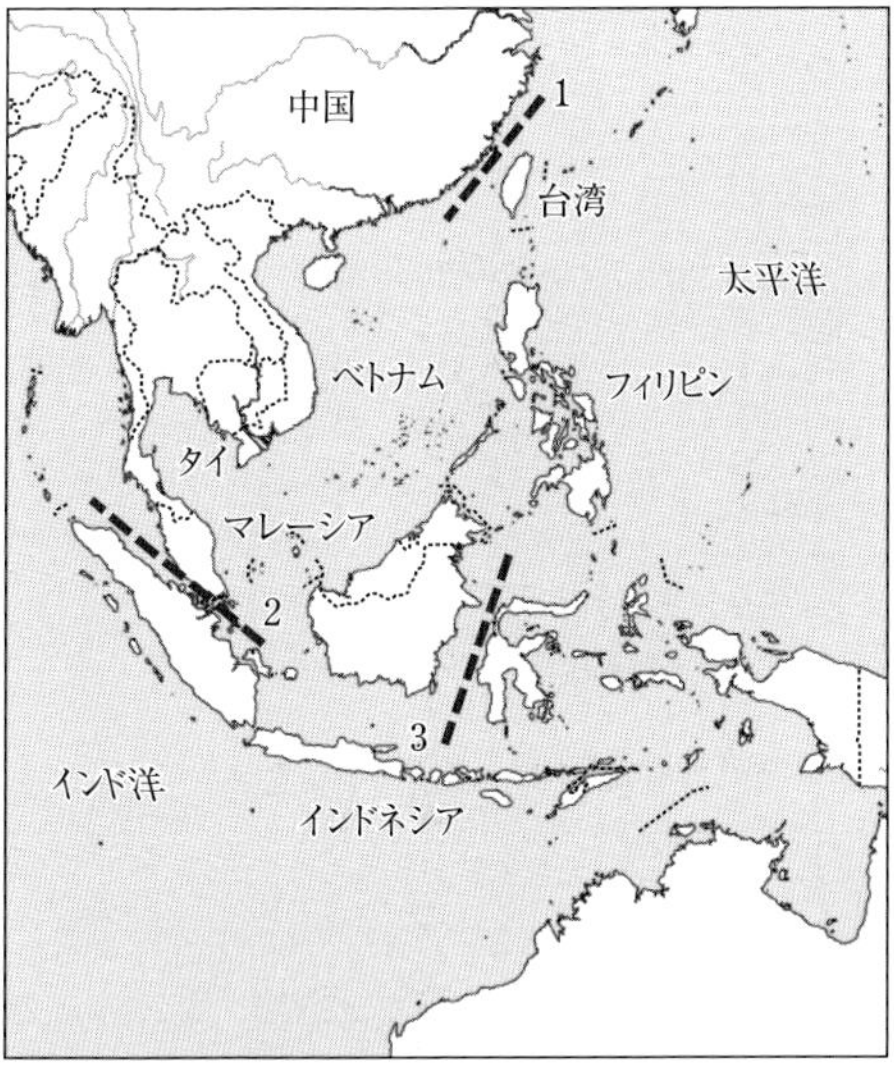

図 4-3　南の海峡。1：台湾海峡、2：マラッカ・シンガポール（マ・シ）海峡、3：マカッサル海峡。

ボラの産卵と漢人の移住——台湾海峡

台湾海峡は、中国福建省と中華民国（台湾）のあいだにある。中国から台湾への移住は一七世紀後半以降に始まった。福建省からは台湾中部西海岸の彰化《しょうか》県鹿港《ルーガン》が当初の入植地であった。鹿港は乾隆四九（一七八四）年に清朝により公認された。鹿港はその後、泉州晋江県の蚶江《ハンジャン》との貿易により栄えた（図4-3）。

民俗学の国分直一教授は「牧草が分布しているから、その分布を追って牧人は移動する。回遊魚や移動する海獣は動く牧草なのである」として、中国大陸沿岸域からボラを追って台湾方面に移動した人びとがいたと考えた。それが台湾海峡を渡った漁民集団である。

中国大陸の沿岸河口域に生息するボラ（烏魚）は水温の低下する冬季に暖かい南の海へと群れをなして回遊し、台湾海峡域で産卵する。そして産卵後ふたたび北へもどる。毎冬、かならずボラが到来することから、台湾ではボラを律儀で信用のおける「信魚《シンユイ》」とよんでいる。冬至前後に産卵期を迎えたボラの卵巣は塩蔵されたあと、塩抜きと乾燥の工程を経て上質のカラスミ（唐墨）が製造された。カラスミは高価な珍味食品であり、現在では台湾南部の高雄市塩埕《えんてい》区が一大生産地となっている。

台湾ではオランダ統治時代（一六二四～六二年）と引き続く鄭成功政権時代、ボラ漁民に課税された。漁民は漁業許可証となる烏魚旗をもつ必要があり、ボラ漁の時期に藏仔寮に入居し、さまざまな規律を遵守する生活を送った。漁民は獲れたボラのカラスミを媽祖《まそ》にささげる儀礼をおこないボラ漁の継続を祈った。一七一七年の史料では、福建省の厦門や台湾中西部沖にある澎湖諸島の漁民がボラ漁のために台湾にきたとある。一八世紀中葉の史料でも福建・広東方面から多くの移民が無許可で台湾に来島している。このように明末から一七世紀以降に大陸から大量に移住した漢人によりボラ漁が発展し、台湾海峡に面する各漁港を基地として漁が盛況におこなわれた。

港市国家と海賊――マラッカ・シンガポール海峡

マラッカ・シンガポール海峡（以下、マ・シ海峡）は、中東・インドと東南アジア・中国を結ぶ海の戦略要路であり、古くから多くの海域商人や漁民により利用されてきた（図4-3）。それとともに、往来する交易船を略奪する海賊行為が頻繁に発生した。帆船時代には、マ・シ海峡を通過する船はモンスーンを利用した。ベンガル湾から東にむかう船は四月ころマ・シ海峡の入口に到着して二〜三カ月待機し、六月ころに風とともに海峡を通過することができたが、中国側から一月ころ東の入口に到着しても風待ちのために一一カ月も投錨しなければならなかった。

七〜一二世紀にスリヴィジャヤ王国がマ・シ海峡域に広大な領域を支配し、その版図はマレー半島のクダからスマトラ島南端にまでおよんだ。九世紀にはシャム湾沿岸のナコン・シ・タマラートまで勢力が拡大した。イスラム圏と中国歴代王朝との海洋交易が活発化し、マ・シ海峡にはマラッカ、アチェ、パレンバン、クダ、ジョホールなどのイスラム系港市国家が数百年間にわたりその繁栄を謳歌した。

一一七八年の文献によるといくつかの港市国家は法外な税金を通過する船に課し、港に停泊することなく通過しようとすれば、軍船を派遣して乗組員を殺害し、物資を略奪した。しかし税金を払った船の安全は保障された。交易船の運ぶ商品には麝香《じゃこう》、象牙、犀角《さいかく》、バラ水、真珠などがふくまれ、港市国家はこれらの商品をもとに莫大な富を築いた。

略奪型の港市国家にたいして、マラッカは通行する船舶にあらゆる便宜供与をあたえる典型的な港市国家であった。たとえば荷作業、関税支払い、宿泊などが手配された。マラッカ市内にはグジャラート、ベンガル、ジャワ、中国のために四地区が設営され、それぞれシャーバンダール（港の王の意味）が管理した。これらの人物は前記四地域の出身商人であり、船舶と交易品の取り扱いを差配する外国領事の役割をもっていた。

明代の永楽帝時代、鄭和により七次にわたる東南アジア、インド洋、アフリカ遠征（一四〇五年の第一次遠征から一四三一年の第七次遠征まで）がおこなわれた。鄭和は呂宋国（フィリピン）、マジャパヒト王国（インドネシア）、マラッカ王国（マレーシア）との交易を進めるため、これらの国ぐにを海賊行為から守る役割を果たした。東南アジアにおける交易には中国南部から多くの華僑が大挙して商活動のため移住したのもこの時代以降のことであり、その継承者は現代の東南アジア華人社会の礎となった。

ポルトガルによるマラッカ占領後（一五一一年）、引き続いて大英帝国（マレーシア側）とオランダ（インドネシア側）がマ・シ海峡を支配した時代、この海峡はスルタンをいただくイスラム系港市国家、海賊集団、英・蘭植民地行政府との三つ巴、四つ巴の権力闘争の場となった。当時この海峡は交易の障壁と架橋が展開する場となったわけである。

マ・シ海峡は英蘭両国により香料貿易の中継地として位置づけられた。権力闘争は一八二四年のロンドン条約によって終焉し、両国は共同で海賊対策にあたることを決めた。今日におけるマレーシアとインドネシアの国境線はこの時点で画定された。

前近代の海賊が船舶安全と引き換えに富を集積し、反植民地的な活動、貧困な住民の生活改善、強力な軍隊組織によるスルタン王国の繁栄など多くの役割を果たした。現代の海賊もかつてとおなじよ

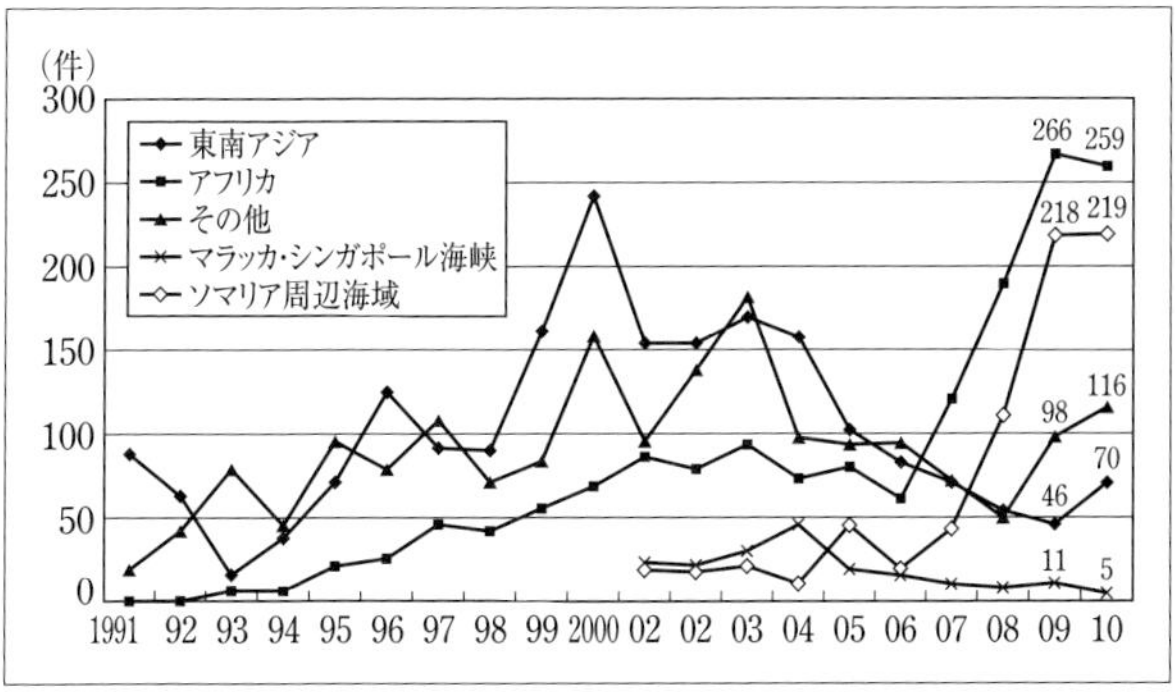

図 4-4　地域別にみた海賊行為の発生件数の推移（日本船主協会ホームページによる）。2011 年にはアフリカ、東南アジアともに発生件数が増加している。

うな機能をもっていると考えられるが、マ・シ海峡におけるテロリズムの発生にあるように新たな脅威を生みだしている。二〇〇〇年当時に多発した海賊行為は二〇〇七年に減じたものの、依然として問題は解消していない。

マ・シ海峡で発生する現代の海賊行為は漁船や漁具、ＧＩＳ、エンジンなどを略奪するとともに人質をとって身代金を要求する場合が多い。たとえばマレーシアの華人系漁民社会のパリジャワで調査した関西学院大学の田和正和教授によると、一九九八年四月一八日に六人が海賊の人質となり、釈放のために六〇〇〇リンギット（二四〇〇米ドル）が要求された。マ・シ海峡は時代を超えて海賊の横行する海であり、海上交易のボトルネックとなったことはあきらかである。

最近のマ・シ海峡からインド洋海域における海賊行為の発生についてＩＭＢ（国際商業会議所の国際海事局）による統計資料の傾向を示したのが図４‐４である。二〇〇四年くらいまでは約半分近くが東南アジアのインドネシア海域とマ・シ海峡で発生していた。日本船籍船が被害を受けたことから、海賊対策地域協力協定が二〇〇四年一一月に採択された。海賊情報共有センターが新たに設立され、日本人が初代事務局長になった。こうしたなか、同年一二月にスマトラ島沖の地震津波で海賊船が大きな被災を受けたこともあり、東南アジアにおける海賊行為は一時減少した。一方、ソマリア沖をはじめアデン湾、紅海における海賊行為が二〇〇六年以降、急激に増加し、現在に至っている。東南アジアでも二〇一〇年あたりから増加に転じ、二〇一一年には世界での発生件数四三九件中、アフリカが依然として二九三件（六六・七％）と多いものの、東南アジアでは八〇件（一八・二％）となっている。

紛争と違法漁業の海——マカッサル海峡

マカッサル海峡はボルネオ島とスラウェシ島のあいだにある（図4-3）。北はセレベス海、南はジャワ海につながる幅広い海峡である。マカッサル海峡は生物地理学的にウォレス線の通過する海域にあたり、陸上動物の重要な分布境界線となっている。マカッサル海峡は第2章でふれたコーラル・トライアングルの西端にあたる。

マカッサル海峡南部のスラウェシ島側にはサンゴ礁島からなるスパモンド諸島がある。これらの島じまにはバジャウ、ブギス、マンダール、華人などの民族が居住し、漁撈や海上交易に従事している。スラウェシ島南西部のウジュンパンダンは海産物の一大集散地であり、スパモンド諸島周辺で獲れる魚介類がここに集荷される。

一九四九年までオランダ東インド会社（ＶＯＣ）の統治下にあったインドネシアでは、海域ごとに海の慣習法が適用されていた。西スラウェシ州のマンダール地方では、ロッポンとよばれる浮き魚礁を使った漁法が数百年以上おこなわれてきた。これは竹筏の下にバナナの葉の束を取り付けて回遊魚を集める集魚装置であり、筏から碇を海底に下ろして場所を固定する（図4-5）。ロッポン漁にはいくつもの規制があった。すなわち、いったん碇で固定した場所はその漁業者が占有できること、碇綱が絡むのでほかの漁業者の侵入を排除できること、ロッポンは相手の目がとどく範囲外に設置することなどが非公式にせよ合意されていた。この慣習はアトゥラン・パロッポンガンとよばれる。

図 4-5　ロッポンの装置。竹製の筏の下にバナナやココヤシの葉をつけて集魚装置として、カツオやマグロ類などの浮魚を獲る漁法。竹筏は碇で固定するが、固定されていない場合、流されてほかの竹筏のロープと絡まることが頻繁に起こる。

他人のロッポンが流れてきて自分のロッポンの碇綱と絡む事態が起こると、固定したロッポンの所有者は協議のうえで相手の碇ロープを切断する権利が容認されていた。一九七〇年代中葉以降、ポリエチレン製ロープの導入、船外機付漁船による移動距離の拡大により、沿岸から三〇キロ沖まで操業が可能となった。ロッポン漁に従事する漁業者も地域外からの参入者をふくめて増加し、従来の慣習的な漁場利用は形骸化しつつあった。

一九八〇年代の後半、マカッサル海峡域にスラウェシ島南部沖にあるスラヤール島の漁民が新規参入してきた。地元の海でロッポン漁を営んできたマンダール漁民にすれば竹筏の設置場所が過密状態になり、海中のロープが絡みあうトラブルも多発した。漁獲量の減少も漁民の反感を招いた。こうしたなかで、マンダール漁民は新規参入の漁民が仕掛けたロープを切断したことに端を発した漁場訴訟が起こった。マンダール漁民は地先における伝統的な海面利用権を主張し、スラヤール漁民はインドネシア国における領海では入漁自由である権利を主張した。裁判所の判決では、法の二重性を認めず国家法の権威を優先させた。

一九九九年と二〇〇四年の国家法により沿岸四マイルの海域は各地方政府が管理することとされ、マンダール漁民は郡や県を越えた海域でロッポン漁ができなくなった。国家や地方政府が管理する方策を優先し、地域の慣行が無視されてよいはずはない。

マカッサル海峡のボルネオ側では一九八〇年代ころから漁獲量が激減したことから、漁撈をあきらめ陸上のアブラヤシ農園労働者として働く陸サマの人びとが増えた。一方、海サマの集団がインドネシアからマレーシア領に不法入国し、違法漁業をおこなうようになった。

マカッサル海峡ではダイナマイト漁、青酸カリによる違法漁業が資源枯渇や海洋環境の劣化に重大な影響をおよぼしてきた。活魚や熱帯鑑賞魚、ナマコ、フカひれなどの特殊海産物やロッポン漁によ

表 4-1　アジアの海峡史と交易。

海　峡	時　代	交　易　品	民族・国家
ベーリング	17-20C	ラッコ・アザラシ・セイウチ・クジラ	チュクチ・イヌピアック・ロシア・米国
択捉	17-20C	ラッコ	ロシア・アイヌ・日本
宗谷	縄文	南海産貝類・ビノスガイ	縄文人
津軽	縄文	クジラ・南海産貝類	縄文人
対馬	縄文-16C	クジラ・南海産貝類・アワビ	日本・朝鮮・倭寇
台湾	17-20C	（ボラ）	中国・オランダ
マ・シ	7-20C	ベッコウ・真珠・ナマコ	オランダ・英国・華人・イスラム・ベンガル
マカッサル	20C	カツオ・活魚・ナマコ	オランダ・バジャウ・ブギス・マンダール・スラヤール・サマ・華人

るカツオやマグロを産するマカッサル海峡は東南アジアと世界をつなぐ紛争の海であることはまちがいない。

以上、極北のベーリング海峡から熱帯のマカッサル海峡まで、アジアの海峡における交易と人びとの交流と相克の諸相についてふれてきた。八つの海峡でそれぞれ特徴的な海産資源の種類とその交易にかかわった集団とその時代について、表4-1にまとめておいた。

2　海とつながりの学

海をつなぐ交易では貴重品が海を越えた。海を介したつながりはそれぞれの社会をどう変えたのか。ここではオセアニアにおける財貨の交易の例から考えてみたい。

貝の財貨と社会交換

世界には時間が経過しても変質せずその価値が損なわ

表 4-2　ランガランガにおける貝貨の材料と購入先。

貝の種類	ランガランガ語	色	資源枯渇による購入先
ハイガイ	カカンドゥ	白色	マライタ島南部
アマボウシガイ	ケエ	暗褐色	ニュージョージア島
クロタイラギ	クリラ	黒色	ニュージョージア島
ウミギク	ロム	赤色・桃色	マライタ島南部

カカンドゥ（ハイガイ）、ケエ（アマボウシガイ）、クリラ（クロタイラギ）、ロム（ウミギクの仲間）の4種類が利用されている。これらの貝は地元の海で採集できたが、資源枯渇のために他地域から交易や現金で入手せざるをえなくなった。たとえば、カカンドゥとロムはマライタ島南部から、ケエとクリラはソロモン諸島西部のニュージョージア諸島からのものである。

れない資源がある。それが軟体動物の仲間であり、インド洋・太平洋のサンゴ礁海域には約五〇〇〇種が生息する。このうち貝殻をもつ種類がここでの考察対象である。オセアニアでは貝類の肉は食料として、貝殻は道具や利器、財貨として利用されてきた。とくに財貨としての利用は広くみられるが、使われる貝の種類は意外と少ない。貝貨はわれわれの使う貨幣のように流通し、交換財や威信財となった。貝貨にはビーズ（数珠）、布や革に縫製したもの、腕輪、胸飾り、額飾りなどがあり、加工には精緻な技術が駆使された。つぎに、ウミギク、真珠貝、タカラガイ、ムシロガイなどの例について検討しよう。

ウミギク科の仲間は鮮やかな朱色、赤色の二枚貝であり、セメント質で岩礁に固着する。この貝殻を細かく砕き、円盤状に加工して中央部に孔をあけたビーズが貝貨として使われる。ウミギク製の数珠状貝貨はメラネシア、ミクロネシアに色濃く分布している。ソロモン諸島マライタ島中西部の村で調査をおこなった南山大学の後藤明教授によると、表4-2に示したように四種類の貝が用いられてきた。ただし、資源枯渇で他地域から材料を購入せざるをえなくな

図 4-6　マライタ島の貝貨。ふつう、両腕を伸ばした長さが単位となる。さまざまな儀礼に用いられる。写真は島の司祭の死去にともなう葬送儀礼にもちよられた貝貨。後ろに座っているのが喪主（ソロモン諸島マライタ島）。

った。タフリアエとよばれる数珠状貨幣は一〇連ものビーズを一ヒロ以上分組み合わせた精巧なものであり、マライタ島の多くの民族のあいだで流通する（図4-6）。

ミクロネシア西部のヤップ島では、ウミギク製の大型数珠にマッコウクジラの歯をつけた財貨はガウとよばれ、最高の価値をもつ財として島内で流通する。ガウの材料となるウミギクや鯨歯は離島との交易によるもので、ヤップ島東方のナモヌイト環礁から順次、島を経由して最終目的地のヤップ島のガチャパルへ貢納品が運ばれ、サウェイ交易と称される。サウェイではカヌーに関する貢納品、儀礼的な貢納品、土地の貢納品が区別されていた（図4-7）。ヤップを頂点として東方離島とのあいだには階層序列が形成されていた。貢納のための遠洋航海が実施されないと、ヤップ島の首長は呪術を通じて嵐を起こし、あるいは疫病をはやらせて離島の人びとをおそれさせた。ヤップの政治主導者たちは超自然的な力を行使して離島民を服従させ、貢納を持続しようとしたのであ

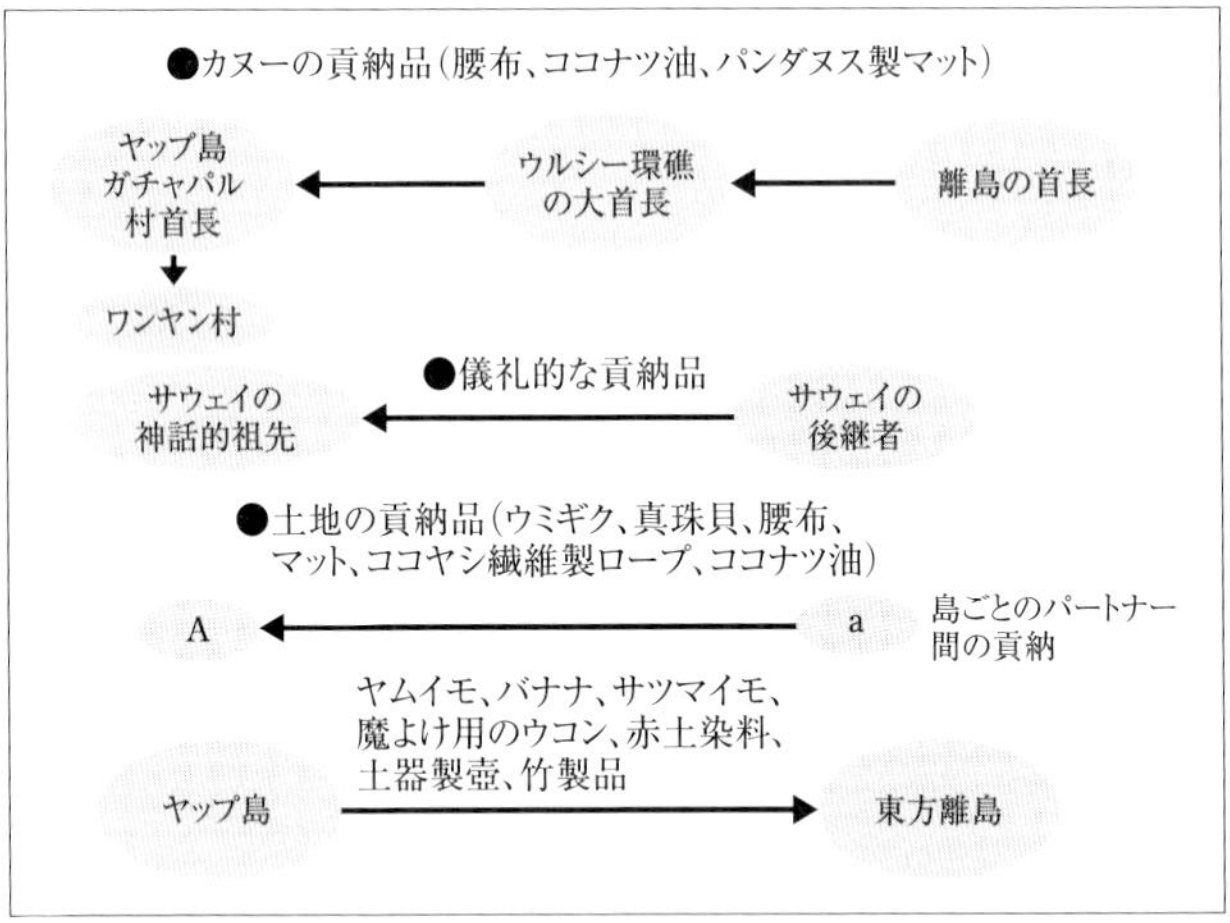

図 4-7 ミクロネシアにおけるサウェイ交易と貢納・交換システム。3種類の貢納があったことに注意。

る。

メラネシアのトロブリアンド諸島ではウミギク製ビーズにクロチョウガイの貝殻などを取り付けた貝貨はソウラヴァ、大型のイモガイ製腕輪の貝貨はムワリとよばれる。それぞれ反時計まわり、時計まわりに島嶼間、地域間を循環する。この循環型交換はクラとよばれ、村落間の同盟・非同盟関係を確認する機能も有していた（図4-8）。

真珠貝としてはウグイスガイ科アコヤガイ属のシロチョウガイとクロチョウガイが財貨とされる例が多い。ニューギニア高地では三日月形に加工したシロチョウガイ製胸飾りは婚資やビッグマン（村落の首長）の威信財ともなる。この財貨はキナとよばれ、パプアニューギニア国の通貨単位ともなっている。ニューギニア高地で使われるシロチョウガイの産地はおもにアラフラ海であり、海から二〇〇〇メートル以上の高地へと運ばれた。

図 4-8　クラ交易における財貨。右がウミギク製のソウラヴァ、左がイモガイ製のムワリ（中央）で、それぞれ反時計まわり、時計まわりに順次、交換される。

一方、アラフラ海産のシロチョウガイはオーストラリア大陸のほぼ全域にわたって交易され、オーストラリア・アボリジニにとり重要な財となった。真珠貝の光沢は雨をもたらす雷を連想させ、虹色のかがやきは神話的祖先である虹へビをイメージさせる宝物として珍重された。大阪教育大学の松本博之教授が指摘するように、近代以降はオーストラリア北部のヨーク半島にある木曜島を基地とする真珠貝採集漁が積極的に営まれ、和歌山県南部出身者を中心とするダイバーが採貝漁に従事するため海を渡った。ミクロネシアのヤップ島ではパラオ諸島から運ばれた大型のシロチョウガイを矩形に切り取り、取っ手をつけたヤール・ニ・バラウ（パラオの真珠貝製財貨）が使われる。クロチョウガイはナイフなどの道具として以外にも貝貨とされるが、一般にその価値は低い。

パプアニューギニア北部のフォン半島からニューブリテン島では、砂地産で腐食性のムシロガイを加工し

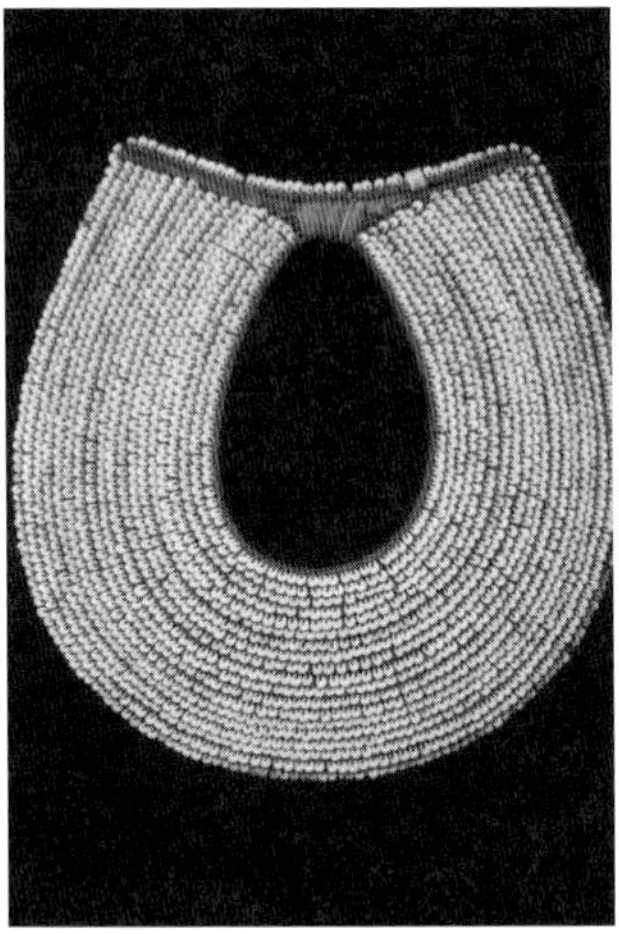

図 4-9　タンブ・シェルの財貨。潮間帯の干潟や砂地に産するムシロガイの仲間（*Nassarius* spp. オリイレヨフバイ科）の滑層走部を縫いつけた財貨で、日常品の交換から儀礼交換まで幅広く利用されてきた。

たタンブ貝貨が流通していた（図4-9）。ムシロガイはパプアニューギニア西部州の高地周縁部でも使用されている。隣接するニューアイルランド島周辺ではケメタス（サラサダマガイ製の貝貨）やビロク（ブタの尻尾をつけたビーズ製貨幣）などの貝貨が流通しており、さらに東方にあるソロモン諸島との交易上の連続性に興味がある。

タカラガイ科のキイロタカラガイ、ハナビラタカラガイは古代中国で珍重された。古代史家の江上波夫教授は古代中国でタカラガイが財貨として用いられたこと、死者の口にタカラガイをつめる風習のあったこと、その産地が中国東方の沖縄であったことから、海を越える中国と沖縄との交流が先史時代からあったとした。ニューギニア高地でも小型のタカラガイは貴重な財貨とされており、イリアンジャヤのダニ族はタカラガイの種類によっていくつかの等級を区別している。ダニの人びとはタカラガイをブタの尻尾製の袋につめて保持した。なお、西アフリカの諸王国で用いられたキイロタカラガイ製通貨については第4節で取り上げる。

人類学の縄田浩志准教授はスーダンの紅海沿岸部に住む遊牧民ベジャ人の調査をおこなうなかで、人びとがラクダを使い、マングローブやサンゴ礁の潮間帯で採集するミツカドソデガイ（ソデボラ科）とオトメガンゼキボラ（アクキガイ科）という二種類の巻貝に注目した。これらの貝は食料、釣り餌となるほか、巻貝の「ふた」を煮たのちに砕いて粉にしたものが保香剤の原料となった。貝のふたは地元から商人を通じて運ばれ、加工後にスーダン国内に流通する。さらにスーダン以外の中東地域やインド、中国へと運ばれた。日本でも古代から巻貝のふたを原料とした香料が「貝香」として使われてきた。ベドゥイン遊牧民を調査した地理学の片倉もとこ教授も、ベドウィンが「水陸両棲の遊牧民」として遊牧活動のほか真珠貝採取に従事することをあきらかにしている。

3　海のエスノ・ネットワーク論

バジャウと特殊海産物交易

東南アジア世界にはかつて漂海民ないし家船集団とよばれた人びとが生活している。人びとは陸上に土地をもたず、船を恒常的な住まいとするか、浅瀬で密集した杭上家屋に居住する（図4-10）。こ

図 4-10　バジャウの水上家屋。サンゴ礁海域の浅瀬につくられた杭上家屋。移動は小型のカヌーを利用し、真水は近くの島の湧水を利用する（インドネシア・スラウェシ島沖にあるナイン島周辺）。

のなかには、インドネシアを中心に居住するオラン・バジャウ（バジョ）、マレーシア・サバ州からスルー諸島に居住するサマやサマール、マレーシア半島部のオラン・ラウト、アンダマン海・メルグイ諸島におけるモーケンなどがふくまれる。

バジャウはナマコ、高瀬貝、夜光貝、真珠貝などを採集し、これを華人商人に売る。網漁による漁獲物でもサメやタツノオトシゴは例外である。サメの鰭は中国料理の高級食材、タツノオトシゴは漢方薬として売られる（図4-11）。

このように、バジャウの採捕する海産物の多くは中国向けの輸出産品となる。アジアの海の研究者である鶴見良行教授は、地元では利用されることがなくても域外向けの交易品となる海産物を特殊海産物とよんだ。その多くは乾燥品（ナマコ、フカひれ、タツノオトシゴ）ないし貝殻のように時間とともに変質しないものがほとんどである。

特殊海産物を専門的にあつかう商人はたいてい同郷、同族、同姓などさまざまな形を通じて中国本

図 4-11　乾燥フカひれ。バジャウの人びとは、フカひれを華人の商人に売る（インドネシア・カヨア島）。

土と関係をもつ華人である。東南アジアでは経済活動で大きな役割を演じている華人に商品を売る東南アジア系の商人が数多くいる。それがブギス、マカッサル、ブトンなどの民族であり、インドネシア東部のスラウェシ、マルクを中心に分布している。こうした非漢人の商人たちはバジャウを中心とする漁撈民の取引パートナーであり、バジャウなどが獲得した海産物を優先的に買い取るため、漁具や船、燃料、生活用品、食料、さらには現金の前貸しを通じて漁撈民を拘束する。漁撈民にしてみれば負債を抱えている以上、誰に海産物を売るかは自明のこととなる。こうして形成される経済的紐帯はふつうパトロン・クライアント関係と称される。インドネシア東部ではバジャウなどの提供する魚介類をあつかうブギス人やマカッサル人、ブトン人の商人はプンガワ、バジャウなどのクライアントはサウィとよばれる。北スラウェシではバジャウにかぎらず、地元漁民であるサンギル人、ミナハサ人の獲った海産物を買い取る商人はプングルス、ジャワ島における商人はジュラガンと称される。

インドネシア西部のスマトラ島からマレーシアにおける商人はミナンカバウ人、マレー人、そして華人である。シャム湾、アンダマン海沿岸における商人はタイ人や華人がふつうであり、かれらはタウケー（頭家）とよばれる。フィリピンではフィリピン人の漁民と海産物商とのあいだにおけるパトロン・クライアント関係はスキとよばれる。インドネシアの経済史研究者であるC・ペルラス教授によると、パトロン・クライアント関係は漁業だけにとどまらず、エビやサバヒーの池中養殖業や海上交易、農業などの面でもみられるとしている。つまり、東インドネシアでは魚商人だけでなく養殖池や船、あるいは土地の所有者が労働従事者と契約関係を結んでいる。

つぎにブギスや華人などの商人に売られた海産物がどう流通するのかについて、ハタやベラなどの活魚と水族館などで飼育される熱帯鑑賞魚の国際交易からさぐってみよう。

熱帯の海と中国をむすぶ活魚交易

アカハタ、バラハタ、サラサハタ、アオノメハタなどのハタ亜科の魚種、ベラの仲間のうちのメガネモチノウオ、タレクチベラ、シロクラベラなどがここでの議論の対象である。以上の魚を活かしたまま消費地まで船や航空機で運ぶ交易が一九七〇年代後半以降に展開してきた。第2章で述べたコーラル・トライアングルは多様な種類のサンゴ礁魚類が生息する海域であり、活魚の重要な生産拠点となった。ただしコーラル・トライアングルの海域を東側に越えたバヌアツではシガテラ中毒が多く発

表 4-3　ハタ亜科とベラの活魚に関する魚名。

和　名	学　名	インドネシア	中　国
メガネモチノウオ	*Cheilinus undulatus*	アンケ、マミン	蘇眉
サラサハタ	*Cromileptes altivelis*	イカン・ティクス	老鼠斑
ハタ類（亜科）	Epinepelinae	クラプ	石斑魚
スジアラ	*Plectropomus leopardus*	スヌ・メラ、トンシン	東星斑
オオアオノメアラ	*Plectropomus areolatus*	スヌ・パパ、サイシン	西星斑
キジハタ	*Epinephelus akaara*		紅斑
アオノメハタ	*Cephalopholis argus*		青斑
ホウセキハタ	*Epinephelus chlorostigma*		芝麻斑
タマカイ	*Promicrops lanceolatus*	クラプ・モソ、ケラプ・ロト	寛額鱸
ハクテンハタ	*E. caeruleopunctatus*	クラプ・アブ	螢点石斑魚
アカマダラハタ	*E. fuscoguttatus*	クラプ・ハリマオ	棕点石斑魚
マダラハタ	*E. polyphekadion*	クラプ・ロレン	小牙石斑魚
シロクラベラ	*Choerodon shoenleinii*	イカン・アンジン	青衣

ハタ類はフィリピンのルソンではラプラプ、ビサヤではプカポ、ベトナムではカー・ソンとよばれる。

生していることや、中部太平洋のマーシャル諸島などから活魚を輸送するには、長距離のために魚体が衰弱することと油代が高くなるので経済効率はよくないとされている。

消費地の中国ではハタの仲間は東星斑（スジアラ）、西星斑（オオアオノメアラ）、紅斑（キジハタ）、青斑（アオノメハタ）、芝麻斑（ホウセキハタ）などのように「斑」のある仲間と命名されている。中国では赤い色の魚は縁起がよいとされており、慶事や大餐には欠かせない。メガネモチノウオは蘇眉《ソーメイ》、サラサハタは老鼠斑《ラオシューバン》と称され、いずれも高価な価格で取引される（表4-3）。

ハタの仲間はふつう「清蒸」（チンジン）、つまり蒸し料理で調理される（図4-12）。大きさは一・二五キロ級のものが客に提供しやすいとされており、豆鼓《トウチ》、塩、ダシ汁、ネギ、

図4-12　清蒸青衣魚。シロクラベラ（青衣：*Choerodon shoenleinii*）を清蒸料理にしたもの（中国・広州）。

ショウガ、香辛料、梅干などを加えて調理される。マナガツオ（鯧魚）、フエダイ（紅魚）なども清蒸の料理に人気がある。活魚を提供する海鮮酒家は香港、広州、厦門など南中国に多く、香港では九龍《クーロン》や香港仔《ホンコンチャイ》（アバディーン）や鯉魚門《レイユームン》などに集中している。

　インドネシア各地から集荷される活魚流通の集荷基地を図4-13に示しておこう。図中の2がビンタン島であり、一九九二年にみた活魚輸送船には六名の広州人船員が従事しており、インドネシア各地で活魚を集荷し、最大一二トンの活魚を香港まで輸送する。最終の活魚集荷地は南シナ海のナトゥナ諸島であり、そこから一週間でもどれる。ビンタン島の基地では、集荷にかかわる情報はファックスや電話でなされていた。

　熱帯鑑賞魚の輸送では、活魚の場合とはちがった民族や流通経路がみられる。スラウェシ島の例を図4-14に示した。スラウェシ島北部沖のブナケン、メナド・トゥア、マンテハゲ、ナイン島周辺は海洋国立公園であり、漁撈活動は禁止されている。そこで、近隣に住むバジャウ人は漁業規制のないスラウェシ島中部のバンガイ諸島に出漁し、漁獲した熱帯鑑

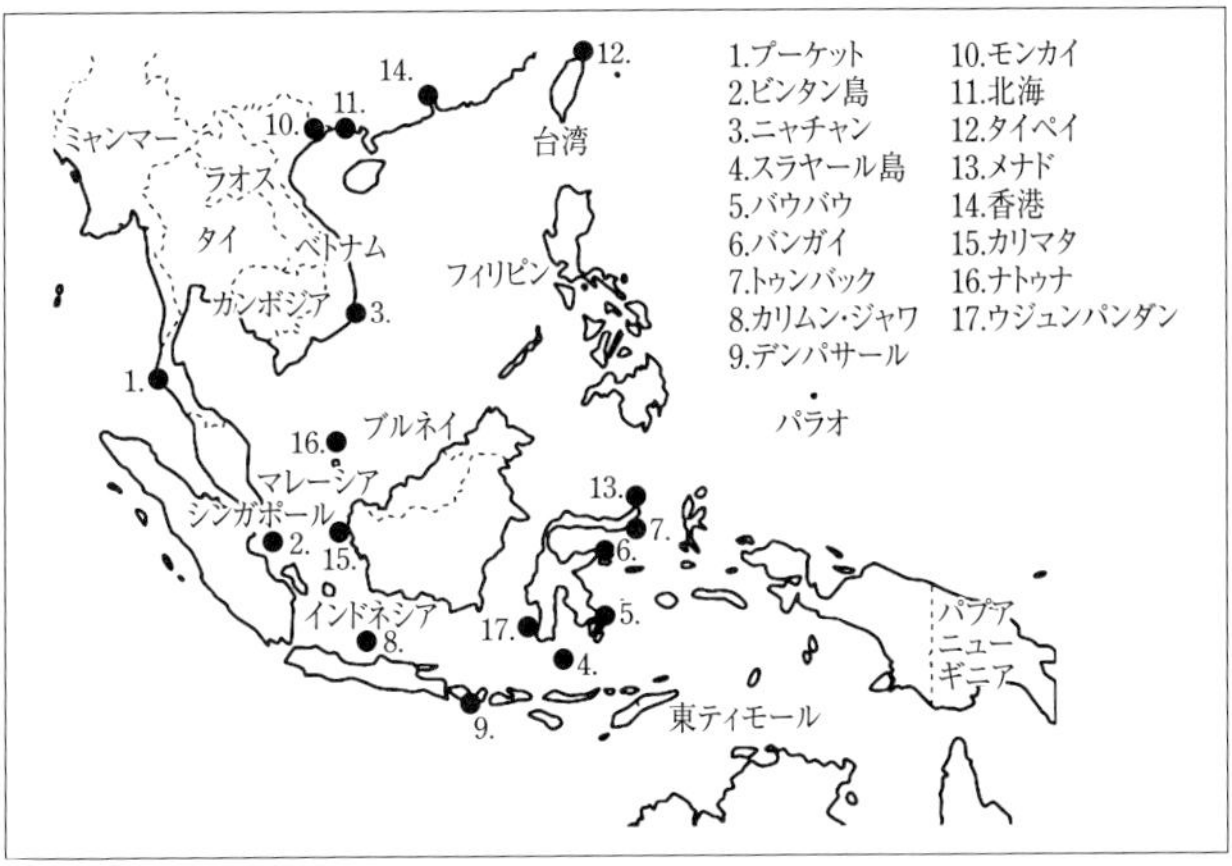

図 4-13　東南アジア各地と中国をむすぶ活魚の集散地・輸出港。17. ウジュンパンダンや9. バリのような大きな集荷地以外に、小さな島じまでも集荷される点に注意。たとえば、8. カリムン・ジャワ、15. カリマタ、16. ナトゥナがその例である。

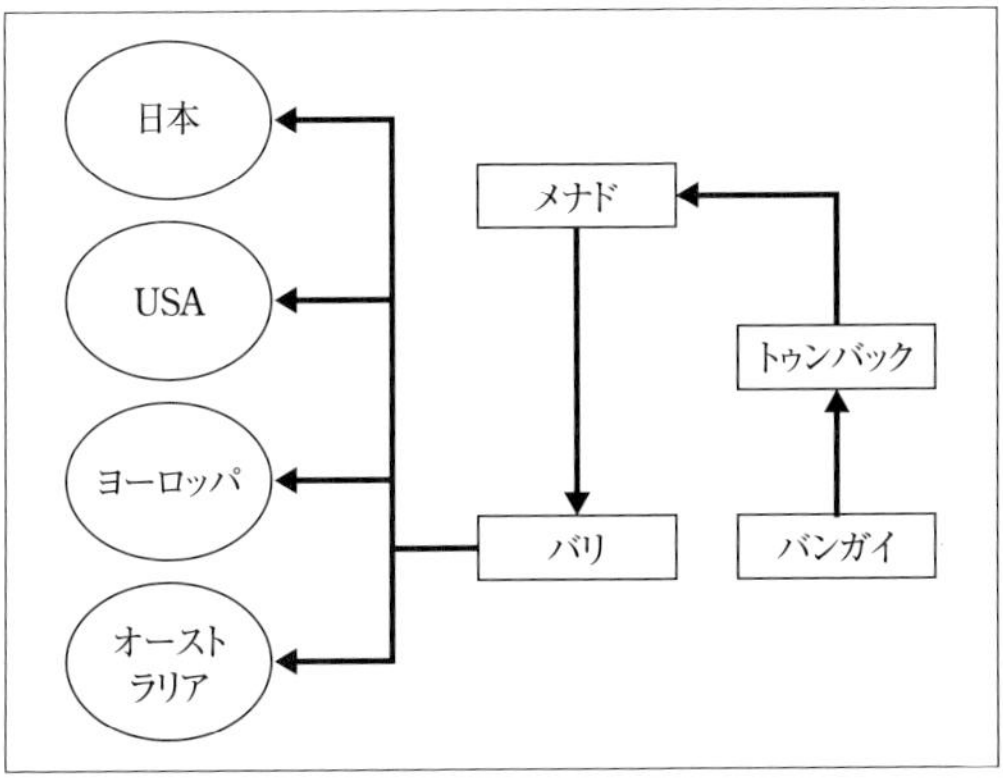

図 4-14　熱帯鑑賞魚の輸送ルート。バジャウの漁獲した熱帯観賞魚が華人などを介して先進諸国に輸送される。

賞魚を北スラウェシの自村に船で運搬し、生け簀に蓄養しておく。熱帯鑑賞魚は海水入りのビニール袋にわけて酸素を吸入し、北スラウェシのメナドからバリへと航空機で運ばれる。そしてデンパサールから日本や欧米へと空輸される。

攻撃しあう種類は一尾ごと、それ以外の種類は数尾ずつ入れるような処置や熱帯魚の価格に関する情報について輸出入業者から詳細に伝えられている。バジャウ人の家でみた魚類図鑑には米ドルの販売価格が魚種ごとに書き込まれていた。たとえば、クマノミは種類が変わってもおよそ一米ドルである。モンガラの仲間でもクラカケモンガラは一米ドル、クマドリは一・二五米ドル、タスキモンガラは二米ドル、クロモンガラは五米ドルと種ごとに価格が少しずつちがっている。また、キンチャクダイなどは三〇米ドル以上の価格がつけられている。ただし価格が高いからという理由で、青酸カリを使うような破壊的な漁業が許されてよいわけではない。バリ島における調査によると、島の北部にあるシンガラジャでも熱帯鑑賞魚を漁獲し、山を越えて南部のデンパサールまで運び、そこから海外へと空輸されていた。ここではバリ人が漁撈と集荷に従事していた。

タートル・コネクション

バリではウミガメが大量に消費される。バリ島南部のタンジュン・ベノアにはインドネシア各地から集荷されたウミガメを収容する小屋が浜辺にあり、島内で売却される。ウミガメの集荷地はインドネシア東部のアラフラ海、マルク諸島、スラウェシ島、カリマンタン、スマトラ島、ジャワ海の小島

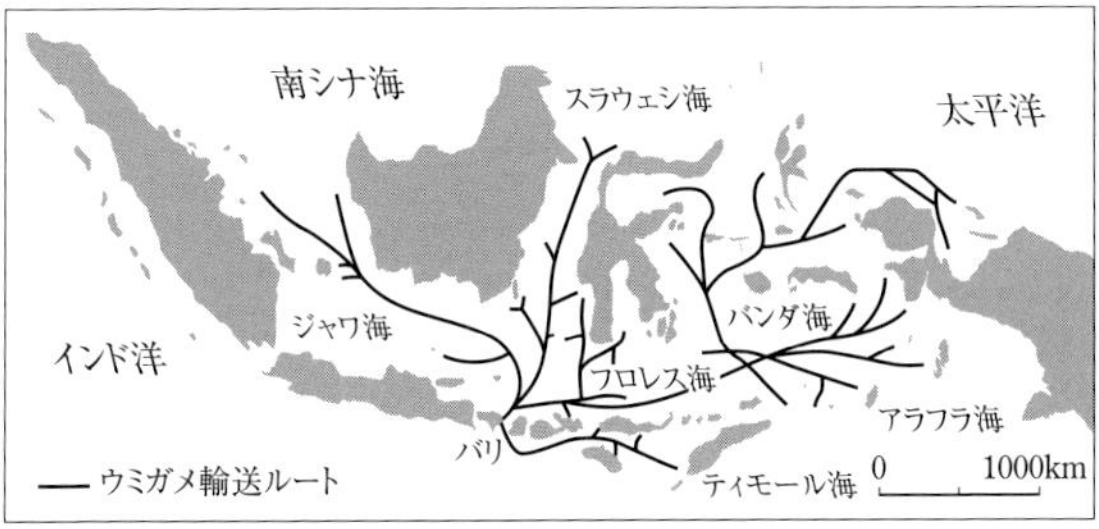

図 4-15　タートル・コネクション。ウミガメの交易ネットワークでは、インドネシア国内消費地であるバリ島以外にバリを介して日本をむすぶ。

嶼に至るまで広域におよんでいる（図4-15）。

わたしがマルク諸島カヨア島にあるバジャウ人の村グルアピンに滞在中、村内の生け簀で十数頭のウミガメが蓄養されていた。滞在していたバリ人船長によると、ウミガメを捕獲するのはたいていバジャウ人である。生け簀の管理と集荷はインドネシア系華人があたる。運搬船には船長以下、バリ人乗組員が乗船している。往路では集荷先での商いを兼ねてトタン、クギ、セメントなどの建築資材をバラストとして積み、停泊先の村むらで販売する。そして帰路にはウミガメを満載してバリにもどる。バリ島南部のタンジュン・ベノアにあるウミガメ蓄養場は華人が経営する（図4-16）。以上のようにインドネシア各地でウミガメの捕獲にさまざまな民族がかかわり、最終的にバリへ輸送される。ウミガメは村むらや寺院へと搬送され、儀礼のあとで消費される。インドネシアでは、ウミガメをめぐる自然、人、文化をむすぶタートル・コネクションが存在し、バリがその拠点となっている。

図 4-16　バリにおけるウミガメ集荷小屋。バリ南部のタンジュン・ベノアには国内各地から集荷されたウミガメを収容する小屋がある。

エスノ・ネットワークとディアスポラ

ナマコ、フカひれ、サンゴ礁の活魚、熱帯鑑賞魚、ウミガメなどの例にあったように、多民族のかかわる地域産物の交易網をエスノ・ネットワークとよびたい。エスノは「民族の」の意味である。その特徴は、第一に水産物以外にもさまざまな地域資源が交易対象とされている。ただしその中心は生物《なまもの》、乾燥品を問わず海産物である。オーストラリアのマードック大学J・ウォーレン教授によると、東南アジアのスルー海では一九世紀前葉に各地から集積された交易品のなかで乾燥ナマコは圧倒的に多かったが、ナマコ以外に蜜蠟《みつろう》や海燕の巣も運ばれた。一八〇五～三〇年代の積荷記録ではマニラ向けの貨物船六七隻中、ナマコは四八隻、海燕の巣は四九隻が積載していた。海域とともに森林や陸上の産物が海を越える交易ネットワークに組み込まれていた。前記以外に木材、金属器、土器、沈香、ダマール樹脂、籐などの産物も地域によってはふくまれていた。

東南アジアの森林に産する沈香《じんこう》（アクィラリア属の樹木の樹脂）採集のネットワークについて補足

すると、インドネシア領カリマンタンでは狩猟採集民のプナンやクニャ、カヤンなどの先住民をはじめ、フロレス島やジャワ島からの採集人の集めた沈香は華人商人を通じていったんシンガポールに集荷される。そして東南アジア大陸部産の沈香とともにシンガポールから世界各地へと運ばれる。

第二にエスノ・ネットワークは歴史的に形成され、さまざまな交易品が時代を超えて運ばれるとともに新たな産品が商品価値をもつことで追加されてきたものがあったことも見逃せない。たとえば、一七世紀以降、インドネシアのマカサーンとよばれる人びとがオーストラリアのアーネムランド沿岸域でナマコ漁に従事した。そこではオーストラリア・アボリジニもナマコの採取と加工にたずさわった。現在ではインドネシア方面からの遠征ナマコ漁は違法とされ、両国間をつなぐネットワークは途絶している。オーストラリア領のアシュモア・リーフへの入漁問題については第5章でふれることとする。

第三にアジアにおけるエスノ・ネットワークには、バジャウやサマなどの漁撈民集団やモルディブ諸島でタカラガイの採集と増殖をおこなった人びと、パトロン・クライアント関係にあるブギス、ブトンなどの商人、さらにはインド、バングラデッシュ、アラブのムスリム商人、明代以降に東南アジアに移住した華人集団など、多様な民族集団が交易と流通に深くかかわっている点である。明代以降、医食同源の考えに根ざして発達してきた中国の海産物食文化や、真珠貝、高瀬貝、夜光貝などを螺鈿《らでん》や装飾品として使う伝統は中国、韓国、日本の歴史と文化に深く根ざしている。これがエスノ・ネットワークの前提条件であり、たんなる経済的な流通機構のみで形成されてきたのではない。

以上の三点がエスノ・ネットワークのきわだった特徴である。移動を繰り返しながらナマコ、サメ、活魚、海燕の巣、ウミガメ、タツノオトシゴ（薬用）、森林産物などを採捕してきた漁撈民や採集集団と、たがいにパトロン・クライアント関係にあった商人は、ともに海を通じた流動性と移動性に特化した活動をおこなってきた。東南アジア地域史研究の立本成文教授もインドネシアのブギス人を「流動」農民と位置づけ、傭兵、農民、海の商人など、時代とともに多様な顔をもってきたことを指摘している。漁撈民と海の商人が果たした役割から考えても、人びとは「海のディアスポラ」と位置づけることができる。以上のように、海産物の交易にはさまざまなエスノ・ネットワークが介在した。海産物は交易を通じて域内・域外に運ばれ、各地で儀礼、社会交換、威信財、貢納品、食文化や薬用品、鑑賞用などとして、多くの社会と文化に恩恵をもたらしたことがわかった。

4　海の交易と世界システム

部族社会における交易や流通では、クラ交易、サウェイ交易にあったように同盟関係にある集団間あるいは階層化された集団間での資源の分配や貢納、社会交換が特徴であった。日本では古代から中世・近世に至るまで、朝廷、幕府、神社への海産物貢納が特権的、平民的、下人的海民を通じて実現した。一方、エスノ・ネットワークの広がりでは、市場商品となるさまざまな資源を生産者から買い取って流通させるパトロン・クライアント関係が特徴であった。商人間の関係も資本の多少と経済力で階層化されていたが、生産者である漁撈民は依然として弱者にとどまっていた。日本でも近世期の俵物生産では漁民と地域ごとの集荷人、廻船問屋、長崎問屋とのあいだの流通機構にパトロン・クライアント関係が埋め込まれていた。

近世水産経済史家の荒居英次氏や小川国治氏があきらかにしたように、藩や江戸幕府が介入することで独占的な集荷体制を構築することもあった。さらに大資本家や国策会社や国家そのものが介入する世界システムのなかで、海産資源を獲得する生産者は外部資本やときとして武力の介入により差別的な労働を強要されるなど搾取構造の底辺に身をおくことになった。本節では、大資本家や国策会社の経営が時代とともにどのように浸透し、生産者である漁民や先住民とどのような関係を維持してきたのかについて四つの例をもとに検討する。

グチと朝鮮通漁

過去五〇〇年ほどのあいだ、渤海湾や東シナ海周辺海域ではキアンコウ、グチ、ニベなど砂泥質にすむ底生魚を獲る漁業が営まれてきた。ここではグチに焦点をあて、明治期以降における日本漁業の大陸進出の過程をさぐってみよう。

渤海湾に面する全羅道の海は浅海であり、干満差が非常に大きい。冬季には氷結するため、もともと漁業には不適な地域とされていたが、朝鮮半島西海岸沖はグチの回遊する好漁場とされてきた。

歴史地理学者である吉田敬市氏によると、『新増東国輿地勝覧』（一五三〇年）の巻之三十六に、「波市田」の説明として「在郡北二十里　産石首魚　毎年春　京外商船四集　打捕販売　喧聞如京市其魚船皆有税」とある。石首魚はグチを指し、春になると多くの商船（沖買船）が集まって魚の商いがおこなわれ非常なにぎわいであったこと、グチ漁船に課税されていたことがわかる。波市田は「海上の市」の意味であり、ここに多くの漁船が集まる場所を指し、波市坪ともよばれた。波市田では漁場に仲買人が出向いて取引がおこなわれた。陸の田と同様に税金が課されたのは、波市田が李朝の国家にとり重要な財源と考えられていたからだ。朝鮮人によるグチ漁は近代においても小規模な個人漁であったが、少なくとも一六世紀に波市田が成立していたことからして商業的漁業が営まれていたことになる。

グチの産卵回遊群が毎年春三月、全羅南道の蝟島《ウイド》を中心とする七山灘や全羅北道の鹿島、於青島《オチヨンド》に来遊した。グチの魚群は五月さらに北上し、黄海道の延平列島や平安南道の魚泳島《オヨンド》に来遊したのでここにも漁船や沖買船が集まり、新たな波市田が形成された（図4-17）。グチ漁は移動性の高い漁業であるが、網入れは大潮時に限定されるため、沖買船も漁船とおなじ場所に停泊せざるをえなかった。

日本では近世期から九州でアンコウ網漁業が発達した。アンコウ網は大きな潮汐差を利用して海底に設置したアンコウのような大きな口をもつ袋網に魚やエビなどを誘導する漁法で、その名がある。アンコウ網漁に用いられる漁船はバッシャ船とよばれ、有明海で最後の木造バッシャ船を多比良（長崎県雲仙市）から国立民族学博物館（吹田市）に搬入する仕事にわたし自身かかわったことがある。

元長崎大学水産学部の片岡千賀之教授はアンコウ網漁による朝鮮海出漁史についての考察をおこなっており、以下の記述も片岡教授の分析に依拠している。明治後期から日清・日露戦争当時、日本の植民地的な大陸進出が開始された。日本による朝鮮通漁が始まったのは二〇世紀初頭であったが漁船も急激に増え、一九〇七年ころには出漁船数はほぼ最大に達した。吉田敬市氏によると、盛漁期には朝鮮全土から漁船と漁獲されたグチを買う沖買船も集まり、日本と朝鮮のグチ漁船は多い場合で二五〇〇隻、沖買船も数百隻に達した。芸伎を乗せた遊興のための船も数多く集まった。漁民と買付商人とのあいだにはパトロン・クライアント関係が成立していたとおもわれる。

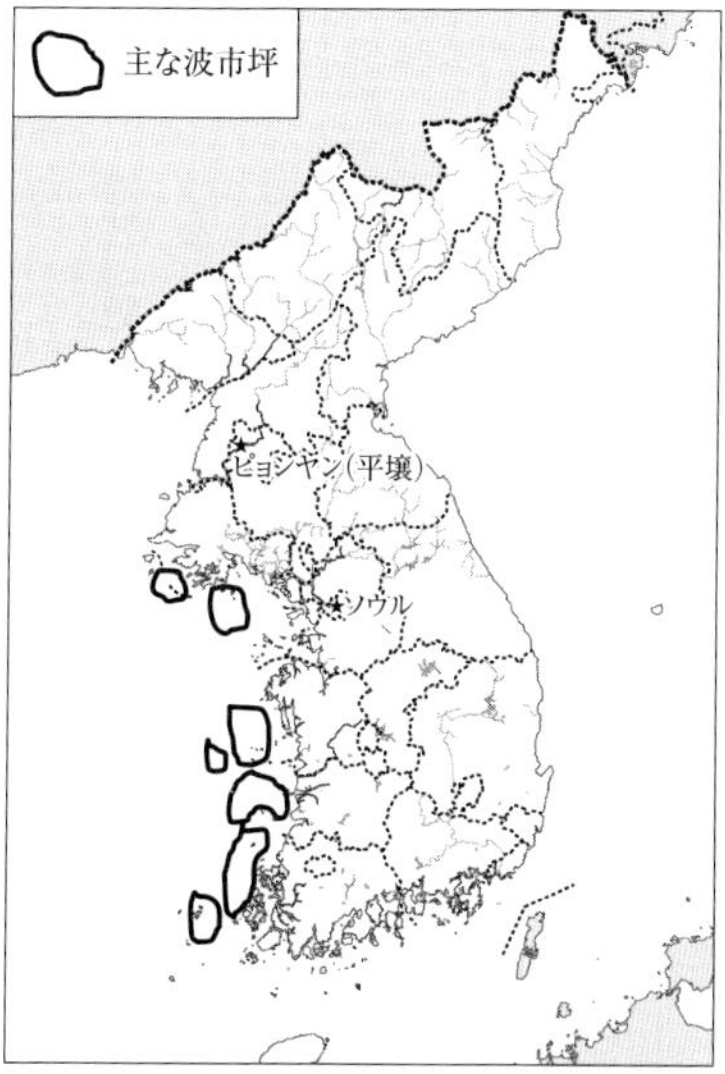

図 4-17　波市坪の分布（吉田 1952 をもとに作成)。

日韓併合（一九一〇年）までは朝鮮半島北部の平安北道では魚群が多かったが、朝鮮側の漁撈技術が未熟であったのと中国漁船による活動ゆえの制約があった。のちに日本の近代捕鯨の祖とされる株式会社東洋捕鯨の岡十郎氏が平安北道の漁業開発にあたったことは、日本における捕鯨業と漁業との密接なかかわりを考えるうえで注目すべきであろう。

以上のように、グチの漁獲をめぐって日

本と朝鮮の漁民、沖買商人が東アジアの海域で果たした活動は一時代を画した。一九四〇年代の日中戦争、太平洋戦争の影響で朝鮮通漁に従事する労働力が激減し、グチ漁は衰退の道をたどった。朝鮮海における日本、韓国、中国、さらにはロシアとの国際関係が激動した時代におこなわれた漁業と漁獲物の交易についての好例といえるだろう。

東シナ海、黄海、渤海を中心に分布するグチはいくつかの系群にわかれる。朝鮮通漁当時には、渤海湾の朝鮮半島側においてシログチが中心に漁獲されたと推定される。西海区水産研究所の塚本洋一氏と酒井猛氏によるとグチの資源は一九六〇年代後半以降、低水準で推移しており、中国、韓国ともに毎年一万〜三万トン漁獲しているが、日本では二〇〇〇年以降、キグチの漁獲はほとんどない。シログチも一九八〇〜九〇年代にくらべて大きく落ち込んでおり、資源管理は緊急を要する。なお、韓国ではキグチ（チャムチョギ）は祝い事に欠かせない魚であり、韓国の魚食文化の代表となっている。

ニシンと商人——産卵場と交易

ヨーロッパで獲れるタイセイヨウニシンはバルト海・北海から北極海にかけて分布する。中世期には、ハンザ同盟がドイツ北部を中心として北西ヨーロッパ一円で独占的な経済圏を支配した。ハンザ同盟は七月末から一〇月までのニシン産卵期になると、北ドイツにあるハンザ都市群からニシン漁のおこなわれるスウェーデン南部の産卵海域にニシンの買い付け船団を派遣し、ニシンを買い取った。塩漬して、樽詰めされたニシンはバルト海に面するリューベックから陸路と運河を経由して北海の港であるハンブルグまで運ばれた。ニシンとともに重要な資源であるタラの漁はニシン漁より北のノルウェーにあるロフォーテン諸島でおこなわれ、ハンザ同盟の商人たちはベルゲンを根拠地として獲れたタラを買い取り、干しダラとしてヨーロッパ各地へと運んだ。ヨーロッパ経済史・技術史の田口一夫氏が指摘するように、当時、ハンザ同盟の商人たちは商いの相手となる漁民とのあいだでニシンやタラの買い付けにあたり前貸しによる返済方式をとっていた。このような契約のあり方もパトロン・クライアント関係といってよい。

日本では北海道（蝦夷地）を中心にタイへイヨウニシン漁がおこなわれてきた。近世期は、松前藩のもとで知行《ちぎょう》制がしかれ、松前藩の家臣らは蝦夷地における漁業権とアイヌとの交易権を得た。松前に近江商人が進出したわけは、江戸時代前期から近畿地方を中心に木綿や藍、菜種、桑などの商品作物栽培がさかんとなり、その肥料としてニシンのしめ粕が注目されたからだ。しかも、本州各地のイワシ漁から製造される干鰯《ほしか》やしめ粕の需要が商品作物栽培の拡大により高価格となっていた。ところが、松前から運ばれるニシンのしめ粕はアイヌの人びとの安価な労働力を搾取して生産されたので、遠距離にもかかわらず価格競争ではイワシよりも低価格が実現した。結果として、ニシン漁は肥料漁業としてイワシ漁をしのぐ採算のよい産業として発展した。ニシンの買い付けに従事したのは近江商人であり、松前藩の家臣は近江商人たちから必要な資材や資金を前借りし、その見返りとして得られたニシンを商人に売却した。のちニシン漁の運営と漁業は近江商人が請け負い、商人が利益を藩士に運上金をおさめる場所請負制へと変化した。この制度でも松前藩家臣はクライアントとしてパトロンの近江商人と経済的な関係をもった。ニシンは日本海、瀬戸内海を経由して大坂に運ばれるか、敦賀から琵琶湖を経て京ならびに大坂にもたらされた。

近代になっても本州から北海道のニシン漁に従事する漁民は多く、漁民の頭主は巨額の富を築いた。山形県飽海郡遊佐町には安政六（一八五九）年に蝦夷地におもむきニシン漁で成功をおさめた青山留吉氏の本邸があり、ニシン漁にかかわる文化遺産が展示されている。第2章でみたように、一八九七年を最盛期に日本のニシン漁は衰退した。

以上のように、ニシンを通じて漁場から消費地に至る交易ルートには、ハンザ同盟や近江商人、松前藩の武士、アイヌ、さらには近世後期以降には本州から蝦夷地に出稼ぎとしてやってきた漁民とのあいだに契約的なネットワークのあったことがわかる。

インド洋のタカラガイと奴隷貿易

タカラガイ（タカラガイ科）のなかで注目したいのはインド・太平洋に広く分布するキイロタカラガイであり、種名がモネータとあるように、この貝は世界で広く、通貨（マネー）として使われてきた（図4-18）。この貝が貨幣となった理由は（1）美しい光沢があり、変質しないこと、（2）金銀のように秤などで計量せずとも数えることで量がわかること、（3）金銀とくらべて、日常生活での少額取引だけでなく税金、財産などの高額な取引にも適用できる汎用性のあること、（4）金属のように混ぜ物を加えて模造品をつくることがむずかしく、正真正銘のものであること、（5）小型で手軽であり、鋳造貨幣とおなじようにその量で富の多少を判断できること、(6) 腹面の形態が女性の生殖器ないし人間の眼に類似しており、豊饒あるいは邪視を防ぐシンボルとなったこと、が指摘されている。さらに、大量に採集できたことも重要な要因であり、七世紀中葉にはキイロタカラガイが中国、東南アジア、ベンガル地方、アフリカで交換用の貨幣とされ、モルディブ諸島が一大産地であることがアラブ商人に知られていた。

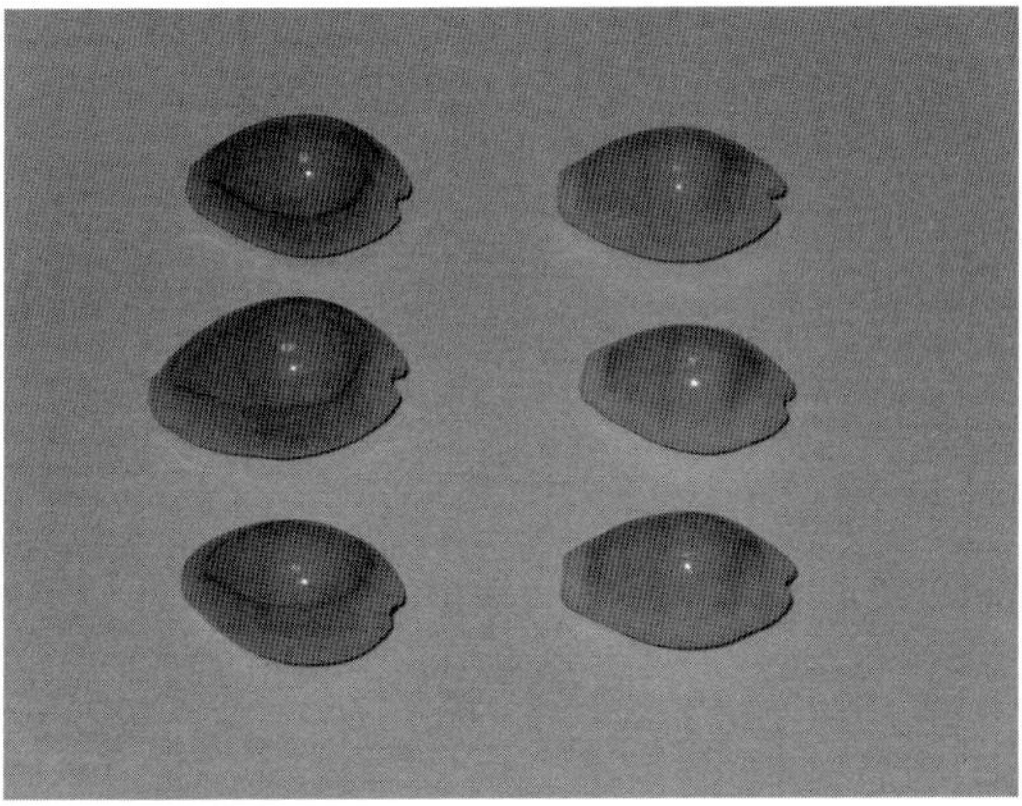

図 4-18　キイロタカラガイとハナビラタカラガイ。キイロタカラガイ（右：*Cypraea moneta*）は世界で広く貨幣として用いられてきた美しい小型のタカラガイである。ハナビラタカラガイ（左：*Cypraea annulus*）も貝貨となる。

東南アジアとアラビア半島・紅海をつなぐ航海がモルディブのマレ（現在の首都）を経由しておこなわれており、タカラガイはダウ交易船のバラスト材として用いられていた。タカラガイは紅海沿岸都市、ソマリア、ザンジバルなどからアフリカ大陸内部へと運ばれるか、奴隷や地方産物との交換のためにアフリカの沿岸港で使われた可能性がある。一四世紀中葉にモルディブを訪れたモロッコ生まれの旅行家イブン・バットゥータはディナール金貨一枚が四〇万〜一二〇万個のタカラガイと取引されていたとし

表 4-4　ベニン王国におけるタカラガイの換算。

タカラガイ 40 個	1 連
5 連（200 個）	1 束
10 束（2000 個）	1 貫
10 貫（20000 個）	1 袋

これによると、1 袋は 2 万個のタカラガイに相当する。イブン・バットゥータの記載ではモルディブで、ディナール金貨 1 枚が 40 万-120 万個のタカラガイに相当するとすれば、20-60 袋にも相当することになる。ところで、マリではディナール金貨 1 枚が 1150 個に相当するとすれば、たったの 5-6 束にしかならないことになる。

ている。経済史の児島秀樹教授の指摘するように、西アフリカのベニン王国・ビアフラ湾では一八六〇年代、表4-4に示したような換算方式があったが、じっさいにはタカラガイに穴をあけて紐に通す労賃が差し引かれることになった。一ペンスがタカラガイ四〇個として、一ポンドはタカラガイ八万個ではなく、九六〇〇個に相当したという。いずれにせよ、イブン・バットゥータが西アフリカのマリでモルディブ産とおもわれるタカラガイ一一五〇個がディナール金貨一枚と等価であることを見聞しており、タカラガイ交易はじつに膨大なもうけをアラブ商人にもたらしたことになる。

一五世紀以降の大航海時代には、アラブ商人に代わってタカラガイ交易の中心的な担い手はヨーロッパ人であり、ポルトガル（一五〜一六世紀）、オランダ（一七世紀〜一七五〇年まで）、英国（奴隷貿易の終焉する一八〇七年まで）、ドイツとフランス（一八〜一九世紀）がタカラガイ交易にあたった。一六〜一七世紀当時、モルディブからベンガルにダウ船で運ばれたタカラガイはヨーロッパ船でアフリカへ輸送された。一六世紀初頭まで、アジアの香料貿易で覇権をもっていたポルトガルが一五八〇年にスペインに併合された。スペインとの経済競争とアジアにおける交易権確保を目指すオランダは一六〇二年にジャワ島のバタビア（ジャカルタ）にオランダ東インド会社（ＶＯＣ）を設立した。同年、オランダはセイロン島に上陸し、当時ポルトガル支配から脱却しようとしていたキャンディ王国の支援要請を受け、一六五八年にコロンボを攻略した。これを契機としてモルディブ産のタカラガイはセイロンを経由してアフリカに運ばれるようになった。当時からタカラガイは西アフリカにおける奴隷と交換された。試算では一八世紀の九〇年間にインド洋産のタカラガイが一万一〇〇〇トン、一〇〇億個が西アフリカに運ばれた。西洋諸国がタカラガイ交易に熱心であったのは、アメリカ大陸「発見」後、新大陸における開発の労働力として奴隷が大量に必要であったからだ。モルディブでは奴隷貿易の進展にともないタカラガイを浅海で増殖する試みがあった。女性が編んだココヤシの葉製マットを浅海に入れておくと、タカラガイは腐食したココヤシの葉の有機物やデトライトスを摂食し、増殖した。

フランス革命でオランダがフランスの支配下に入ると、英国はオランダ植民地を攻略した。その結果、コロンボは一七九六年に陥落し一八一五年のウィーン会議で英国植民地となった。このようにタカラガイ交易の担い手はモルディブ人、アラブ商人、ポルトガル、オランダ、イギリス、フランス、ドイツと数百年のあいだに大きく変容した。奴隷貿易の停止後、アフリカ内部における金属製通貨の流通やザンジバル産のハナビラタカラガイも併用されるようになり、通貨としてのタカラガイの価値はしだいに変質していった。

ラッコ猟と世界交易

一八世紀に探検家ステラーはこの地域を探査し、アジアラッコを発見した。ラッコは乱獲によって大きく減少した。ラッコの海洋生態系に占めるニッチェについては第2章で指摘した。国立民族学博物館の岸上伸啓教授によれば、ラッコ毛皮交易をめぐる世界的な交易網が一六〜一九世紀に発達してきており、そのあいだの毛皮交易ルートは以下のようにまとめることができる。

（1）アラスカ→チュコトカ半島→コリマ川流域のアニュイ→イルクーツク→ロシア中央部→ヨーロッパ、（2）アラスカ南西部〜北西海岸→カムチャッカ半島→オホーツク→キャフタ→北京、（3）極北地域・亜極北地域→ボストン→英国、フランス、ボストン→マゼラン海峡→北米北西海岸→広東、（4）ボストン→北米北西海岸→広東→ヨーロッパ。

毛皮の材料としてはラッコ、アザラシ、クロテン、ビーバー、ミンクなどがあり、ヨーロッパでは一六世紀以降、ビーバーの毛皮帽やマントが王族や上流階級に重宝され、のち一般市民にも普及した。中国では一七世紀以降、クロテンの毛皮が清朝における上流階級の衣服の袖口、襟、裾、帽子など装飾用に使われた。中国向けの毛皮は当初ロシアとの交易を通じてなされ、ロシアはアラスカのシトカに露米会社を一七九九年に設立して毛皮交易のセンターとした。アメリカやイギリスも北米・北西海岸でラッコの毛皮を入手して太平洋を越えて広東に運ぶ交易を進めた。

こうしたなかで、ラッコ資源を適正に管理し、密猟を未然に防ぐ目的で明治六（一八七三）年に政府による官営ラッコ猟が開始され、明治二八（一八九五）年に猟虎膃肭獣猟法が施行された。さらに明治三〇（一八九七）年には遠洋漁業奨励法を通じてラッコやオットセイの猟が推進された。これには函館の帝国水産会社が国から免許を受けて海獣猟を実施した。しかしながら、ラッコやオットセイ猟では資源の適正な利用がおこなわれたとはいえなかった。たとえば、英国の探検家であるＨ・Ｊ・スノーはラッコを乱獲し、一八七二年以降、千島列島を中心に八〇〇〇頭のラッコを密猟している。当時までの探検が地理学的なフロンティアの探索だけではなく、資源の獲得を目指したものであったことは後世に遺恨を残した。その後、ラッコが急激に減少したため、明治四五（一九一二）年に米国は「膃肭獣及猟虎保護条約」にもとづく臘虎膃肭獣猟獲取締法を施行した。これにより一転してラッコの保護活動が展開するようになった。国際的なレベルで資源の乱獲を是正し、保護活動へと転換した。以上のように、ラッコ資源が激減した背景には世界規模での毛皮獣の乱獲が原因であることはまちがいない。

以上に挙げた四つの例から、海産物をめぐり国家と世界システムの緊張関係のなかでおこなわれた交易の実態があきらかとなった。国家と市場原理が介在することで多くの場合、資源の乱獲と生産者の抑圧が歴史的にあきらかになった。そこで、これまで資源の生産現場であったそれぞれの地域は市場経済の前につねにひれ伏すだけの関係にあったのだろうか。海洋資源の未来を占うためにも、この問題を次章で詳しく検討しよう。

第5章――海のコモンズ論――海は誰のものか

海は誰のものか。この問いはここ三〇年ほどわたしがたえず発してきたメッセージである。海をつなぐさまざまな資源のうち、オセアニアの貝類は交換財や威信財となった。俵物やタカラガイ、活魚、熱帯鑑賞魚などは商品としての交換価値をもっていた。特殊海産物は域内で価値がなくとも、域外における市場の要請に応じて採捕されてきた。

市場原理がはたらくことで生産地における乱獲や違法な漁業が蔓延し、集団間の紛争を誘発することにもなった。これ以上海洋環境の劣化や資源枯渇を招かないようにするには、外部市場の動向を監視し、自律的かつ持続的な資源利用を実現する必要がある。地域社会が市場の一方的な介入を許さないための方策として、資源を共有して管理する方策がある。哲学者の宇沢弘文氏が指摘するように社会的共通資本として海洋資源をとらえる視点は重要である。この思想は水や森林、湿地などにおける天然資源についてもあてはまる。第1章で地震津波後の復興にさいして、沿岸海域への入漁権や塩害湿地のあり方などをいかに再構築するかについてふれたが、これらも以上の問題意識と通底する課題である。

本章では水産資源の利用と保全にとって鍵となる海の所有について考察を加える。所有権には、地域の慣習法、国家法、国際法など依拠すべき論拠があり、それら相互の関係が分析の焦点となる。しかも法的な枠組みは時間軸でみると不変ではなく、資源の状態や政治経済的なレジームの条件によっても変化する。その動態に注目したい。そして、国有、公有、私有、共有、総有など、所有に関する諸概念のなかでも、今後の地球において大切なコモンズの思想に光をあててみたい。

1　海洋生物の所有論

海洋生物の所有と文化化

海洋生物の所有論について、先行研究と今後の課題について整理しておこう。まず、海洋にかぎらず地球上の野生生物、すなわち自然は本来、誰のものでもない無主の存在である。この点は公理となる大前提であり、ラテン語でテラ・ヌリウスと称する。しかし、人間社会はこの公理を平然とくつがえして、誰のものでもない自然をみずからのものとして所有する原理をつくりだした。このことを英語で「カルチュラル・アプロプリエーション」とする考えをエディンバラ大学のT・インゴルド教授が提示している。日本語では「自然の文化化」とわたしはとらえているが、宗教学、法律学、歴史学などの分野ではアプロプリエーションの意味はもう少し限定的に考えられている。大阪大学の池田光穂教授は、本来、キリスト教の聖職者による奉仕行為により、財産の可処分権を取得できる権利が保証されるという意味が英語のアプロプリエーションという用語に内包されているとしている。

もともと所有(権)という概念は西洋近代の産物であり、特定の有形物を排他的・包括的に支配する権利を指す。この点で所有権は物権を意味する。この考えは財産をあらわすプロパティーという用語がそのまま「所有権」を意味することからもあきらかだ。だが、この概念があらゆる場合にあてはまるとは思えない。所有権が「特定の物件を排他的に支配して、使用・収益・処分の機能をもつ権利」であるとすれば、人間による自然支配を合法化することになる。しかし、そのことも近代法による解釈にすぎない。

先述したように、人間は自然界の事物を文化化、つまりさまざまなアプロプリエーションを通じて資源化してきた。一九世紀に『古代社会』を著したL・モルガンは人類史における土地の所有形態が「共同所有」から「私的所有」へと変化するテーゼを示した。その後、K・マルクスやF・エンゲルスが土地や資源の所有形態についての史的な展開を唯物史観として提示した。K・マルクスは氏族を中心とする原始社会は共同体的所有、古代の奴隷制では私的所有、封建社会では領主や王などによる封建的な私的所有、近代社会における資本主義的な私的所有へ移行したと論じた。マルクス主義人類学者のM・ブロック教授はK・マルクスらの提唱したマルキシズム理論の背景には、ヨーロッパにおける資本主義制度を全否定する必要があった。そのためには、私的所有に先行して存在した共有制に光をあてたL・モルガンの説に依拠する必要があったのだと指摘している。

ただし、共同所有と私的所有は二項対立の構図で理解できるものでも、歴史的に一方から他方に単線的に変化してきたものでもない。これまで世界各地の人類学的な調査により、資源の所有に関して共有、私有、公有、国有などの形態が多様に組み合わさった例やそれらの中間形態のあることもわかってきた。ひとつの社会のなかでも私的所有と共同体所有が並存する場合はふつうにみられる。また、国家の所有物が一定期間にかぎり条件つきで個人所有とみなされる場合がある。いわゆるコンセッション(譲与、免許)による企業などの参入例である。財の所有者がそれを運用する主体とはならない場合もあるし、利用する権利を他人に譲渡するような場合もある。したがって、所有関係を類型化するだけではさして意味がない。むしろ自然界の事物を資源として所有する慣行や制度が歴史的にどのように変遷してきたのか、また地域ごとにどのような差異があるのか、なぜ所有権が状況次第で変わるのかなどの点をさぐることが重要だろう。

キリスト教世界にかぎらず、万物創造に関する神話は世界に遍在する。世界の動植物が特定の創造主により形づくられたとする報告が人類学や神話学の分野で蓄積されている。文化による位置づけは別として、生命進化論の立場からすると、地球上のあらゆる生命体が唯一無二の主によって創造されたことを示す客観的証拠はない。人類の出現前から存在した動植物を人類がすべて所有し、支配でき

図 5-1　ウミガメの肉の分配。アオウミガメの肉は島民の大好物である。ウミガメの頭部は首長に献上されるが、そのほかの肉、脂肪、血、卵は島内の氏族や居住集団ごとに均等に分配される（中央カロリン諸島・サタワル島）。

ると考える発想はおこがましい。神が創造した野生動物は神聖で、人間が生みだした家畜や栽培植物は自由に支配できるとする考えもここでは却下したい。人間が海洋生物を資源として利用するさいの観念や所有観も地域ごとに異なるうえ歴史的に変化してきた。このことをウミガメの例から説明しよう。

ウミガメ（とくに、アオウミガメ）はサンゴ礁海域の諸社会で重要な食料とされてきた。オセアニアの首長制社会ではウミガメは首長に献上すべきものとされ、その利用権は首長にある。ウミガメの肉は特権により独占されるだけでなく共同体の成員に再分配されることで、ウミガメは威信財でもあり、共有資源ともなった（図5-1）。インドネシア・バリ島におけるヒンドゥー教の世界観によると、ウミガメは世界観の根幹にかかわる動物であり、諸儀礼の供物となった。ウミガメは人間にとり非所有の存在でありながら、儀礼と共食を通じて人間と同一化されたのである。

タイマイの甲羅は東南アジアやインド洋世界から中国に貢納品として運ばれた。日本では古代からベッコウ製の御物《ぎょぶつ》、かんざし、櫛などが財や装飾品として重宝されてきた。日本や中国にとり、ベッコウ製品をもつことが権威や名声の根源とされてきた。ミクロネシアのパラオ諸島でもベッコウ製の皿（トルク）は女性だけが儀礼で使うことのできる財とされてきた（図5-2）。ベッコウはオセアニアで釣りばりの材料として広く用いられた。

図5-2　トルク。ミクロネシアのパラオ諸島では、タイマイの背甲は貴重な財として用いられる。とくに図のようなトルクは女性のみのあいだで所有される。タイマイの個体数の減少や小型化によってトルクの大きさも縮小傾向にある。

ウミガメの乱獲と絶滅のおそれからウミガメ保護が叫ばれ、繁殖地の保護と産卵場の保全が世界中で進められている。日本のベッコウ産業も世界的な批判に曝されている。タイマイはワシントン条約附属書Iに記載されており、国際的な取引が禁止されている。パラオ諸島ではタイマイを捕獲する動機は新しいトルクの財を製作するためであったが、獲れるウミガメの大きさが小さくなってきたので新たに製作されるトルクのサイズも小さくなり、むかしより価値が減じた。しかもウミガメ保護政策が浸透するなかで、トルク再生産の意味についての再考がせまられている。

以上のように、ウミガメは世界各地で独自の意味づけをされており、その所有観やあつかい方は文化や地域によって多様である。しかし現在ではウミガメを人類の共有財産とみなす考えも浮上している。地域生態系のなかでウミガメの利用と保全を考える立場に立てば、適正な利用と保護に関する取り組みを地域住民と政府機関とが協働しておこなう共同管理（コ・マネジメント）のアプローチがますます重みを増してくるといってよい。

プレ・ハーベスト段階の慣行

つぎに海洋生物全般の所有について考えてみよう。まず指摘しておきたいのは海洋生物の所有権に関する「あいまい性」である。英国の人類学者であるR・ファース教授は「海の生物は捕獲するまでは（所有が）不確実であいまいな存在」であると言明している。捕獲して初めて当の本人に所有権が発生するとの考えはそのとおりである。

しかしそうともいいきれない面がある。所有のあいまい性を解消し、誰かに帰属させるための文化的な方策がいろいろとあるからだ。オセアニアには海洋生物の所有についてプレ・ハーベスト段階から特定の個人や階層に優先分配する慣行がある。たとえば、カロリン諸島のサタワル島では大型のマグロ、メガネモチノウオ、先述したアオウミガメの頭部などの「首長の食べる魚」やマギリノと総称される魚を首長に献上する慣行がある。マギリノは「大型魚」を意味し、ハタ、スジアラなどがふくまれる。同様な例はポリネシアのサモア、ティコピア、メラネシアのマヌス島北沖にあるポナム島でも報告があり、やはり「首長の魚」として優先的に献上される。

漁撈・採集活動の現場（ハーベスト段階）においては、先取性つまり早いもの勝ちによる競争が発生する。競合を回避するため、漁撈・採集のおこなわれる前の段階でなわばりを決めておく場合やくじ引きや輪番制によって漁場利用の公平性を担保する慣行が広くみられる。以下、日本の例をいくつか示そう。

山形県飛島や新潟県佐渡島、粟島では、沿岸域でタコの生息する「タコ穴」を個人が所有し、世代を通じて継承する慣行があった。民俗学の刀禰勇太郎氏の研究によれば、佐渡島では天保期（一八三〇〜四四年）にタコを一〜三頭納税する蛸役の義務を課された村が小佐渡地方で二〇あった。村ごとに蛸場持ち（タコ穴を所有する個人）と平場持ち（タコ穴をもたない個人）があり、この慣行は明治時代まで継承された。しかもタコ漁をめぐって両者のあいだで紛争が絶えなかった。飛島ではタコが穴のなかにいる場合、その所有者は捕獲することができたが、タコが索餌のために穴から出ている場合はタコ穴の所有者以外の人でもタコを獲ることができるとする不文律があった。第二次世界大戦前までは、タコ穴の所有者はタコを獲る権利を独占的にもって生計を支えたので漁民は固定資産税を支払っていた。タコ穴を熟知している個人間でたがいに漁場を侵犯しないようななわばりが決められていたことをわたしは飛島の現場で確認できた。

沖縄県糸満市のサンゴ礁海域ではアンブシとよばれる建干網漁がおこなわれてきた。単独ないし親子による漁がほとんどで、礁池（イノー）域で潮汐の干満に応じて移動する魚を網に誘導して獲る。一九七〇年代以降、沿岸域が工業団地建設などのために埋め立てられる以前には五〜六組のアンブシ

図 5-3　アンブシサーにおける「なわばり」。糸満沿岸の礁池（イノー）でおこなわれる建干網漁（アンブシ）では、事前に網を設置する場所に写真左のような棒を立てて「なわばり」を設定する。写真右は網の中央部にある袋網で、最終的にここに魚が誘導される。

サー（建干網漁業者）が年間操業していた。あらかじめ網を設置し、引き潮時に袋網を揚げる場所を前日に決めておく必要がある。操業場所をめぐってたがいが競合しないよう、漁民は自分の使う漁場に長い棒をあらかじめ立てて目印とした。このことをボーウィンとよぶ（図5-3左）。ティーチとよばれるなわばりを宣言する工夫である。しかも隣接するティーチで他人が網を広げる場合があり、網が接触しないようなルールも合意されている。こうしたなわばりは糸満のアンブシサーの使う海で一二一カ所あることがわかった。それぞれの場所には固有の名前がつけられている。

八重山諸島では、カツオ一本釣りの活餌とするタカサゴ、ネンブツダイ、テンジクダイなどの魚群を敷き網で獲るジャコトエー漁がおこなわれてきた。カツオ一本釣り漁の盛漁期にあった一九七五年当時、カツオ釣り本船に活餌を供給する敷き網漁の組は二五あった。タカサゴ、テンジクダイなどはサンゴ礁の岩穴に生息しており、夜間にプランクトンを索餌するために群れをなして岩穴を出て、明け方にもとの岩穴にもどる。敷き網を魚群の動きに合わせて設置し、網を引き揚げて海上に浮かべた大型のかごに餌となる活魚を入れ、本船がそれを撒き餌として使う。八重山のサンゴ礁海域にはこうした岩穴が数多くある。調査によると、岩穴は「アナ」とよばれ、ひとつずつ名前がついている。たとえば、「タキドンアガリヌカーミーチブルイサー」という名前のアナは「竹富島の東側にあって、ウミガメがよくいる大きなサンゴ岩」という意味で、敷き網漁民はその位置を熟知している。

二五組の敷き網グループがアナを使用するさいの競合を避けるため、各組が年間、独占的に利用できるアナを二〇カ所決め、組のセキニン（代表者）が抽選によりアナを指名する。そのさい、指名順自体を決めるクジをおこない、ついで一番クジから順に二五番クジの組までアナをひとつずつ指名する。二順目は二五番目の組から二つめのアナを決める。そして、最後の一番クジの組からふたたび三つめのアナを指名する。こうして、組ごとに指名した二〇カ所のアナの合計は五〇〇カ所となる。これらはクジアナとよばれる。わたしの調査によりアナの数を累計したところ、七三〇あまりあった。なお、毎年、指名で決められる以外のアナは浮きアナとよばれ、どの組も自由に使うことができた。

富山湾の灘浦ではすでに天正年間（一五七三～九二年）に北陸系の台網（大型の定置網）漁が始まっていた。台網はブリやマグロなどの回遊路にそって設置された。漁場（アド）をめぐる争論も多発したので、文久二（一八六二）年に網入れのために打つ杭の場所を図面として作成し、御預所役所《おんあずかりどころやくしょ》の奉行らが調停した。元治元（一八六四）年の史料では灘浦に二七岸の台網漁場があり、それぞれの岸には小岸、本岸、二～五番のように浜から沖に向かって一定距離をおいて四～五カ所の網入れ場所が決められた。岸は毎年、旧暦の六月一日にくじ引きにより決定されたが、くじに参加できる網元の

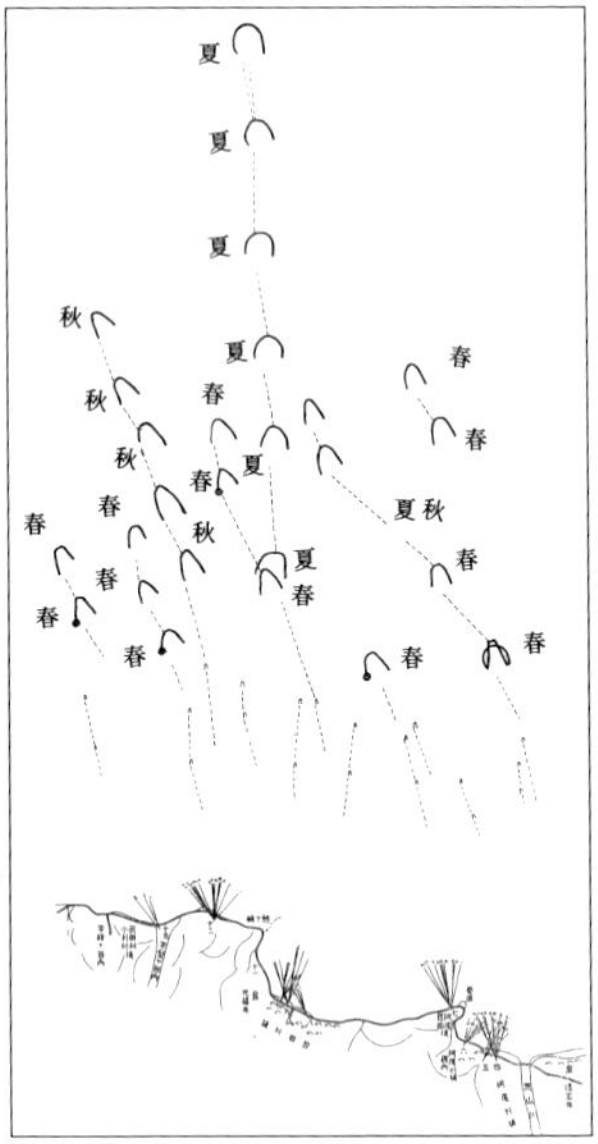

図5-4　灘浦における台網の設置場所。春は春網、夏は夏網、秋は秋-冬網の網場である。そのほかの沿岸では鰒網などが設置された。場所はくじ引きによって決められた。

数は制限されていた。台網漁では春はイワシ、スルメイカ、夏はマグロ、秋・冬はブリが主要な漁獲物である。季節により対象魚種が獲れる漁場は異なっていた（図5-4）。

　このほか、岡山県の児島湾では湾内のはげしい潮汐現象を利用して樫の木の支柱を使った定置網漁がおこなわれていた。民俗学者の湯浅照弘氏によると調査当時、樫木《かしき》網漁の組は三七あり、漁場の選択は抽選によった。同県の日生《ひなせ》諸島におけるイワシ地曳網漁においても網を曳く場所は抽選によって決められた。シドニー大学のP・アレクサンダー教授もスリランカの地曳網漁における抽選制が漁民集団間の競合を避け、公平性を担保する役割を果たすことをあきらかにしている。

ポスト・ハーベスト段階の慣行

表 5-1　所有海域における高瀬貝の採集と贈与（1990 年調査）。

個体番号	8 月 26 日	8 月 27 日	8 月 29 日	合計	日平均の個数
1	31 (15)	45 (15)	21 (10)	97 (40)	32.3
2	22 (6)	20 (5)	—	42 (11)	21.0
3	18 (0)	12 (0)	6 (0)	36 (0)	12.0
4	21 (7)	13 (3)	20 (7)	54 (17)	18.0
5	8 (0)	28 (0)	10 (0)	46 (0)	15.3
6	21 (7)	—	6 (0)	27 (7)	13.5
7	23 (10)	13 (0)*	2 (0)	38 (10)	12.7
8	15 (5)	12 (4)	6 (0)	33 (9)	11.0
9	10 (3)	8 (2)	4 (0)	22 (5)	7.3
10	6 (2)	5 (0)	—	11 (2)	5.5
11	31 (7)	17 (6)	12 (4)	60 (17)	20.0
12	20 (6)	21 (7)	8 (0)	49 (13)	16.3
13	0 (0)	6 (3)	—	6 (3)	3.0
14	4 (0)	0 (0)	—	4 (0)	2.0
15	32 (10)	—	—	32 (10)	32.0
贈与の割合（%）	30.7	28.3	24.7	544 (144)	

（　）は贈与（クワァエ）の個数。—は活動なし。個体番号 5 はリーフの所有者。
*: この日個人的に採集した。高瀬貝は *Trochus niloticus*。

いったん獲得された資源は採捕量、種類とその経済価格などの状況に応じて分配法が決められる。これはポスト・ハーベスト段階における配分ルールである。ここではソロモン諸島マライタ島とインドネシアのケイ諸島における高瀬貝漁に関する例を挙げる。

ソロモン諸島国は一九七八年の独立後、政府による沿岸漁業の振興政策と資源の商品化が進められた。とりわけマライタ島各地では一九八〇年代後半からナマコや高瀬貝を採集し、商品として販売する活動が拡大した。マライタ島北東部のラウ漁撈民もサンゴ礁で高瀬貝やナマコを商品として売る活動をするようになった。ラウが利用する海域のうち、堡礁の大部分は特定氏族

図 5-5　ナマコの乾燥。乾燥したナマコは中国市場へと輸送されるが、ナマコの種類や大きさによって、価格は大きな開きがある。子どもも手当たり次第に採集するが利益は多くない。むしろ、資源の枯渇が懸念される（ソロモン諸島・マライタ島ラウ・ラグーン）。

により所有されている。このため、おなじ氏族の成員が許可を得て高瀬貝を採集してもすべて自分の取り分とすることはできない。表5-1は一九九〇年八月に実施された高瀬貝の採集活動に参加した氏族メンバーがどれくらいリーフの所有者（氏族の代表者）に高瀬貝を贈与（クワァエと称される）したかを示したものである。採集に参加した一五名が贈与した貝の割合は一〜三割程度であり、贈与しない個人もあった。

　ナマコもサンゴ礁の浅瀬で採集され、ドラム缶に海水を入れて煮たあと、マングローブ材を用いて乾燥する作業がおこなわれた。ナマコの価格は種類ごとにちがうが、ラウの場合、高価格のものが選択的に採集されなかった。ナマコの価格に関する情報が住民に周知されていなかったためである。成人だけでなく子どももナマコ採集に加わった。成人は満潮時に潜水して砂地上で索餌しているナマコを採集することができたが、潜水能力のない子どもは干潮時に浅瀬の小さなナマコを採集した。小さいナマコは経済価値も低く利潤を生むこともほ

図 5-6　サシの標示。インドネシア東部における資源管理の慣行であるサシでは、サシの開放（サシ・ブカ）と閉鎖（サシ・トゥトゥップ）の目印として、閉鎖中には図のようなココヤシの若葉を使った標示がなされることが多い（インドネシア・アルー諸島）。

とんどない。ナマコ資源の縮小再生産につながることが懸念されている（図5-5）。

インドネシア東部ではサシとよばれる共同体基盤型の資源管理の慣行があり、ここ二〇年ほど世界でも注目されてきた。ここではアラフラ海にあるケイ諸島のケイ・ブサール島（大きいケイの意味）の例を挙げよう。ケイ諸島がかつてイスラム教の小王国に分割割拠されていた時代、各王国内の住民はスルタン王から土地と海を借用し、獲得した資源をスルタンに貢納する制度があった。現在は村落ごとの陸域と海域の資源を自主管理するシステムが発達し、獲得された資源は商品として販売されている。

現在、ケイ諸島で規制対象となる海洋資源はサンゴ礁の浅瀬に生息するナマコ、高瀬貝、夜光貝などのベントスが主である。これらはいずれも換金される。村落共同体が沿岸域のベントスを適正に管理していくため、ケワンとよばれる村会議が資源の採集期日と場所を決める。

表 5-2　高瀬貝の採集記録と配分の問題（オホイテル村の事例：ケイ・ブサール島、1989 年 12 月 4-13 日）。

	12.4	12.5	12.6	12.7	12.11	12.12	12.13	合　計
高瀬貝の個数	1343	2099	818	652	415	104	31	5463
重量（kg）								479
単価								12000 Rp
総収入								5748000 Rp
配分		…………個人（Person/Penyelam）					35%	2011800 Rp
		…………村一般（Umum Desa）					65%	3736200 Rp

ベントス以外の回遊魚をサシの対象とする例がマルク州にあるハルク島（ロンパとよばれるニシン科の魚）、ケイ・ブサール島西部のボンベイ村（タカサゴやアジ）にある。

サシの適用される地域の海域はふだん閉鎖されている。閉鎖中には図5-6に示したような標示がなされることが多い。そして、毎年のように一週間程度、サンゴ礁の浅瀬が解禁される。ケイ・ブサール島の事例から、高瀬貝の採集の実態と貝殻を売却して得られた利益の配分について検討した。ケイ・ブサール島東海岸のオホイテル村で一九八九年一二月四〜一三日の一週間に高瀬貝漁が解禁された。この村の占有する海域が五分割され、月曜から土曜まで入漁できる海域が決められた。月曜と火曜は隣接する二つの村との境界域で、水曜以降は真ん中の区域で採集された。高瀬貝の肉は各世帯で消費され、貝殻はインドネシア系華人に売却された。この例ではサシを解禁して採集された高瀬貝の貝殻の売買による収益はその六五％が村に、残りの三五％が個人に配分された。村への還元分は村内の学校や教会の補修、道路整備などの公共投資に充当された（表5-2）。

個人と共同体における高瀬貝の利益配分をこの村以外の例と比較した

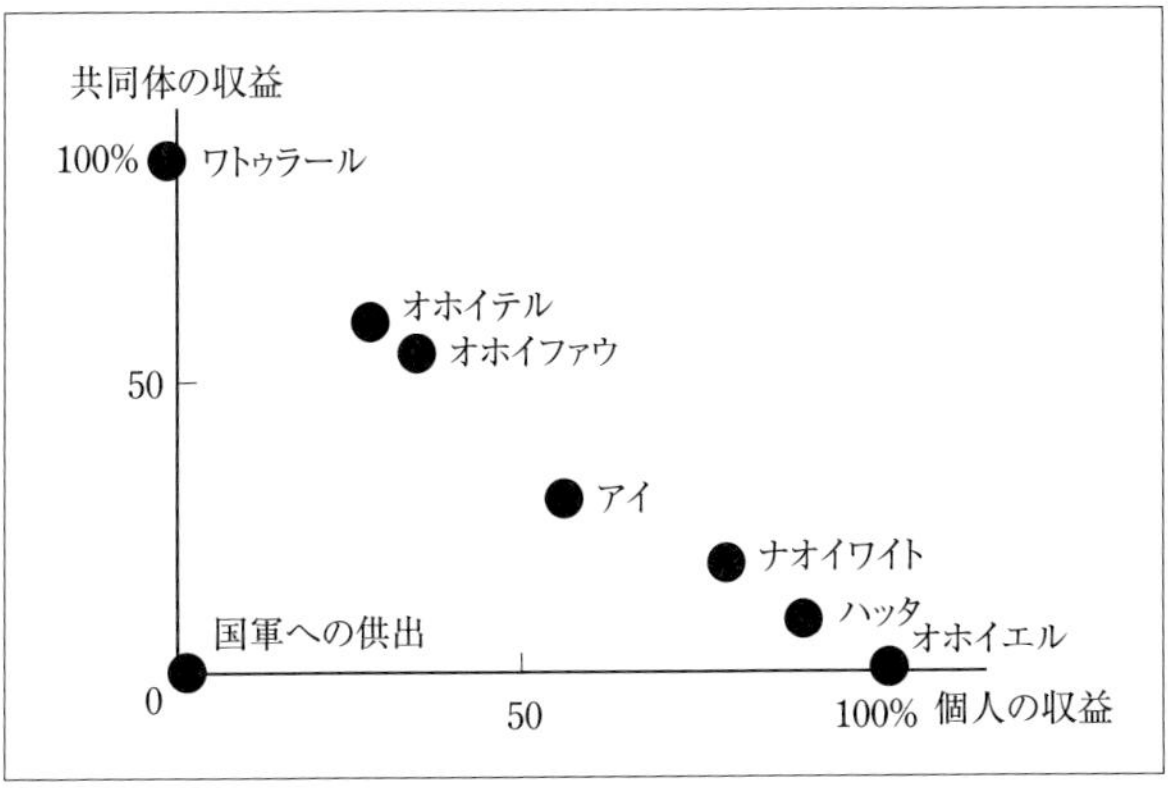

図 5-7　高瀬貝の収益配分。ケイ諸島やバンダ諸島の共同体における高瀬貝収益の配分比は個人と共同体ともに 0% から 100% まで開きがある。

のが図5-7である。図にあるように、すべての利益が個人に配分される場合から、共同体がすべて受け取る場合までのあいだに、個人と村とで配分比が異なる場合がある。高瀬貝の販売価格や村が資金を必要とする条件は地域や時期によって異なるため共同体と個人への配分比も変わる。図中で個人と共同体ともに利益を受けないのは例外である。スハルト政権時代、国軍がある村にサシを解禁するよう命じ、得られた資金をすべて没収した。ただし、村と国軍とのあいだでどのような合意があったのかは不明である。

サシは共同体基盤型の資源管理慣行であるが、隣接する村落間で紛争が起こることがある。じっさいケイ・ブサール島南東部にあるサテール村とトゥトゥレアン村とのあいだで境界争いが一九八〇年代末にあり、暴力事件とその報復として相手村の焼き打ち事件が発生した。各村はサシ解禁のさい、島中西部のエラートにある地方政府に申請と事後の販売実績の報告義務がある。先述した二カ村間で紛争が発生後、サテール村からサシ解禁の申請が地方政府に提出されたが、地方政府は紛争再発を懸念して村の申請を認可しなかった。サシは共同体基盤型の慣行であるとはいえ、あきらかに地方政府の介入が認められる。したがって、サシは共同体基盤型の資源管理慣行というより、行政府による調停をふくむ共同管理（コ・マネジメント）と位置づけるのが妥当であろう。

これまでみてきたように、海洋生物は本来、誰のものでもない無主の存在であるが、採捕される前後で所有に関するさまざまな慣行が存在する。あらかじめ共有と決められた資源であっても、分配のしかたはまちまちであり、共有資源であるから平等分配されるとはかぎらない。そこであらためて、海洋資源のコモンズ的な利用の意義について検討してみよう。

2 コモンズ論の展開

コモンズには「共有地」とか「入会権」「平民」「食料」などの意味がある。本章の冒頭でふれたように、海洋生物は本来、無主の存在である。コモンズ論の今日的な議論がなされるきっかけとなる、G・ハーディン教授の「共有地の悲劇」の論文が発表されたのは一九六八年である。それから四五年後の今日に至るまで、コモンズ論については世界の研究者が多くの論を展開している。

海洋に関するコモンズ論の例として、J・M・アチソン教授が米国メイン州のロブスター漁におけるなわばり論を展開したのは一九七三年のことであった。わたしがソロモン諸島マライタ島の調査から漁場のコモンズ的な利用の意義について英文で公表したのが一九七八年である。国立民族学博物館に在籍中、同僚のK・ラドル助教授（当時）と「西太平洋における海のしきたり」と題する国際シンポジウムを主催し、その成果を出版したのが一九八四年である。その後、日本や東南アジア、オセアニアでは海洋資源管理と共有論に関する多くの論集や単行本が出版されるようになった。

ハーディン教授の「共有地の悲劇」論では、誰のものでもない牧草地に牧夫が自由に家畜を導入すれば、過放牧の結果、牧草が枯渇しすべての牧夫が生活できなくなる。この悲劇を回避するためには、共有地を私有化するか、国有化するしかないというシナリオが提示された。しかし、悲劇の根源は「共有地」ではなく牧草地の「自由な利用権」によるものである。牧草地へのアクセスが自由であったのでルールのない競争が起こった。共有地であれば、資源枯渇を未然に防ぐ方策が利害関係者間でなされるはずだ。ハーディン教授の提示した「共有地の悲劇」は、じつは「オープン・アクセスの悲劇」であった。ハーディン論文以前の一九五四年に、漁業経済学のH・S・ゴードン教授は公海上において誰もが入漁して漁業資源を自由に漁獲すれば乱獲に至ると明言している。ゴードン教授は公海が共有空間ではなくオープン・アクセスの場であることを明瞭に認識していた。

二〇一〇年にノーベル経済学賞を受賞したインディアナ大学のE・オストロム教授は、共有地における資源利用を実現するうえで八つの設計原則を一九九〇年の著作のなかで提示している。八つの原則とは（1）明確な資源領域と利用権者、（2）ローカル・ルールの整備、（3）ルール変更時に資源利用者の参加の確保、（4）監視者が資源利用者ないし信頼できる人、（5）違反者への処罰のあること、（6）資源をめぐる紛争解決の簡便な方策、（7）ローカル・ルールが法や政府の政策と矛盾しないこと、（8）政府認定による資源管理方策、である。海洋資源に着目したコメントを以下に列記しよう。

（1）については、多様な利害関係者が増加した場合や移動性ないし回遊性の資源について資源領域が確定しづらい。サケ・マス、マグロ、カツオ、クジラ、ウミガメなどの高度回遊性資源の例がこれにあてはまる。サケ・マスについては母川国主義の主張や沖取りの制限をめぐる問題がある（後述）。

（2）の地域密着型ルールでは、広域的に適用されるルールとの齟齬が検証されていない。たとえば島根県においてはサザエの産卵期における禁漁期間（五月一日〜六月三〇日）、サザエの殻径が二・五センチ以下のものは採捕禁止とされている。このルールは県レベルで設定されている、しかし東西に長い島根県では、サザエの産卵時期が県の西部と東部とでずれる傾向がある。したがって禁漁期のあとに解禁された海域でサザエの産卵がおこなわれ、資源管理とはならないことがある。まして密漁が産卵中の禁漁期に多発するので資源管理上も問題となっている。なお密漁を犯した場合、漁業権侵害で「二〇万円以下の罰金」、島根県の漁業調整規則違反で「六カ月以下の懲役もしくは一〇万円以下の罰金」となっている。地域に根ざした順応的な管理方策がより有効である。

（5）違反者への処罰は村ごとに規制内容にちがいがあると、村落間での不協和音が発生する。海域の例ではないが、ラオスのメコン川下流部一帯では魚の逃避場や産卵場となる川の淵を禁漁とする魚類保全区の試みが一九九三年以降に欧米主導のプログラムとして実施された。保全区内で漁をおこなった場合の罰金額が村ごとに決められた。その額が村によって異なっており、村の内外で不公平性をめぐる不満が爆発した。しかも保全区を設定しても、かならずしも漁獲増につながらなかった。その結果、村の合意を得たうえで導入された管理方策の有効性が疑問視された。これに代わり、村の公共投資や地域振興に資するようにと年に数回、保全区を解禁して獲れた魚を売却する方式が二〇〇〇年ころより新たに実施されるようになった。これによる保全区は新たに「村の保全区」と称された。魚類の保全区を共有化し、実質的な村落基盤型の資源管理がこうして実現した。

（6）漁業紛争は長期化するのが常套であり、簡便な方策だけを求めるべきではない。瀬戸内海西部の周防灘における小型底曳網漁では山口、大分、福岡の三県による漁場紛争があった。一九五〇年に設立された周防灘三県連合海区漁業調整委員会は三県による漁場利用に関する調整を図ろうとしたが、各県の主張する漁業権海域には齟齬があり、その解決にむけて簡便とはいえないやりとりがあった。この問題は次節の漁業紛争で再考する。

（7）ローカル・ルールと国の法律は矛盾することがあり、ローカル・ルールを維持するうえでどれくらいコストがかかるかは一般論からしても不明である。石垣島で新石垣空港建設をめぐる問題が発生したさい、国の漁業法に準拠して漁をおこなう八重山漁業協同組合の主張する漁業権が是認される反面、埋立候補地の白保地区住民が沿岸でオカズをとる総有論的な権利が否定された。地域のルー

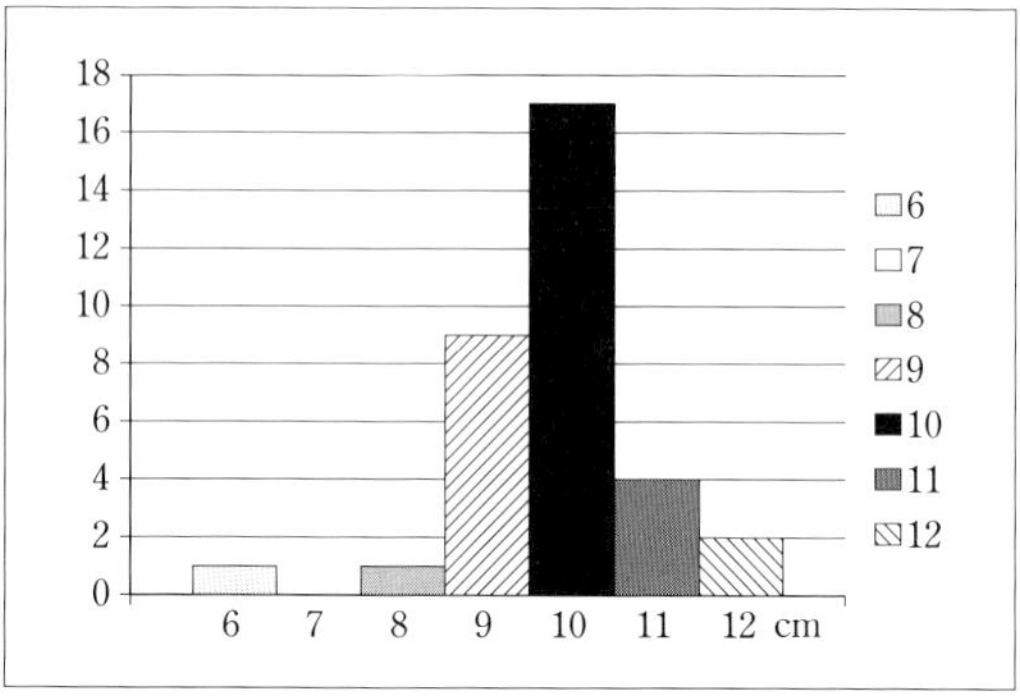

図 5-8　採集可能なアワビの最小殻径。縦軸は該当する都道府県数（平成 24 年 2 月 1 日現在）。ただし、北海道では、エゾアワビ（6.5 cm）とマダカアワビ（12 cm）の 2 例が含まれる。

ルと慣行を尊重するためにも国の法律との調整が必要だ。

（８）政府主導の管理方策がつねに正しいとか妥当であるとはかぎらない。たとえば、日本では採集可能なアワビの最小殻径を漁業調整規則によって決めている（平成二四［二〇一二］年二月一日現在）。最小は北海道のエゾアワビで六・五センチ、最大は北海道のマダカアワビや千葉県（種類は特定なし）の一二センチであり、規制は県ごとに異なる。三重県では一〇・六センチ、福島県では九・五センチとミリ単位で決められている。平均では一〇センチとする例がもっとも多い（図5-8）。以上は都道府県レベルでの規制であるが、長崎県五島列島小値賀《おじか》島のクロアワビ漁では、アワビの最小殻径を県の決めた一〇センチよりも一センチ大きい一一センチに設定している。これは資源管理のための自主規制である。

オストロム教授による設計を個々の事例に即して検討すると、いくつかの問題が出てくることがわかる。ただし、個々の事例が一般論から逸脱するものであっても地域に固有の問題として受け止め、柔軟な理論構築を進めるべきであることを指摘しておこう。

海域利用の三極構造とレジーム・シフト

海域の利用形態を整理し、誰もが利用できるオープン・アクセスの領域、誰もが利用できない聖域、条件つきで利用できる領域にわけて考えよう。その場合、利害関係者は誰なのかを特定しておく必要がある。のちにふれるように、オープン・アクセスとされる海域でも条件次第で入漁協定が利害関係者間で締結されることがある。南極海における捕鯨をめぐり、いっさいの捕鯨を禁止して聖域化しようとする動きの場合がある。聖域とされる海域でも、自給的な漁業にかぎり入漁できるような法的措置が施されることがある（図5-9）。以上のように、第2章で述べた大気・海洋における魚種交替に匹敵するような、制度的・法的なレジーム・シフトが想定できる。以下、事例を詳細に検討したい。

日本では海域において共同漁業権漁場、区画漁業権漁場、定置漁業権漁場、領海、接続水域、二〇〇海里排他的経済水域、公海が設定されている。さらにこのなかに海洋国立公園、禁漁区などがふくまれることがある。権利関係からすると、このなかには聖域、オープン・アクセス、条件つき入漁の領域がモザイク状にあり、場合によってはたがいに入れ子構造になっている。つまり、利用権を律する原理が二重、三重になっている。当然、海域の利用と保全をめぐる法的根拠が異なるので利害関係者間で対立が発生することになる。

聖域の例として世界文化遺産候補となっている九州・玄界灘の沖ノ島がある（第3章第1節を参

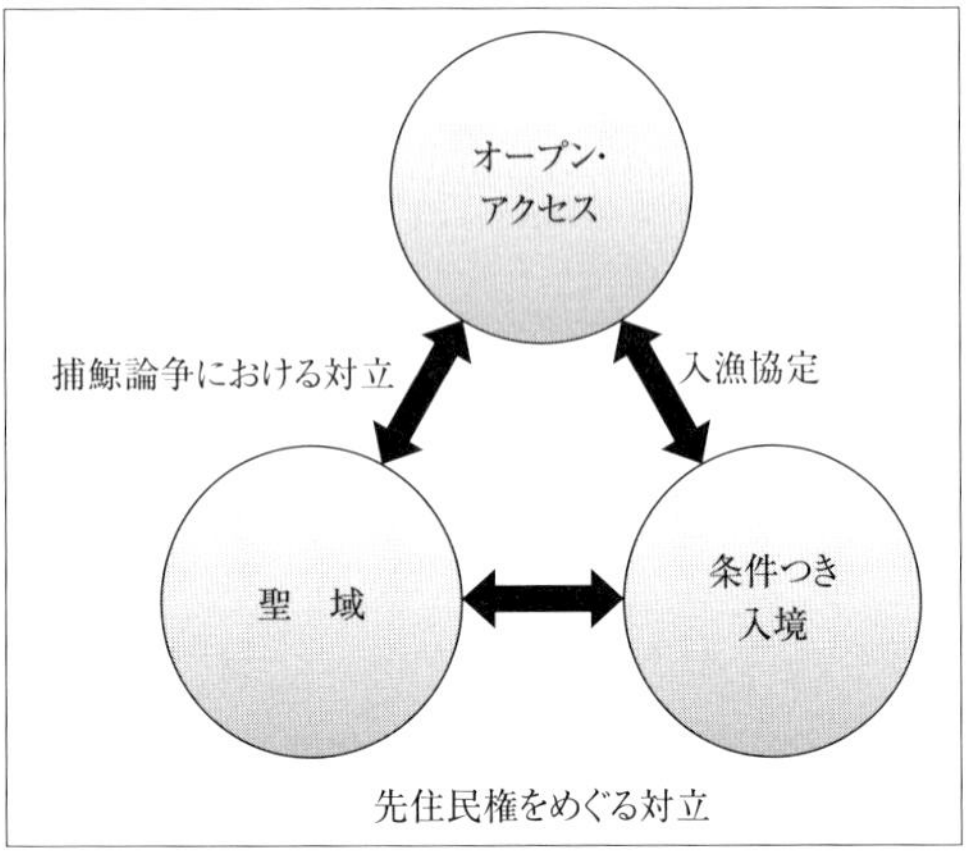

図 5-9　海域の利用権に関する三極構造。3つの極が状況に応じてレジーム・シフトを起こし、ほかの極に転換する場合があることに注意。

照）。この島には神職以外の人間はふつう入島できない。女性の上陸が禁止されており、男性も禊《みそぎ》をしたのちに初めて島に上陸できる聖域である。

ハワイ諸島全域はザトウクジラの大繁殖地として知られ、推定で北太平洋全体に生息する個体数の三分の二に相当する四〇〇〇〜五〇〇〇頭のザトウクジラが冬季に回遊してくる。米国政府はハワイ諸島海域を大型クジラの聖域と定めている。オーストラリア政府も自国領海内での捕鯨を全面的に禁止し聖域としている。クジラの聖域は繁殖場だけでなく索餌場や回遊ルートにも設定されている。南極海と北極海はオープン・アクセスの海域といえるが、現在いくつもの問題が起こっている。南極海の一部海域で日本の調査捕鯨がおこなわれている。一九八二年の商業捕鯨モラトリアム宣言以来、捕鯨をめぐる論議はほぼ平行線のまま推移してきた。鯨類資源保護のために南極海における捕鯨禁止の案がオーストラリア、ニュージーランド、アルゼンチン、ブラジルなどの南半球の国ぐにから提案されている。

人間の関与をまったく否定した聖域でなにが起こるかについて、わたしはゾウと人間のかかわりから問題を整理したことがある。ジンバブエでは一九九〇年代に国立公園内のゾウが増えて餌不足となった。周辺の畑のトウモロコシを食害するようになり、畑の番をしていた子どもが二人、ゾウに踏みつぶされ死亡した。南アフリカ共和国やナミビアでは、ゾウが国立公園や保護区の植生を破壊するとして間引きが実施されている。他方で象牙を目的とする密猟が絶えない。また森林を農地に改変し、木材資源のための伐採が進行した結果、ゾウの生息地は大きく減少した。地域や国にもよるが、聖域を設けた結果、発生する事態は一元的ではなく長期的動向を観察する重要性も指摘されている。クジラの聖域についても慎重な対応と方策を講じる必要がある。

条件つき入漁はさまざまな場合があるので、共有の例にしぼって考えよう。日本の沿岸域は漁業協同組合が物件として保有している。なかでも沿岸域の共同漁業権漁場は組合員が共有する漁場であり、入漁条件は当該海域における漁業協同組合の成員であることだ。一方、非組合員はいかなる漁業行為も禁止されており、密漁をおこなった場合処罰される。成員権以外にも多様な制限条件（禁漁期、漁具・漁法の制限）があり、たとえ入漁が自由な場合であっても資源管理や国際関係などの理由で規制が適用されることがある。

オープン・アクセスの例は権利上（ディ・ジューリ）と実際上（ディ・ファクト）の場合があり、根拠とされる国連海洋法における公海の位置づけとは異なり、利害関係国ないし地域間で入漁条件が協議されることがある。これについてはつぎに検討しよう。

入漁自由から制限へ

公海は原則オープン・アクセスであるが、入漁する利害関係国間で制限を加えざるをえない事情がある。資源の乱獲を防止し、適正な資源管理と環境保全を実現するため、公海における漁業にさまざまな規制が適用されている。たとえばサケ・マス類は高度回遊性と特定河川に溯河する母川回帰の二つの性質をもっている。母川国が優先的に魚類を管理しその利益を享受するのは当然とする母川国主義が主張され、公海上のサケ・マス漁を規制すべきとの考えが浮上した。じっさい、日露間では北太平洋公海上のサケ・マス漁について漁獲割当量が協議されるような実質的制限がある。日本は公海における入漁料として高額の漁業協力費をロシアに支払わなければならず、これが事実上の入漁税となっている。カナダでは母川を溯上するサケをめぐり、商業漁業と先住民による伝統的サケ漁のあいだで相剋がある。国家や連邦政府の決めた漁業法とカナダ先住民の慣習法とのあいだにある法的な溝が埋められていないからだ。さらにサケ釣りを楽しむ遊漁者も加わるので問題は錯綜している。

北太平洋の公海におけるイカ流し網漁の場合、北米系のサケ・マス資源への影響、イルカなどの海生哺乳類の混獲、流出する網漁具による環境汚染などの点から、カナダと米国は日本にたいして漁獲規制を要請してきた。日本と韓国が反対決議をしたものの、公海における大規模な流し網漁は一九九一年に国際連合総会において全面禁止となった。

重複するEEZと入漁問題

EEZ内であれば主権国家が漁業を営むことは正当化されているが、ここでも他国の二〇〇海里宣言により制限が加えられることがある。EEZが二つの国で重複する場合、政府間のみならず民間ベースでのさまざまな漁業交渉がなされてきた。たとえば日露両国間では、日露漁業委員会を通じて双方の相手国EEZ内への入漁が合意されている。そして、漁獲割当量がイカ、サンマ、スケトウダラ、ホッケなどの魚種ごとに決められている。個々の割当量は資源状態に応じて毎年増減がある。また別枠で有償の漁獲割当量を決め、それ相当の金額を支払うことや、ロシアへの資源管理のための研究協力費を供与することがある。民間レベルでも入漁協定がウニ、ツブガイ、コンブ、ズワイガニなどのベントス資源についてなされている。さらに日露間で合弁会社を設立し、サケ・マスの孵化放流やマダラの漁業、加工をおこなう事業体を通じた海洋資源の共同利用が進められている。

日韓両国間においても日韓漁業共同委員会のもとで、双方のEEZ内における操業についての入漁条件が細かく決められている。これには総漁獲割当量（TAC）、巻き網、はえなわ、イカ釣り、以西底曳網などの漁業種類の策定、操業禁止期間、操業禁止区域などの条項がふくまれる。さらに海洋資源の状況に応じて漁具数を規制するなど、資源管理のための措置が毎年、協議され、調整が図られているのが現状である。

以上のことから、EEZ内における二国、多国間での入漁による海洋資源の共同管理では、政府間だけでなく民間漁業団体との合意形成が重要な案件であることはあきらかだ。

入漁規制の国内問題

領海は主権国家の権限がおよぶ海域であり、かつては三海里が主流を占めたが（第4章第1節を参照）、二〇世紀後半には多くの国ぐにによって一二海里を領海とする案が認められるようになった。領海が隣接する国家間で重複することもあり、国際紛争の火種となることが多い。日本では尖閣列島、竹島の領有をめぐる日中・日韓間での外交問題として現在も論議が続いている。中国は東シナ海における天然ガス田の開発と利用の権益を獲得する現実的な政治上の意図もあり、自国領と主張している。

自国民ならば誰でも自由に領域内の海洋資源にアクセスできるとはかぎらない。とくに第一種共同漁業権漁業の対象である海藻、ウニ、貝類、タコ、ナマコなどのベントス資源の採捕については漁業権行使規則のもとで特定の漁業種類ごとの管理組合があり、操業の日程、用いることのできる漁具の種類や数量、採捕の対象となる資源の採捕可能な数量、最小の大きさ、重さなどが詳細に決められている。しかもそれらの規制には、漁業協同組合ごとあるいは漁業協同組合間による合意だけでなく、都道府県ごと、海域ブロックごと、さらには国の規制が適用されている。海洋生物を利用する権利と裏腹のさまざまな規制が「束」として存在する。この点は共有資源を利用するさいのオストロム教授による設計類型ともかかわる問題であり、地域のルールと国や地方自治体によるルールとが整合するのか、あるいはどの部分が整合していないのかを吟味する必要がある。

漁業者以外の利害関係者が協議に参加する例もよくみられる。一九九〇年代後半に沖縄県八重山諸島ではハマフエフキやハタ類の資源管理のため、最終的に四カ所の禁漁区が設定された。合意に至るまでに漁民集団、漁業協同組合、沖縄県、石垣市、地元の遊漁業者、水産研究者などをふくめた利害関係者間の協議が何度もなされた。漁法のなかには、夜間一本釣り（ユーイミサー）、追い込み網漁（チナカキヤー）、籠漁（カネティィール）、刺し網漁などがあり、それぞれ漁獲効率も異なるので意見調整が難航した。

八重山諸島では、多くの観光客がサンゴ礁域でのレジャー・ダイビングのために訪れる。地元の観光あっせん業者はなるだけサンゴ礁魚類が観察できる場所を選択してガイドを務める。しかし漁業者は魚が多く獲れる場所でダイバーが遊泳すると魚が逃げてしまうという。観光客が日焼け止めのクリームを体に塗って海に入ると海が汚染されるとの批判もある。ダイビングがさかんな宮古諸島や伊豆半島でも専業漁業者とダイバーの活動域が重複することがあり、漁業者、ダイバー、ダイバーのあっせん業者、行政担当者などのあいだで論争があり、裁判となっている。宮古諸島では海中洞窟の水中撮影がおこなわれ、洞窟内の魚群が逃げてしまうとして、漁民からははげしい批判が巻き起こっている。この間の事情は北九州大学の竹川大介准教授や元沖縄大学の上田不二夫教授が詳しく報告している。

領海でもあっても自由に海洋空間を利用できないことがある。たとえば、漁業可能な季節や利用できる漁具・漁法の種類、数量、長さ、夜間における操業での光量規制、異なった漁業種間における漁場の「すみわけ」などが決められている。利害関係者間の合意によって自由な利用空間以外に、産卵場や生育場を保護するための禁漁区が設けられることもある。日本海西部の山陰地方における沖合イカ釣り漁については、海域ごとの入漁について細かい規制がある。沖合でのイカ釣り漁では全国の漁船が入漁できるのが建前になっているが、地元山陰地方の漁民にすれば、北陸や東北地方の漁船が島根・鳥取県周辺で自由に入漁することにたいする反発もある。

インドネシアの入漁プロセス

入漁にともなう漁業紛争は、日本以外の地域でもさまざまな形で発生している。たとえば、インドネシアでは入漁にさいして漁業操業許可証（略称でＳＩＵＰ）を水産事務所から交付されると、他地域でも二〇〇メートル以深の沖合で操業することができる。移動漁業ではなく、定置網やキリンサイなどの海藻養殖筏を設置して漁業を営む場合も、操業地許可証（略称でＳＩＴＵ）を申請しなければならなかった。公的な形で入漁するさいには、あらかじめいくつかのプロセスをふむ必要がある。入漁希望の漁業会社（ウサハ・プリカナン）の申請を受けて審査が開始される。

第一段階では漁業会社の性格について、（1）一〇〇％国外の外資系漁業、（2）資本が国内企業による出資で、労働者が外国人の場合、（3）資本出資者と労働者ともにインドネシア国内、における基準で照合される。（1）と（2）の場合、ジャカルタの中央政府による推薦が不可欠であるが、（3）の場合は入漁のおこなわれる州レベルでの推薦も可能である。第二段階では、スルベイ・プンジャジャカン、すなわち入漁による漁業の実現可能性についての審査が州レベルから県レベル、郡レベルでおこなわれる。場合によっては郡レベルのみでの審査となる。

第三段階はスルベイ・テクニックであり、州水産局が技術的な実現可能性を検討する。（1）と（2）については審査結果を中央政府に報告する義務があるが、（3）については州政府への報告でよい。第四段階ではジャワ語でクロヌウン、つまり入漁希望の会社が対象海域を管理している村と直接交渉をおこない、双方の合意を取り付けることになっている。第五段階では州水産局から最終的な推薦状が提出され、許可が漁業会社に下される。

図 5-10　バガン。夜間、船の両側に仕掛けた敷き網で集魚灯に集まる魚群をすくいあげて獲る。船とともに漁場を変えられる移動性にすぐれた漁法である。

インドネシア東部のマルク東南県における許可漁業を事例として取り上げよう。一九九〇年一一月四日〜一九九一年一一月四日までに許可された四六件の漁業種類をみるといくつかの傾向があきらかとなる。四六例のすべてがインドネシアの国内企業による申請であり、許可証には漁業種類、漁場、船の形式、漁具などが記載されている。四六件中の三三件がほかの漁業種類と組み合わせた貝類採集である。これはシロチョウガイを目的とするものが圧倒的に多く、漁船一隻と潜水具一〜二式により操業される。場合によっては、エアー・コンプレッサー（フーカー式）や酸素タンクを使うこともある。つぎに多いのがサメ漁で九件、船一隻に刺し網ないし魚類を獲る漁業として、対象が表層魚（イカン・ペラギス）ないし鮮魚（イカン・スガール）とある。表層魚にはバガンないし刺し網を使用するとあることからミナミキビナゴやイワシの仲間あるいはサンゴ礁魚類を対象とするもので、鮮魚として申請する会社は「保冷庫を使用」とあるので、釣りまたは突き漁によりサンゴ礁魚類を獲るためとおもわれる。あとナマコ漁が二例、ウミガメ漁と海藻漁が一例ずつある。このようにマルク東南県では、潜水漁によるシロチョウガイ採集とサメ漁が大きな比重を占めており、この海域の特徴といえる。それぞれの漁場は特定されていないが、ナマコや貝類の養殖業とバガンなどの敷き網漁業では漁場が特定化されている（図5-10）。入漁にさいしての審査が階層化されていること、相手先の村との合意形成が不可欠の案件とされていることは、それが遵守されているかどうかは別として資源利用上、重要なやり方といえる。

3　紛争の海

海洋空間では漁撈をめぐってさまざまな紛争が発生してきた。かつて水産庁で「漁業の歴史は調整の歴史である」と述懐する意見を漁業調整担当官から聞いたことがある。漁業紛争はさまざまな状況

表 5-3　同業種・異業種間の漁業紛争の事例。

	自給的漁業	商業的漁業	栽培漁業	観光・遊漁
自給的漁業	1	2	3	4
商業的漁業		5	6	7
栽培漁業			8	9
観光・遊漁				10

1：ナマコと銃の交換をめぐる衝突（ソロモン諸島）、2：先住民生存捕鯨と商業捕鯨（米国）、3：小規模漁業とエビ養殖（タイ南部）、4：自給的サケ漁と遊漁（カナダ）、5：タラはえなわ漁とタラバガニ刺し網漁（根室海峡）、6：底曳網漁と真珠養殖（インドネシア）、7：潜水漁業者と観光ダイバー（宮古・伊良部島）、8：フグ養殖と真珠養殖（宇和島）、9：タイをめぐる釣り漁民と遊漁者（若狭湾）、10：ホエール・ウォッチング船同士（沖縄）。

と場面で発生する。個人間の漁場利用争いから、村同士の境界論争、専業の漁業者と遊漁者のあいだのいざこざ、隣接する国家間の利権をめぐる紛争、公海上の取り決めをめぐる国際的な漁業紛争、さらには水産資源とは無縁の漁業の名を借りた、軍事的な覇権争いなどがそのなかにふくまれる。かつてわたしは漁業種類に注目して、自給的漁業、商業的漁業、栽培漁業、観光・遊漁の区分をもとに、それぞれの業種間、あるいは異業種間で発生する漁業紛争の事例を挙げ、全体としての見取り図を検討したことがある（表5-3）。いずれにせよ漁業種類を問わず、漁場の占有権、入漁ルールをめぐる衝突がある。なかでも、漁場の境界紛争はもっとも頻繁に発生した。紛争は同業種、異業種の二者間だけで発生するとはかぎらず、さらに多くの利害関係者が関与する場合がある。

インドネシア東部では隣接する村の住民が自給用のオカズ取りに自分の村に入漁してもふつうとがめられることはない。見返りに獲れた魚を少し贈与するとか、タバコを差し出すくらいで問題は発生しない。しかし、ジャカルタから外国との合弁企業の漁船

表 5-4　周防灘における漁業調整の概要。

1950 年 12 月	周防灘三県連合海区漁業調整委員会設立
1950 年 12 月	山口の管轄水域を 4-6 キロ、沖合を三県共有漁場にすべきと主張
1951 年 4 月	大分・福岡県間で周防灘を南北で二分して各県が管轄と主張
1951 年 9 月	大分県姫島沖で山口県船 15 隻侵犯
1951 年 10 月	三県による管理海面と境界策定
	その後の紛争：相互入会漁場、禁止区域の縮小、違法漁具による紛争、底曳網船の動力規模
1972 年 3 月	三県知事による協定成立

が商業漁業のため入漁するような場合、莫大な入漁料を徴収される例がある。アラフラ海のアルー諸島では住民は沿岸域で小規模なエビ網漁に従事してきたが、マレーシアとの合弁会社によるエビ底曳網船がすぐ沖合で操業し、エビを大量に漁獲している。住民は自分たちの海を無法に荒らしまわるとしているが、漁業補償は政府からも企業からもない（表5-3の6）。

漁業紛争に詳しい水産庁の金田禎之氏は著書のなかで戦後期の典型的な一〇例を挙げ、紛争の調整過程について詳細に検討している。先述した周防灘の調整過程を表5-4に示した。表にもあるとおり、一九七二年三月に山口・福岡・大分三県の知事名で協定書が交わされた。そのときの立会人が紛争に長くかかわってきた金田氏である。漁業調整においてさまざまな利害関係に熟知した調整役の存在がいかに重要であるかを知ることができる。簡便な解決を求めるのでなく、合意形成にむけた紛争解決の取り組みについて学ぶべきことは多い。

現在、世界各地の漁業紛争はグローバルな性格をもち、複雑な「絡み合い」を特徴としている。さらに陸域の影響が広範囲にわたってさまざまな種類の漁業に影響をあたえる場合がある。たとえば、水俣病により漁業や養殖業に水銀汚染が拡散した。福島原発による放射能汚染は太平洋を越えた北米大陸にも拡散し、漁業セクター以外の住民や生態系に広域の汚染拡散による重篤な影響を将来的にもあたえることが懸念されている。また、ある地域で生じたのと類似の因果関係をもつ紛争が別の地域でも発生している。さらにある漁業紛争がまったくおよびもつかない地域や世界と関係づけられる。そして、紛争の抱える問題群が一地域内でも漁業だけの領域にかぎらずに、漁業以外の要因との複雑な絡み合いとして顕在化してきた。

漁業紛争の起こる要因には資源の生態や分布などの自然的条件とともに、文化・法・経済・政治などの条件が複雑に関与している。資源観の文化的なちがい、資源獲得の動機のちがい、生活と余暇、経済格差と貧困、漁法別の漁獲効率のちがい、海面の利用権・所有権に関する主張の対立、越境による入漁慣行と近代法の相克、資源管理をめぐる科学と政治の論争など、紛争の温床となる要因はじつに多種多様である。しかも紛争の範囲は個人間、共同体内部から地域、国家さらには国際的な次元にまでおよんでいる。ローカルからグローバルまでを視野に入れた総合的、広角的な分析の枠組みが必要となるのはこうした理由による。以下、タラ戦争と捕鯨論争について検討してみたい。

タラ紛争

北大西洋からノルウェー海では、タラの漁場をめぐって英国とアイスランドのあいだで熾烈な紛争が起こった。いわゆるタラ戦争とよばれる紛争の発端は、アイスランドが一九五八年に自国の領海をそれまでの四海里から一二海里へと拡大する宣言をおこなったことによる。アイスランドは第二次世界大戦前からタラ漁を基幹産業としてきたが、戦後、ヨーロッパ各国の高性能トロール船がアイスランド近海でタラを獲りだし、資源は減少傾向にあった。一九四四年に独立したアイスランドは米国のトルーマン大統領による大陸棚宣言（一九四五年）に乗じて領海拡大を宣言した。一方、伝統的にタラ漁を権益としてきた英国にとってアイスランドによる事実上の漁場拡大が脅威となり、軍艦を出動させて自国漁船を守る措置に出た。アイスランドは一九七二年に領海を五〇海里へと拡張する法案を制定し、さらに一九七五年には自国の二〇〇海里排他的経済水域宣言をおこなった。英国はこうした拡大主義に対抗して軍艦を派遣し、砲撃による威嚇行為を繰り返した。結局、翌一九七六年に、アイスランドの二〇〇海里内では、英国漁船は最大で二四隻までの操業と年間漁獲量を総量五万トンまでとする条件が両国で合意され、タラ戦争は終結した。

タラの産卵場となる漁場での紛争は日本海においても発生した。戦前、日本漁船団は朝鮮半島に出漁し、当時、韓国の西海岸一帯ではスケトウダラを水揚げする市場が大景気にわいた。一方、日露戦争後、樺太が日本領となり、西海岸の旧真岡支庁の本斗《ほんと》市沖にある海馬《とど》島周辺で有望なタラ漁場がみつかった。「樺太日日新聞」の真岡《まおか》支局調査によると、当初一九〇七年には七〇〇隻もの船が大挙して出漁したが、魚群が沖に逃げたことで大不漁に陥った。この反省からタラ漁の技術や販売は専門の漁民と経験を積んだ仕込み商人にゆだねられるようになった。その後、川崎船三〇〇隻、副業とする小船一七〇隻によりタラ漁が再出発することとなった。そして、樺太中部の真岡がタラ漁の中心地となり、タラ漁に従事する船数は本斗二〇〇隻、真岡の海馬島二四〇隻、野田寒《のださむ》三九隻の合計四七九隻が操業した。このうちの三〇〇隻が川崎船であり、その出身地方は越前船（五〇）、庄内船（一三〇）、秋田船（三〇）、残りの九〇隻は各地からの混成漁民で構成されていた。数百隻の船がタラ漁に従事したなかで、いかなる漁場紛争が発生したかは不明であるが、「沿岸線は長くて沖合は広闊に且つ（タラの）棲息地は僅か五六海哩の近距離なるより収獲も尤も好良に平均千五百束中には二千束異常を漁する船も少なからず」という記載からみて、漁場が広く資源がゆたかにあったために紛争が回避されていたと推定できる。

タラのはえなわ漁では春にニシンの餌が用いられたが、ニシンが利用できない冬季はタコやカレイが使われた。北海道の日本海側でタラ漁のさかんであった後志《しりべし》庁高島郡祝津《しゅくつ》の例を参照すれば、タラ漁は秋から翌年の入梅までおこなわれ、秋鱈（あるいは新鱈）は水深一二〇～一八〇ヒロの深場で、年明けの春鱈は沿岸八キロ程度沖の水深二〇～三〇ヒロの漁場が利用された。秋鱈は主に塩蔵、春鱈は棒鱈に加工された。タラは春に餌とするニシンを追って沿岸に大量に来遊する時期をねらう。

江戸時代にも鱈場とよばれるタラ漁場をめぐる争奪戦があった。日本海における江戸期のタラ漁ははえなわ漁であり、佐渡島と新潟、山形に至る日本海一円の沖合でおこなわれた。タラ漁の漁場は御《お》約鱈場《やくたらば》とよばれたように、幕府に貢納する税ともなったので鱈役の権益をかけて好漁場となる鱈場の占有をめぐる紛争が絶えなかった。鱈場には、カミタラバ、マエタラバ、シモタラバなどの名称がつけられた。

クジラと聖域論

捕鯨史からすると、一九世紀末からはノルウェーを筆頭として南極海におけるノルウェー式捕鯨が開始された。それ以前の一八八〇年、ノルウェー近海におけるニシン漁期の捕鯨は禁止されていた。一九二五年以降には母船式捕鯨が南極海で始められ、ノルウェーや英国に加えて、日本、米国、ドイツ、デンマークが参入した。捕鯨国や捕鯨船の数が増加し、近代的な捕鯨砲の利用、母船式捕鯨による漁期の長期化などによりクジラの捕獲圧は確実に大きくなった。南極海捕鯨ではシロナガスクジラがとくに捕鯨対象とされた。

公海における鯨類資源の国際的な管理は一九三〇年代からあった。一九三一年のジュネーブ条約によってセミクジラと母仔クジラの捕獲禁止が証明され、同三六年に発効した。クジラを獲りすぎれば生産過剰が生じて鯨油価格が下落する。一九三〇年代当時、世界の油脂原料価格を支配していたのは英国の食品・日用品会社であるユニリーバ社である。会社は生産過剰による値下がりを察知し、鯨油の買い取りを拒否して価格暴落を未然に防ごうとした。捕鯨業者はこうした状況を受けて生産縮小と資源利用の自粛を始めた。具体的にはクジラの禁漁、捕獲対象の体長制限などを盛り込んだ規制が適用された。一九三七年には鯨類資源の管理をめぐる国際捕鯨協定が締結され、この年、コククジラ捕獲禁止が署名された。以後、捕鯨国がほぼ足並みをそろえ一定規制に準じることが決められた。第二次世界大戦の影響でドイツは一九三九年に米国は一九四〇年に捕鯨を中止した。

一九四四年、ロンドンで国際捕鯨会議が開催され、従来からの間接的な管理方式を一歩前進させ、総量規制がよりよい資源管理方法であるとされた。そのさいに異なった種類のクジラの捕獲可能総量がシロナガスクジラを基準として設定するBWU換算（ブルー・ホエール・ユニット）により決められた。たとえば、シロナガスクジラ一頭にたいして、ナガスクジラ一・五頭、ザトウクジラ二・五頭、イワシクジラ六頭として換算し、年間で総数一万六〇〇〇頭を上限としてそれまでならばどのような鯨種であっても捕獲可能とすることが合意された。これがいわゆるオリンピック方式であり、一九四八年から効力をもった。BWU換算による捕鯨により条件つきの「コモンズ」が実現した。しかし鯨種によらず捕鯨がおこなわれた結果、以前から減少傾向にあったシロナガスクジラに代わり、ナガスクジラ、イワシクジラなどの乱獲が進んだ。上限を設けるという資源管理法であっても、異なった種類のクジラにたいする総量規制がなされなかったために悲劇が生じた。

一九四六年に国際捕鯨取締条約が締結され、国際的な資源管理をおこなう中枢機関として国際捕鯨委員会（IWC）が設置された。第一回IWC年次大会が開催されたのは一九四九年であった。その後、一九五〇～六〇年代にかけての時期には北大西洋、南極海、北洋におけるシロナガスクジラとザトウクジラの捕獲禁止が決められた。

一九七二年に国連人間環境会議で捕鯨のモラトリアムが決議された。しかし、IWCでは否決された。英国は一九六三年に、カナダとバハマが一九七三年に捕鯨を中止している。商業捕鯨のモラトリアムがIWCで採択される一九八二年までのあいだに、南極海や北洋でナガスクジラ、イワシクジラ、マッコウクジラが相次いで捕獲禁止となった。以上のように、モラトリアム採択の時代までに世界の主要なクジラ漁場はほぼ捕獲禁止となっていた。

クジラの聖域論は二〇世紀後半以降に浮上する。一九七九年、セーシェルによりインド洋保護区案が提案され可決されたが、当時のインド洋沿岸諸国はクジラがマグロを三割も食害するとしてマグロ漁業との関係で反捕鯨国でありながら国内の意見調整が十分になされていなかった。これは現代にもあてはまる議論であり、北太平洋においてミンククジラが大量のイカ、サンマ、イワシなどを食害するとして適正なミンククジラの捕獲を主張する日本の立場を想起させる。その後、インド洋や南大西洋の聖域化が提案された。以上のように、捕鯨推進国と反捕鯨国とはＩＷＣ年次大会でたがいに熾烈な論争を繰り返してきた。一九八〇年代以降、世界の海ではクジラの聖域が拡大してきた。これにたいして、地球温暖化の影響もあり、北極海の氷が融解し、将来的には北極海航路の運航や海底に埋蔵された資源開発をめぐる各国の動きがあるなかで、捕鯨の聖域問題にも影を落とすことが考えられる。すでにロシアは北極点に自国の国旗を設置する行為に出ている。

4　海洋保護区と資源管理

聖域をふくむ海洋資源の管理はクジラにかぎらない。歴史が示しているように島の領有権をめぐる

図 5-11　ユーラシアカワウソの銅像。北朝鮮国境周辺の河川の網には穴があけてあり、カワウソが移動できるようになっている（韓国江原道・華川郡）。

紛争はこれまで幾度と世界各地で発生している。ここ一〜二年ほどのあいだでは、南シナ海で中国の領有権主張が周辺諸国と摩擦を引き起こしている。あきらかな領海侵犯が尖閣列島において発生している。中国漁船による韓国領海での違法操業で韓国海上警察官が犠牲になる事件があった。国家権益をめぐる問題には当該海域の天然ガスや油田などのエネルギー資源や水産資源の占有、航路の確保、軍事上の拠点などの戦略的な意味も込められている。まちがっても、生物多様性を保全するための海域領有権が主張されることはこれまでなかった。しかし、のちにふれるティモール海のオーストラリア領アシュモア・リーフへのインドネシア漁民の入漁が幾多の議論を経て、生物多様性保護を理由にオーストラリア政府により禁止されることとなった。

海域ではないが、陸地の非武装地帯が生物の保全に寄与する例がある。朝鮮半島のＤＭＺ（非武装地帯）とＪＳＡ（共同安全保障地域）がそうである。韓国江原道華川郡の非武装地帯において停戦協定がむすばれた一九五三年からこれまで当該地域の生態系に関する科学的調査が実施されていない。研究者がこの地域に立ち入って調査をおこなうことは休戦協定や軍事上の理由からできなかったからだ。非武装地帯を流れる北漢江《プッカンガン》には、日本で二〇一二年八月に絶滅が認定されたユーラシアカワウソが生息しており、韓国の天然記念物となっている(図5-11)。二〇一二年一〇月二〇日にはあらかじめ捕獲したカワウソに発信機をつけて野外に放し、その行動を調べるという報道が前日なされた。河川に仕掛けられた網の隙間をくぐって移動することがあるかもしれないとのことだ。

海洋保護区と規制

世界の海域では、生物多様性保全のために人間による介入を防ぐための海洋保護区(MPA)が数多く設定されている。海洋保護区の基盤となる法律は国により異なっており、国のなかでも多様な保護区がある。一定の海域を聖域としてすべての漁業行為を禁じる場合から、特定魚種の産卵期のみに入漁を禁止する場合、漁業以外の科学的調査や避難のためのみ立ち入ることができる場合までさまざまである。

海洋保護区の規模や数は国により大きく異なる。ハワイの海洋保護区は三六〇〇万ヘクタール、オーストラリアでは三二〇〇万ヘクタールと広大である。一方、日本の八重山諸島におけるハマフエフキ、ハタ類の産卵期における禁漁保護区は沖縄県水産業改良普及センターの鹿熊信一郎氏によると四カ所の合計が一〇〇ヘクタールにすぎない。オーストラリアのMPAのうち、グレートバリア・リーフのMPAは二〇〇三年に計画が策定された。その範囲は北のヨーク半島（南緯一〇度四〇分五五秒）からブリスベーン北の南緯二四度二九分五四秒までにおよび、面積は三四・四万平方キロと日本の国土に近い。その全域がおなじカテゴリーにあるのではなく、表5-5に示したように八段階に区分されている。つまり、MPAであっても地域ごとのかかわりあいや利害関係者間の意見調整などに応じてきめ細かくゾーニングがなされている。ただし海洋の場合、海洋生物はゾーニングがなされていても隣接領域とのあいだで移動することがあり、厳密な境界線を策定してもどれほどの意味があるのかについてはモニタリングをふくめ長期的な経過観察をすることが重要だ。

海洋保護区の数は国によって大きく異なる。東京大学の八木信行教授は、日本では現在、法律で規定されたものが三八七、自主管理によるものが六一六、合計で一〇〇〇あまりの海洋保護区があると指摘している。海洋保護区が時間的に形成されてきた点にも注目するべきだ。

表5-5 グレートバリア・リーフにおけるゾーニング。

ゾーン
一般ゾーン（General Use Zone）
生息地保護ゾーン（Habitat Protection Zone）
保全公園ゾーン（Conservation Park Zone）
緩衝ゾーン（Buffer Zone）
科学研究ゾーン（Scientific Research Zone）
国立海洋公園ゾーン（Marine National Park Zone）
保存ゾーン（Preservation Zone）
国家島嶼ゾーン（Commonwealth Islands Zone）

それぞれのゾーンで、その設置目的と商業的漁業、先住民による伝統的漁業、観光、教育、船舶の航行、航空機の使用などの行為について、許可なし・許可ありの項目が詳細に決められている。一般ゾーンから保存ゾーンにかけて規制が強化されている。国家島嶼ゾーンは地図上には示されていない。

表 5-6 アシュモア・リーフの入漁と海洋保護区の歴史的展開(Fox 1992 などをもとに作成)。

1958 年	第 1 回国連海洋法会議
1960 年	第 2 回国連海洋法会議
1960 年	インドネシアによる領海 12 海里宣言
1968 年	豪州による領海 12 海里宣言
1975 年	豪州・インドネシア間の二国間協定(豪州の 12 海里内でのインドネシア漁民の操業許可)と以前インドネシア漁民による高瀬貝やナマコの採集を目的とした越境入漁
1975–82 年	アシュモア・リーフにおけるインドネシア漁民の違法操業が顕著になる
1979 年	豪州による 200 海里排他的経済水域の宣言
1980 年	インドネシアによる 200 海里排他的経済水域の宣言
1981 年	豪州と日本、中国による渡り鳥保護のための CITES にもとづく二国間協定*
1983 年	豪州によるアシュモア・リーフの自然保護区化を可決
1986 年	豪州と中国による渡り鳥保護協定
1988 年	アシュモア・リーフにおける漁業の実質的全面禁止

*: 日豪渡り鳥等保護協定(正式名称は「渡り鳥及び絶滅のおそれのある鳥類並びにその環境の保護に関する日本国政府とオーストラリア政府との間の協定」、昭和 56 年 4 月 30 日発効)。

オーストラリア国立大学のJ・フォックス教授が指摘しているように、オーストラリア北西部のアシュモア・リーフで海洋保護区が設定されるまでに一〇年以上が経過しており、インドネシア漁民による「越境入漁」が保護区設定のキーワードとなっている。時間的な経過を表5-6に示しておこう。表にあるように、インドネシアからの入漁による漁業行為が合法的に営まれなかったため、オーストラリア政府はアシュモア・リーフにおける野生生物の保護を名目として保護政策を前面に出し、インドネシア漁民を排除することに成功した。そのさい、政府は違法な漁業行為の根拠となる事実を八五項目にわたって具体的に調べ上げた。オーストラリアとインドネシアの対立面だけでなく、渡り鳥の保護に関する日本と中国との協定を通じて国際的にも道理にかなった政策を実施した。問題が顕在化する一九八〇年代を数世紀さかのぼって、インドネシア漁民がこの周辺海域で漁業をおこなってきたことは容易に推察できるので、歴史の考察も軽視すべきではない。

海洋保護区と地域に根ざしたルールづくり

二〇一〇年、名古屋で開催された生物多様性条約締結国会議（COP10）で「愛知生物多様性ターゲット」が採択された。このなかの主要な論点はターゲット6とターゲット11である。ターゲット6では、二〇二〇年までにすべての魚類や無脊椎動物、水生植物の採捕を持続的かつ合法的に生態系に配慮して実施することが提起された。ターゲット11では、二〇二〇年までに少なくとも陸水・内水面の一七％を、沿岸および海域については最低限一〇％について地域を基盤とする保全政策を通じて有効かつ公正な保全を達成することが提起された。この提案の背景にはいくつかの現状認識がある。現在の漁業はかならずしも未来を見据えた持続性のあるものではなく、乱獲や違法漁法による破壊的な性格をもっている。このため、水産資源が目に見えて減少する傾向にあることへの危機の表明であったといえる。

二〇一一年九月、「持続的な海洋イニシアティブ」（SOI）の立ち上げが石川県金沢市であった。地球上の海洋資源をどのように利用、維持していくのかは、あらゆる地域や国家にとり焦眉の現代的課題である。グローバリゼーションによる生物資源の商品化と乱獲、森林・海洋における生物多様性の減少が進行している現在、いかに環境保全と資源の利用を両立させるかが問われている。海洋保護区を通じた環境保全策では地域住民の意向が十分に反映されていないことが会議のなかでも指摘されている。わたしが指摘してきたように、人間活動を十分に取り込んだ視野からの政策立案が求められる。ＣＯＰ10の愛知ターゲットを実現するためには、海洋資源利用のルールづくりを強力に推し進める必要がある。

二〇一二年六月には「リオ＋20」が一九九二年の「国連環境開発会議（地球サミット）」の二〇年後にリオデジャネイロで開催された。このなかで、世界の水産業における資源の維持と違法・無報告・無規制のいわゆるＩＵＵ漁業の廃絶などとともに、世界の海域を大きくブロック分けして地域漁業管理機関（ＲＦＭＯｓ）による漁業管理の必要性が指摘されている。マグロの例については第2章で取り上げたとおりであるが、高度回遊性の資源と異なり、地域ブロックを越えて広域分布する種の管理については、地域だけで閉じられた管理体制はかならずしも適切ではない。むしろ、種ごとの資源動向を世界レベルで検討するアプローチが有効ではないか。また、資源の利用に関する流通面では世界システムのなかで理解することが必要であることは第4章でみたとおりである。

最後に、資源のコモンズ的な管理関係についてふれておこう。マグロのような高度回遊性資源の場合、回遊海域ごとの漁業管理委員会がマグロ資源を共有財産として管理することがのぞましい。ナマコや貝類のようなベントス資源は熱帯海域に汎分布する。地域ブロックで管理することには無理があり、むしろ国レベルでの管理を徹底することがふさわしい。実際の管理主体はもっと小さな単位の村や島嶼単位による管理が有効である。ただし、村落基盤型の管理がよいのか、国や地方政府の水産行政との連携方式が適切であるのかは条件次第となる。コモンズ的な水産資源管理では、コモンズの発想を一元的ではなく進めることがもっとも重要な論点となることを指摘して本章のむすびとしたい。

第6章——海の未来論——これからの海と人間

海にどのような未来があるのか。三陸を襲った地震津波の問題から、海の生態系、魚食文化、海を通じたつながり、そして海洋資源の共有と管理に至る幅広い課題を、日本だけでなくアジア・オセアニアを中心とした地域における南と北の海の実例にふれながら検討してきた。最終章ではこれまでの論述をふまえ、海の未来を照射する問題提起の章としたい。

とくに着目したのが（1）日本人と海とのかかわりの歴史的変遷、（2）地球温暖化の全球的な現象を地域ごとの問題として考えるための里海、（3）災害復興における自然と文化のつながりと循環、に関する問題群である。

本章は未来をになう世代へのメッセージとすることをねらいとしている。日本では次世代に海の重要性を訴える海洋教育の取り組みがなされているが、社会全体に十分浸透しているわけではない。文部科学省の教科書検定を数年後にひかえ、海の教育をあらゆる教科にまたがる総合的な取り組みとして取り入れることがいまこそ肝要である。海には無限ともいえる研究対象があり、しかもそのテーマ群は自然から文化に至る広大な領域にわたっている。

かつて食育が教科書で取り上げられたとき、いかにもわかりやすいテーマであると感心したものだ。それにくらべて海を前面に出しても焦点が定まらないという意見の人がいた。考えてみれば、海の教育ではさまざまな分野をつなぎ、教育面での総合性、分野横断性がもっと強調されてよい。子どもたちに柔軟な思考、創造的な発想を育んでもらうためには、海のもつ奥深い世界の魅力を伝え、あらゆる側面から海の問題を発見し、考えることがとても大切となる。本書の結論を先取りすれば、海への総合的な取り組みの重要性を提案することにほかならない。

1　日本人と海

日本人は海洋民なのか。民俗学者の宮本常一氏と建築評論家の川添登氏の共編著『日本の海洋民』が刊行されたのはほぼ四〇年前の一九七四年のことである。日本人と海とのかかわりを総括したこの書はゆたかな内容をもっている。

海洋民と類似した用語として海人《かいじん》がある。わたしはこれまで一貫してこの用語を使ってきた。当初は沖縄の海人、ウミンチュを想定した。やがて、海人の概念は日本だけでなく東南アジアやオセアニアの漁撈民にも適用できると確信した。

これにたいして、中世史家の網野善彦教授は漁撈・製塩・海運などにかかわった集団を海民と規定した。そして日本の海民を特権的な海民、下人的な海民、平民的な海民に類型化し、その歴史的な展開と変容についてあきらかにした。海民は歴史的事実をふまえた概念であり、海人よりも社会階層や権力との関係を内包した意味合いが強い。二〇一二年に麗水と済州島で韓国の海洋研究者らとおこなったシンポジウムでの議論では、海民に相当する概念が韓国にはないことがわかった。むしろ漁民だという意見を聞いた。

現代日本では漁業協同組合の成員のみが漁民ということになっている。中世史家の網野教授の類型では、現代漁民のほとんどが平民的な海民ということになる。しかし、漁協の成員以外にも多くの人びとが海とのかかわりを育んできたことを看過すべきではない。つぎに日本人と海とのかかわりを、海洋民の特質とおもわれる「海を渡る」ことに焦点をあて、世界史のなかで考えてみよう。

海を越える交易の民

四方を海でかこまれた日本列島の住人は先史時代から海の資源を利用し、船を駆使して海洋に乗り出していった。第4章第1節でみたとおり、縄文時代から海を越える交流は列島の北にある樺太と南の琉球列島をつないだ。

目を世界に転じると、列島およびその周辺でおこなわれた漁撈・航海活動の地理的な広がりはさほど驚くにあたらない。ニューブリテン島中西部のウィラウメッツ半島にあるタラセアはメラネシアにおける黒曜石（オブシディアン）の一大産地である。タラセア産黒曜石はすでに二万年前に海を越えて周辺地域に運ばれ、いまから三三〇〇年前には東方のサンタクルーズ諸島、ニューカレドニア、フィジーまで運ばれていた。一方、タラセア産の黒曜石はボルネオ島からもみつかった。マレーシア領サバ州にあるブキット・テンコラック岩陰遺跡がそうである。タラセアとブキット・テンコラックとは三五〇〇キロの距離にあり、時代は三三〇〇〜三〇〇〇年前のことである。先史時代にタラセア産の黒曜石が東西六五〇〇キロにわたり海を越えて輸送されたことは注目に値する（図6-1）。太平洋を長距離移動した民族はのちにハワイやイースター島に到達したオーストロネシア（南島）語族であり、かれらは海洋民にほかならない。

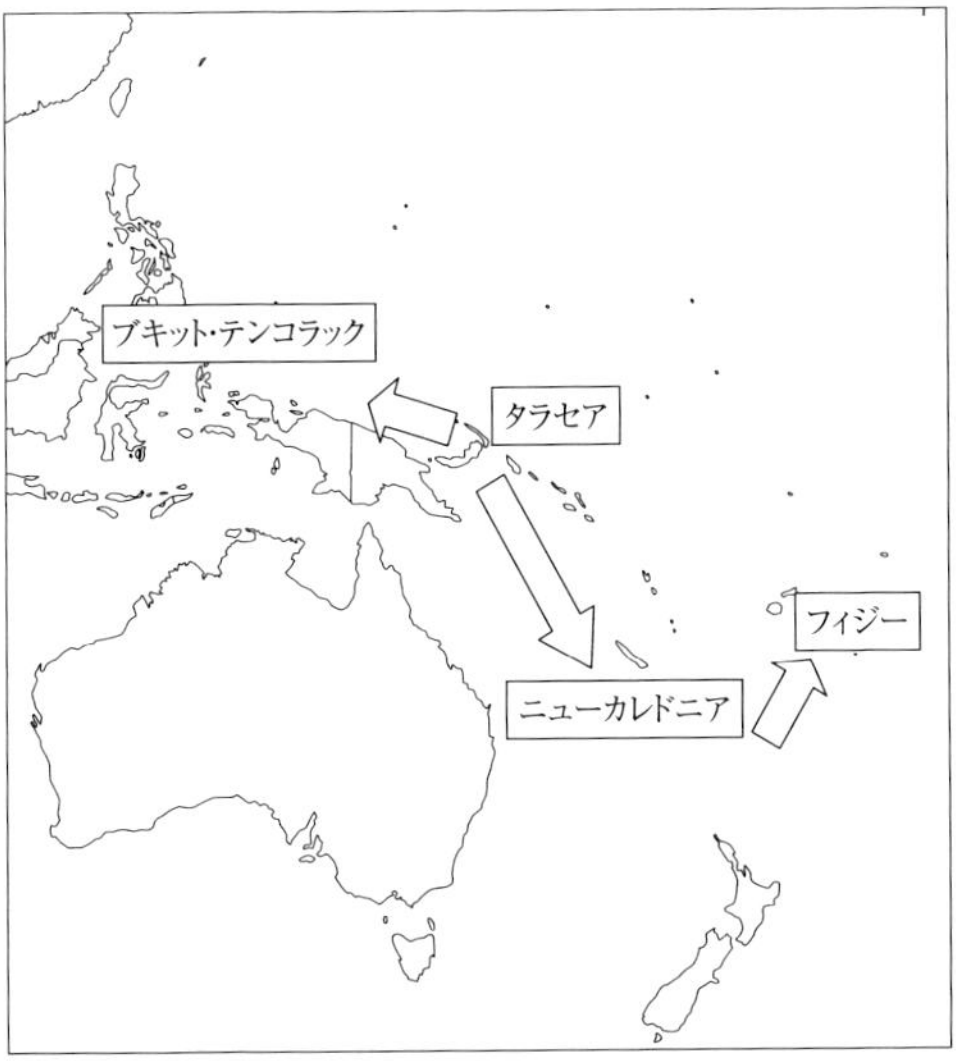

図 6-1　ニューブリテン島とオブシディアン・コネクション。

交易距離を問題にしなければ、日本でも黒曜石は海を越えて運ばれた。たとえば、伊豆諸島神津島産の黒曜石は長野県野辺山高原の矢出川遺跡（後期旧石器時代）や伊豆半島東側の見高段間《みたかだんま》遺跡（縄文早期・中期）から出土している。同様に島根県隠岐諸島産の黒曜石が本土側の縄文遺跡から発見されている。礼文島と樺太のあいだでも黒曜石の交易があった。先史時代の日本とオセアニアの例もふくめて、黒曜石の交易網をオブシディアン・コネクションと名づけてよい。それほど黒曜石が利器として重宝されたわけだ。

北海道噴火湾の伊達市にある縄文時代晩期～続縄文時代の有珠《うす》10遺跡から南海産のイモガイ製腕輪やゴホウラ製の垂飾《すいしょく》を身につけた女性の遺体がみつかった。礼文島の船泊遺跡における南海産貝製装飾品の例も前章で述べたとおりである。ゴホウラは奄美諸島以南の海に生息する。熊本大学の木下尚子教授は、南海産の貝をめぐる先史時代以降の海上交易が琉球列島と九州のあいだで活発におこなわれたことをあきらかにしている。貝は道具としてだけではなく装飾品や財貨としても珍重され、日本列島の南と北をむすんだ。ただし、交易の範囲は列島の中だけで完結したと考える必要はない。しかも日本という近代国家の枠組みは先史時代には存在しなかった。樺太の先、あるいは琉球列島の先へと交易ネットワークが形成されていたと考えたほうがよい。

海を越える交流はその後も発展し、人類は見知らぬ大陸や土地に進出した。そこが無人の地である場合や、異なった民族や文明と遭遇し、新たな衝突と交流を通じて歴史がつくられたこともある。大洋を越える航海と探検航海、自然の発見についての重要な史実を表6-1にまとめておいた。ヨーロッパ人により大陸間航路が開拓された背景には、西方の海のむこうにある常世の国や南方にある未知の大陸「ティエラ・インコグニタ」への憧憬とそれらの大陸発見にむけての冒険心が牽引力となった。

表 6-1　世界史のなかの海洋探検と調査の足跡。

BC12C-BC146	古代フェニキア人の広範な海上活動
AD1C	『エリュトラ海案内記』、紅海からベンガル湾に至るインド洋交易
8C-11C	ヴァイキングによる地中海、大西洋を越えたアメリカ大陸への進出
15C	明代永楽帝の時代、鄭和のインド洋・アフリカ遠征
1497-1502	ヴァスコ・ダ・ガマによるインド航路の開拓
1492	コロンブスによる「アメリカ発見」
1519-22	マゼランによる最初の世界周航
1565-1815	アジア・アメリカ間のガレオン航路開拓
1567-96	メンダーニャの世界航海（二次）
1595-1606	キロスの世界航海（二次）
1615-16	ル・メールの世界航海
1642-44	タスマンの南太平洋航海
1699-1711	ダンピアの世界航海
1725-44	ベーリングのカムチャッカ探検
1768-80	クックの太平洋探検（三次）
1785-80s	ラ・ペルーズによる太平洋探検
1799-1804	フンボルトによる中南米探検
1799-18C	間宮林蔵の北方探検
1831-36	ビーグル号によるダーウィンの探検
1854-62	ウォレスの東南アジア探検調査

さらにヨーロッパ世界とは異質の生物相や民族集団への自然史的な興味は大航海時代以来つねにあった。そののち、新たに記載された動植物は西洋社会にとり有用資源として開発する重要な動機づけとなり、遠洋航海は冒険心や知的好奇心を超え、一攫千金をねらう利潤追求型の旅へと変質していった。

一八世紀前半、蘭領東インド（現在のインドネシア）のアンボイナ（現、アンボン）に滞在していたS・ファロアーズが描いた彩色魚類の図譜がのちL・ルナールにより『モルッカ諸島魚類彩色図譜』として刊行された（図6-2）。派手な色彩と模様をもつサンゴ礁魚類にたい

図 6-2　『モルッカ諸島魚類彩色図譜』。コーラル・トライアングルにあるモルッカ諸島では多様な種類のサンゴ礁魚類が生息する。

する西欧人の驚きを想起できる。当時はダーウィンやウォレスなどの自然史研究が大きく展開する一九世紀を一〇〇年ほどさかのぼった時代であった。その百数十年後の今日、モルッカ諸島のサンゴ礁魚類は活魚料理や熱帯観賞魚の資源として世界各地に運ばれるようになった。海に乗り出す動機が時代とともに大きく変容してきたことを確認しておこう。

　日本の那智勝浦神社には中世期に補陀落《ふだらく》渡海の信仰があり、僧は生きたまま船に乗り、船上にある入母屋づくりの小屋に閉じ込められてそのまま南方にあるとされた阿弥陀浄土を目指した。渡海は死の旅であるとともに極楽を目指す旅でもあった。『熊野年代記』では八六八～一七二二年のあいだに二〇件の渡海があったという。僧は海洋民とはいえないし、死を賭しての船出は未知の世界をさぐる探検航海とは異質のものであった。

沿岸から遠洋まで

海は交易品を運ぶためだけのハイウェーであったのではない。生態系サービスの観点からすると、海は食料や薬、道具などを通じた供給サービスの恩恵を人間にもたらしてきた。第2章第1節でみたように、三陸沖には世界三大漁場のひとつがあり、多種多様な魚介類を日本人にもたらした。また全国各地の沿岸で採捕されるゆたかな海の幸は地域の人びとのくらしを支えてきた。日本における海岸線の総延長は二万九七五一キロであり、世界でも第六位の長さをもつ。人口一千万人以上の国で単位面積あたりの海岸線の長さをみると、日本は一平方キロあたり七八・七メートルで、フィリピン、ギリシャにつぎ世界第三位である。それだけ日本人と海との潜在的なかかわりが大きいといえるだろう。

古代以降、各地の海産物は藤原京、平城京、長岡京、平安京などの都に現物納品や貢納品として運ばれた。このなかには調（一七歳以上の男性への課税）、中男作物（一七～二〇歳以下の男性への課税）、贄《にえ》（天皇や神社の神などに献上する諸国の食物）、庸（二一歳以上の男性への課税）がふくまれる。アワビ（鰒）を例として、全国のどこから都に運ばれたかを図6-3に示した。『魏志倭人伝』東夷の条には倭の水人が「好んで沈没し魚蛤《ぎょこう》を捕う。文身《ぶんしん》（入墨）は亦以て大魚・水禽《すいきん》を厭う」とある。潜水活動を得意としたこととともに、体に入墨を施していたことが記述されている。アワビは潜水漁により採集されたに相違なく、素潜り漁に長けた海民が全国各地にいたことになる。

日本ではカツオやイカなどを塩蔵して発酵させた魚醬・塩辛に代表される東アジア特有の魚食文化が育まれてきた。この点は第3章でふれたとおりである。日本人がコンブ、ワカメ、ノリ、テングサ、ホンダワラ、ヒジキ、アラメ、モズクなど、多種類の海藻を多く食べる点は世界に抜きんでた特徴で

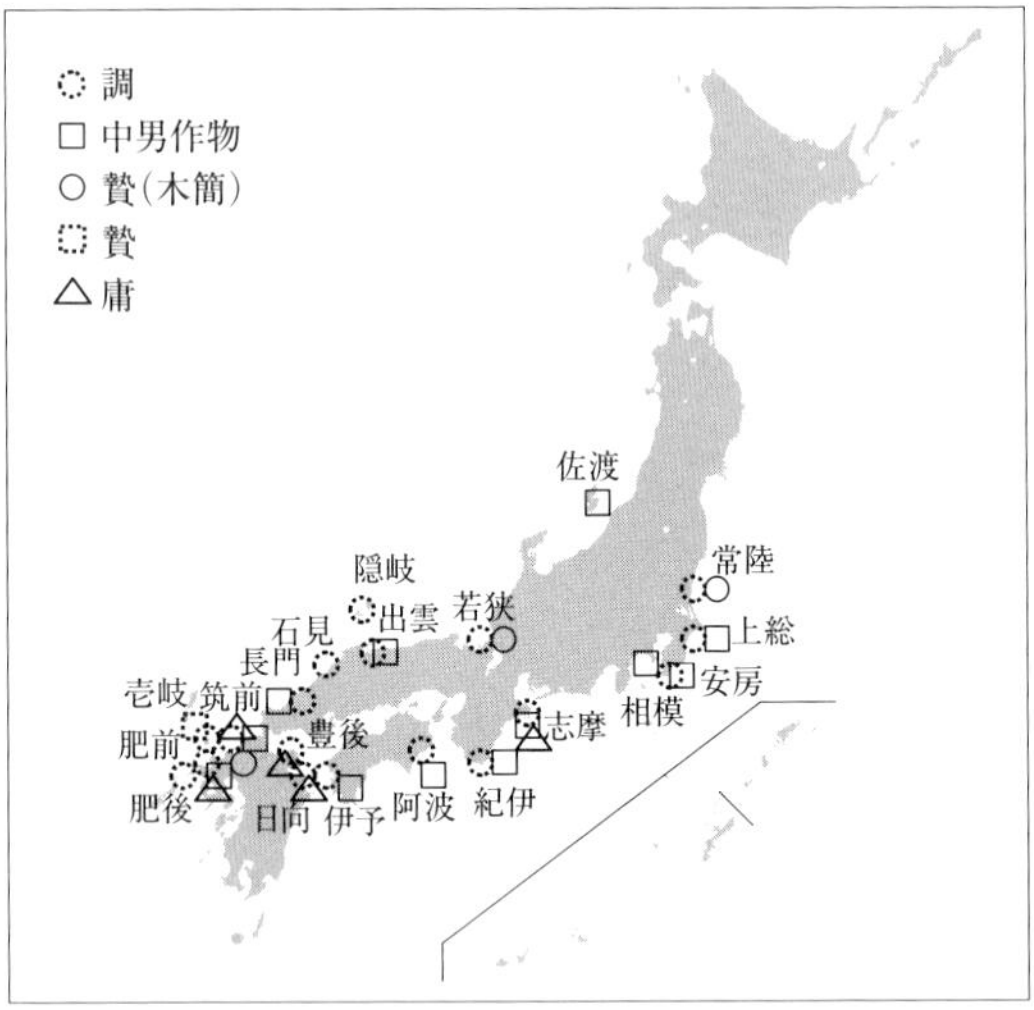

図 6-3　鰒の諸国貢進地（網野 1985；今津 2012 などをもとに作成）。調：17 歳以上の男性に課税、中男作物：17 歳以上、20 歳以下の男性に課税、贄木簡：天皇、神社の神などに献上する諸国の食物、贄：延喜式、庸：21 歳以上の男性に課税。

あり、なかでもコンブは料理のうまみ成分を生かす原材料となった。コンブを北の海から全国各地に運び、多様な日本料理で生かす伝統はいまも継承され、息づいている。

全国の沿岸域では地域ごとに漁場利用にかかわるさまざまな慣行や取り決めがあり、中世以降、現代に至るまで磯の管理と多様な利用形態が育まれてきた。このことも第1章と第5章でふれてきた。

海洋資源の獲得を目的とした海への乗り出しは先史時代からあったが、とくに近代以降、漁船の動力化、大型化を背景として広域漁業、海外出漁が顕著にみられた。沖縄の糸満系漁民は奄美諸島、九州から山陰地方や若狭湾までの国内各地はいうにおよばず、東南アジアやミクロネシアでの遠征漁業にたずさわった。糸満系漁民が海外で獲得を目指した資源は高瀬貝やナマコなどのベントスと、タカサゴ、アジのような多獲性浮魚類であり、素潜り漁や追い込み網漁などの漁撈技術を駆使したものであった。潜水能力に長けた和歌山出身の集団は木曜島における真珠貝採取にも従事した。ミクロネシアやソロモン諸島などの南洋におけるカツオ一本釣りなどにおいても宮古、沖縄の漁民が大きな足跡を残している。明治期以降、日本海からオホーツク海に至る北の海においては、朝鮮海におけるグチ漁（第4章第4節を参照）、北洋におけるサケ・マス漁とカニ漁、北米でのサケ・マス漁、ニシン、ラッコ、オットセイなどの漁猟では三陸の漁民が活躍した（第4章第1節を参照）。ラッコ猟の一端は宮沢賢治の『銀河鉄道の夜』にも描かれている。

海からみた日本文化

以上のように、日本人は古くから沿岸の海と慣れ親しむくらしを営み、海の文化を育んできた。日本人は米や雑穀を主食とし、魚介類や野菜・豆類を摂取する食生活を営んできた。このなかで、稲作イコール日本文化とする農本主義の発想から決別して海から日本文化をとらえなおす研究がこれまでなされてきた。先にふれたとおり、海・川・湖の漁にたずさわり、海の交易にかかわった集団と国家権力との関係は一元的ではなかった。このなかには、近世期に全国各地で広域の入漁権をもった集団、古代に御領地・御厨《みくりや》において特権的漁業を営んだ集団（鵜《う》飼戸《かいこ》、江人《えびと》、網曳《あびき》など）、倭寇のような海賊集団、水軍（安東、村上、塩飽《しわく》、九鬼《くき》の各氏）、家船集団、海女（士）集団、さらには荷役、水夫《かこ》、水先案内人など多様な顔をもつ個人や集団が歴史的に登場した。網野教授のいう下人的海民が農業中心主義の側からつねに周縁におかれる存在であったのは、かれらが移動性にすぐれ、陸と海の境界世界に生きたからにほかならない。また、能登の時国家《ときくにけ》におけるように土地をもたない水呑み百姓であっても海の交易で巨額の富を築いた海の豪商も輩出した。

渋澤敬三氏、宮本常一氏、網野善彦教授、大林太良教授などの慧眼がそれらのことを学問的に実証してきた。これらの先学が農業中心主義とは異なる日本像を提示してきたことを忘れるべきではない。わたしは一九九〇年に「資源・権力・境界性」をキーワードとするシンポジウム「海人の世界」を主宰し、網野教授、大林教授や鶴見良行教授、前田（立本）成文教授にご参加いただいた。そのねらいは日本文化における海人の位置づけについてアジア・オセアニア地域をふくめて検討することであり、現在もその発想はいろいろな分野で探究されている。

漂着物からさぐる日本人の海洋観

資源・権力・境界性のいずれともかかわる好例が漂着物である。海洋空間を漂流する物体は誰のものでもない。ところが、漂流物がいったん海岸に漂着した場合、無主のものにたいして特定の所有権が付与されることがある。二十数年前、若狭湾・栗田《くんだ》半島の漁村で調査をしていたさい、漁家の床の間に大小多くのカイダコの白い貝殻が飾られていた。海岸に漂着していたものを拾い、飾って縁起物にしたという。カイダコの貝をもっていると子宝に恵まれるとして大事に保存する地域もある。長崎県対馬では、冬季の強い季節風で海岸にホンダワラ科の海藻が大量に漂着することがある。かつて浜に漂着した海藻は自由に採取することができたわけではなく、世帯ごとになわばりを決めて採集された。海藻は畑の肥料として利用された。

江戸時代、漂着船（自然寄船）、荷物、死体などの漂着物があれば、すべて番所に届ける必要があった。これは鎖国下の時代、海を通じて異域・異界から日本に到来するものを国家として管理するための措置にほかならなかった。伊豆諸島新島における天保二（一八三一）年の「御用書物控」について分析した元法政大学の段木一行教授によると、あきらかに人が所蔵していた酒樽などが漂着すると半年間保管しておき、所有者があらわれないと拾った本人のものになった。取得物を六カ月保管する慣行は現在までも続いている。ただし、材木船が難破して流出した材木は漂着後も拾い主のものにならなかった。漂着船でも無人と有人の場合とでは異なった措置がなされた。

漂着クジラの場合、代官所は鯨肉を島民だけでなく流人にも分与した。半年もたたないうちにクジラは腐敗するから、酒樽との取り扱いのちがいは納得がいく。近代前期の長門国（山口県）の例を挙げれば、もともと漂着物は刑法第三八五条拾得物還付の条文のため、浦役人が差配し、浦が独自に漂着したクジラを処理できなかった。近世期以来の鯨組は各浦うらで隣接する浦とのあいだでクジラの占有をめぐる紛争を繰り返していたが、明治二一（一八八八）年にはそうした紛争を回避するため、最初に銛を打ち込んだ証拠や痕跡があれば、あとで漂着したクジラであっても先取した人のものとする協定が浦うらのあいだでなされた。現代では、漂着したクジラは鯨肉を利用する文化をもつ地域では埋設するのではなく利用することが水産庁の通達によって決まっている。ハワイでは漂着したマッ

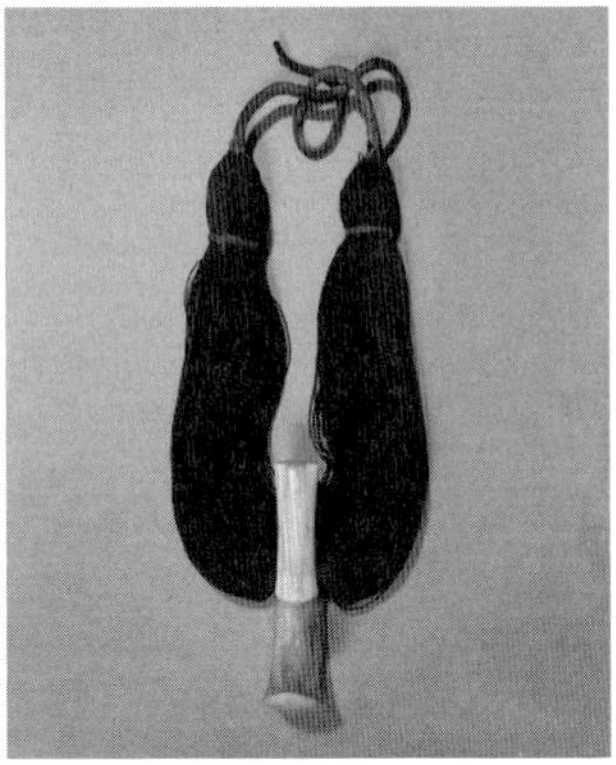

図 6-4　マッコウクジラの歯製首飾り。レイ・ニホ・パラオアとハワイ語でよばれ、王や首長のみが身につけることができた。

コウクジラは王や首長の所有物とされた（図6-4）。ニュージーランドのマオリの場合も、クジラが漂着した浜ごとに所有する権利が決められていた。そしてクジラは「海からの贈り物」、マオリ・タオンガとみなされていた。

このほか、鹿児島県沖永良部島や奄美では漂着物、つまり寄物（ユイムン）にたいする村人のあつかいは不吉なものとみなして廃棄する場合から、村の共有財産として利用する場合まで処理のしかたは地域ごとに多様である。

このように、漂着物はたんに有用であれば誰もが自由に利用できたのでなく、さまざまな価値づけや利用上の規制があった。災いをもたらすとして忌み嫌われる地域や、その逆に縁起物とされることもあった。その利用権や所有権については、誰のものでもなく暗黙の了解として先取性の原理で決まるもの、共同体が共有して利用するもの、特定の階級や身分の人が利用できるものまでいくつかの場合がある。

民俗学者の柳田國男は渥美半島の伊良湖岬で漂着したヤシをみつけ、はるかな海の道への思いをはせた。その話を島崎藤村にしたところ、後年、「椰子の実」の歌がつくられた。そのヤシはココヤシとおもわれるが、藤村の歌にある「思ひやる八重の汐々《しほじほ》いづれの日にか國に歸らむ」の故郷とは日本なのか、はるか南の国であるのか。いろいろな議論があるが、南方にある椰子のふるさとと、自分が遠い異国にいて日本を思う考えが二重写しになっているとする国文学者の関良一氏の考えは日本人の海洋観を示唆する説として興味がある。

黒潮に乗って日本に漂着したココヤシは縄文時代からも知られている。縄文前期の鳥浜遺跡（福井県三方五湖）からは四個体分のココヤシ遺存体が出土している。古代の正倉院御物である椰子の実玩具は聖武天皇期のものである。長年、漂着物に関する研究を続けてきた石井忠氏によると、玄界灘の事例から日本にはココヤシ以外にニッパヤシ、ヒョウタン、オウムガイ、籐などをはじめ、じつにさまざまなものが海流によってもたらされる。石井氏はかつて柳田國男が想起したように、海岸に漂着する「ゴミ」から文化史の復元を目指してきた。なお、先述した柳田國男が伊良湖岬でみたのはヤシの実だけではなく、モダマ（マメ科）の大型種子もふくまれていた。モダマは熱帯だけでなく日本国内にも分布し、屋久島・奄美本島と沖縄本島、石垣島・西表島の二グループにわかれる。モダマに着目すれば、「遠き国」のイメージは大きくちがっていたかもしれない。

日本は漂着物の集まる吹きだまりでも漂着物の終着地でもない。われわれは津波で発生したがれきが太平洋を越えて北米西海岸に漂着した事実を知った。日本列島は文化的にみても大陸の影響を大きく受けてきたことはまちがいないが、そうした発想も日本の中央からとらえた側面にすぎない。日本各地の辺境とされる島じまは外界との交流を果たすフロンティアであった。この点で、第4章で挙げた海洋史観を提唱した川勝教授や、海から日本をとらえなおすことを強く提唱してきた網野教授、大林教授の視点はきわめて重要である。

自然と生態、歴史・文化・民俗の観点を離れて、政治と外交面からみれば、はたして日本は海洋国家であるといえるだろうか。東京大学の法学・政治学者である北岡伸一教授は、鎖国を経験した日本が近代以降、太平洋戦争時に海軍による海上輸送の軽視が敗戦につながったとする。そして戦後、米国の加護のもとに海洋と貿易の自由を保障され、ミニ海洋国家が実現したとみる。しかしここ一〇年ほどのあいだにおける米国の力の相対的な低下と中国や韓国の海洋進出の傾向はとみに顕著であり、日本はより自律性の高い海洋国家にむけての取り組みを進める必要がある。その場合、歴史・文化・民俗の視点を取捨して、政治的な取り組みを進めることは賢明ではない。海洋資源の交易をめぐるネットワークやパトロン・クライアント関係、資源の文化的相対性など、依拠すべき問題点がじつに多いといえるからだ。海の自然的・生態学的な側面を無視した海洋政策も陥穽に陥りやすいことは、津波からの復興における政策面ですでに露呈している。政治が文化や自然を無視して成功裏にその目標を達成できると自信過剰になるべきではない。

2　日本の海と温暖化

海洋の物理化学的な性質や生態系の構造・機能は時代とともに変化してきた。端的な例が地球温暖化による「異変」である。二〇一〇年夏、シジミ漁の調査を北海道のオホーツク海沿岸で実施したさい、紋別市の海洋交流館の海中展望フロアの窓ごしにアカクラゲをみた。以前はオホーツクの海でアカクラゲをみることはなかったが、ここ数年来みられるようになったようだ。アカクラゲは本州から台湾の暖海に生息する。オホーツク海に至ったルートとしては二〇〇二年以降、東シナ海で発生したエチゼンクラゲ（大型クラゲ）の北上ルートを想定すればよい。エチゼンクラゲが日本海から宗谷海峡を越え、宗谷海流に乗って知床に達した例からして、アカクラゲもオホーツク海に入り、宗谷海流に乗って紋別までやってきたものとおもわれる。

エチゼンクラゲ大発生には諸要因が関与する。広島大学の上真一教授によると、黄海における平均表層水温はこの二五年ほどのあいだに一・七度上昇した。東シナ海は中国の長江上流部から運搬される土砂が三峡ダムによりせきとめられ、陸域から海へのケイ酸塩輸送が減少した。ケイ酸を取り込んで繁殖するケイ藻類に代わり、鞭毛藻類が大繁殖した。それを食べる植物プランクトンが大発生し、クラゲの餌となった。東シナ海の富栄養化の進展も著しい。また黄海におけるイワシなどの動物プランクトン食魚類の乱獲により、プランクトンをめぐる餌の競合がなくなった可能性がある。イワシ激減の背景には第2章で取り上げたレジーム・シフトの影響も考えられる。さらに港湾施設の拡大により、クラゲのポリプ（幼生）が付着しやすいコンクリート構造物の増加がクラゲの生存に有利となった。海洋の温暖化についていえば、エチゼンクラゲは冬季水温が一五度以下では死滅するが、越冬できた可能性がある。最後の温暖化現象については、最近とみに南方系魚類の北上が報告されており、水産業への影響が懸念されている。そこでつぎに温暖化と水産生物の動態について、各地方の水産試験場による事例報告を総括した水産庁・水産総合研究センターによるまとめをもとに例示しておこう。

北上する魚

二〇一二年の秋、道東部の秋サケ定置網にブリやマンボウが大量に入網した。マンボウは五月ごろに台湾東岸の花蓮《かれん》沖にある定置網に入網することが知られており、その後、黒潮に乗って北上する。マンボウは第3章でふれたように、宮城、岩手の三陸地方では水温の上昇する夏に漁獲され、ごちそうとして賞味される。マンボウはさらに北上して秋に北海道の釧路、紋別などに達して定置網にかかったことがわかった。紋別の網に入ったマンボウは日本海を北上して宗谷海峡からオホーツク海に入ったものかどうかは不明である。なお、紋別ではこのほかイボダイ、クロホシマンジュウダイなどの温帯から熱帯に分布する魚も入網している。

最近、暖水性のハリセンボンが日本海沿岸各地の定置網に大量に入網したことが知られるようになった（図6-5）。ハリセンボンの体表には棘があり、定置網ではほかの魚を傷つけ、網も損傷するので漁業者に邪魔者扱いされている。水産総合研究センターの調べで、二〇〇六年一二月〜二〇〇七年三月にかけて、山口、島根、兵庫、京都、新潟、山形などの日本海各府県で広域にハリセンボンが入網している。海岸にも打ち上がった例が福岡、福井などである。『日本書紀』斉明四（六五八）年の記事には、出雲の海岸に雀魚《すずみうお》（ハリセンボン）が大量に漂着してその高さが三尺（一メートル弱）に達したとある。ハリセンボンがうず高く堆積するほど大量に漂着したことになる。ただし、ハリセンボンの大量来遊と温暖化の因果関係はたしかめられていない。冬季の強い季節風によって、ハリセンボンが漂着した可能性もあるからだ。

瀬戸内海西部、有明海、日本海で熱帯・亜熱帯性のナルトビエイが大量に出現するようになったのは一九九〇年代後半以降のことである。体重が最大五〇キロになるナルトビエイは、一日あたり体重の半分から体重とおなじ量の殻つきアサリを食べることが観察されている。このエイは群れをなして漁場に出現し、アサリ、カキ、ハマグリ、バカガイ、タイラギなどの二枚貝を食べる。そのため、採貝漁や貝類養殖に損失をあたえた。また天然カキ礁を捕食するので、カキが果た

図 6-5　ハリセンボン（*Diodon* sp.）。

す水質浄化作用を大きく後退させる懸念も指摘されている。周防灘の豊前海（大分県）におけるアサリ資源の動向を図6-6に示した。アサリが激減した要因として、ナルトビエイによる捕食だけでなく、小型底曳網漁による稚貝の漁獲、冬季の水温上昇などの諸要因によりアサリ資源が壊滅的な打撃を受けた。

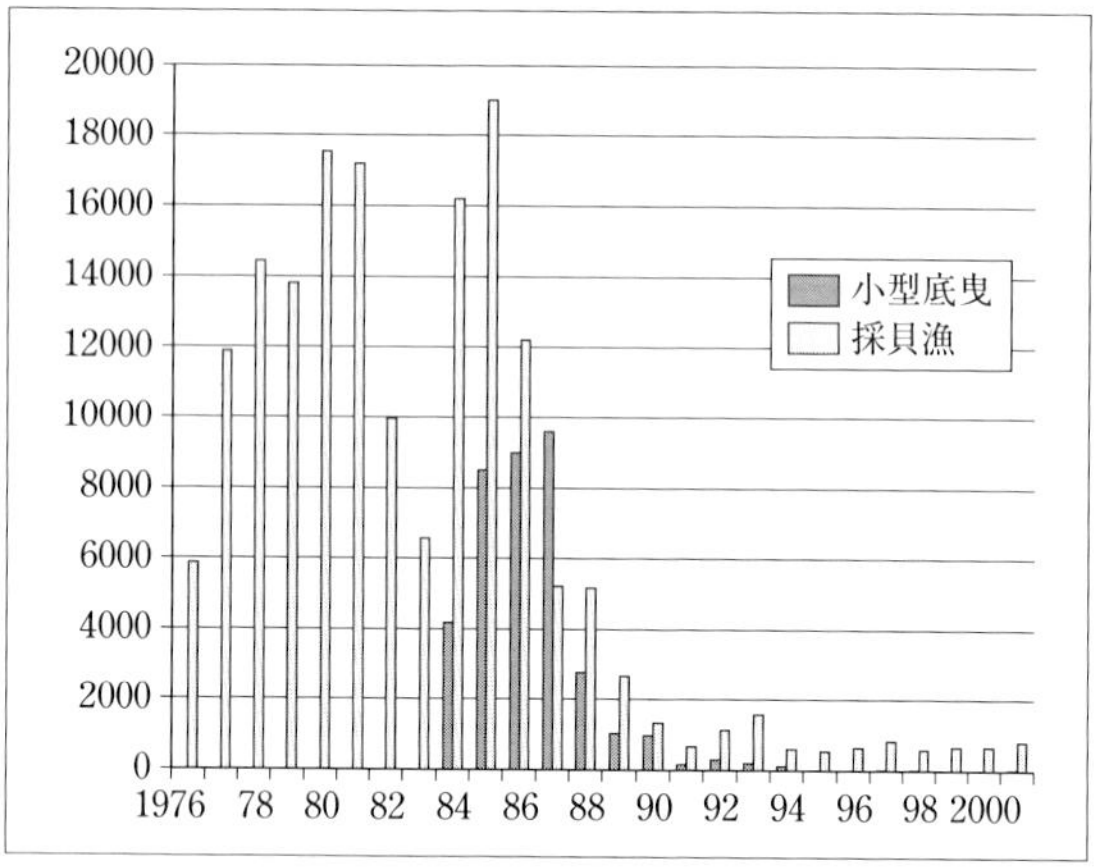

図6-6　大分県豊前海におけるアサリ漁獲量の推移（農林水産統計年報をもとに作成）。

問題はアサリのみにかぎらない。沿岸の浅海ではカレイの仲間がアサリの水管を餌としていることが知られている。水産総合研究センターの重田利拓博士は、アサリが周防灘のイシガレイの魚類生産に影響をおよぼすと報告している。重田博士はアサリと魚類の資源変動はほかの海域でもみられるとして、広島湾のアイナメ、山口県沿岸のアオギスの例から、アサリの激減時期と魚類資源の減少期が相関することをあきらかにした。またカレイ科の魚であるマコガレイがおもな餌とするのはゴカイであり、アサリの減少とマコガレイの減少とは結びつかないとする意見もある。

南方系の魚であるソウシハギが本州だけでなく、北海道でもみつかるようになった。近年、岡山県、愛媛県、兵庫県、淡路島、山口県の瀬戸内海側だけでなく、鳥取県や島根県、石川県などの日本海側、さらには三重県や北海道の苫小牧沖や北部の宗谷地方でもソウシハギが定置網に入網する例が増えてきた（図6‐7）。

図6‐7　ソウシハギ（*Aluterus scriptus*）。強い毒性をもつことで知られ、本州でも最近みつかっている。

ソウシハギはパリトキシンとよばれる猛毒を肝臓や腸にもっている。厚生労働省によると、一九五三〜二〇〇九年の五十数年でパリトキシン毒をもつ魚を食べた中毒例が少なくとも三六件発生し、六人が死亡した。ソウシハギを食べることにより、激しい筋肉痛や呼吸困難、麻痺やけいれんを起こし、重篤な場合は十数時間から数日で死亡することもある。ソウシハギは水温が一八度以下になると生存できないので、本州から北海道で冬季の水温が上昇したため北上してきたものとされている。

このほか、温暖化によるとおもわれる南方系魚類の北上の例として、沖縄の県魚であり追い込み網漁の対象となっているタカサゴ（沖縄のグルクン）が九州に出現した。日本海では一九九九年からサワラの漁獲量が急激に増加していることも周知のことである。また海藻でも南方系のホンダワラ科の仲間が宮崎や長崎でみられるようになった。温暖化による水産業への影響は今後とも注目すべき課題であるが、水温以外の要因にも目を配る必要がある。

原発と温暖化

南方から北上した魚類が冬季の低温で死滅することを死滅回遊（デス・マイグレーション）と称する。冬に死亡しないのは水温が生存できないほどに低下しないためであり、温暖化の要因が指摘されるわけだ。

温暖化現象ではないが、南方からの魚が局所的にせよ越冬できた場所がある。それが原子力発電所の温排水放水口周辺であり、周年ないし季節的に魚が集まることが経験的に知られていた。このことを利用して全国の原発周辺で生け簀養殖が営まれてきた。

二〇一二年二月二〇日、福井県高浜町の内浦湾にある高浜原発四基のうち最後まで運転していた3号機が定期点検のため運転を停止した。その結果、温排水はまったく出なくなった。この影響で暖海性の養殖魚であるシマアジの五割以上が低水温に耐えられずに死んだ。内浦湾で二〇〇四年から海中の生き物調査をおこなってきた京都大学フィールド科学教育研究センター舞鶴水産実験所長の益田玲爾准教授は、原発の温排水の影響で南方系の生き物がすみついていることをあきらかにしている。ところが、原発の操業停止後、これらの生き物が死滅するか弱体化することがわかった。

原発問題と地球温暖化とは、エネルギー問題の観点からするとどこかでつながっている。二酸化炭素排出が地球温暖化の要因となることから、原発は国是として開発されてきた。一九九七年一二月、京都で開催されたCOP3で温暖化防止のための京都議定書が合意されたのは周知のことである。ところが、今回の津波による福島原発の大事故が発生し、原子力に代わる自然再生エネルギーが現在模索されている。

海の生き物は環境の変化に敏感に反応している。第2章でみたように、一九八〇年代後半にマイワシが激減し、代わって暖水性のカタクチイワシやマアジが増加するレジーム・シフトが起こった。大気・海洋の転換による魚種交替が生起した一方、炭素排出による地球温暖化や原発の運用から停止に至るまでの過程であきらかなように、多様な人間活動が海の生物に大きな影響をあたえてきた。

第2章でふれたように、海洋生態系で生起する現象がたがいに連関していることがあり、わたしはこれを「生態連関」と位置づけている。変化と連関のあいだには単純な模式図が成り立つことはあまりない。したがって、アサリと魚類の問題も慎重にあつかうべきであろうが、少なくとも人為的かつ中・大規模な環境改変にたいして海洋生物が受ける影響についてのモニタリングは不可欠の作業であり、事例をなるだけ集めたモデル策定が積極的に進められるべきであろう。

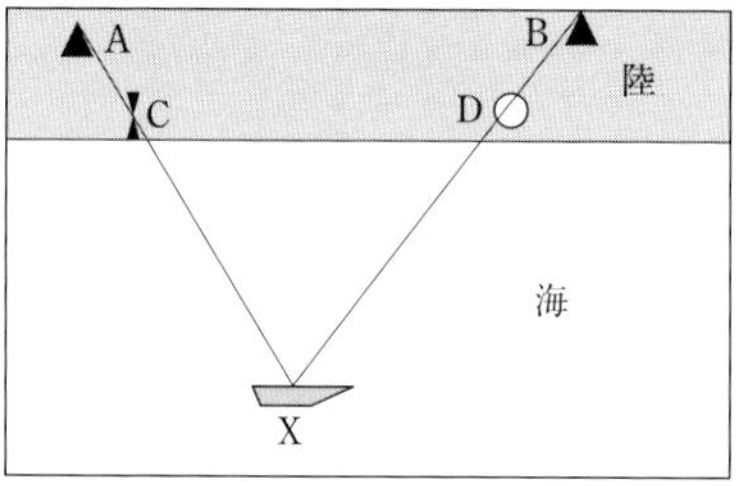

図 6-8　山タテ（アテ）の原理を示す図。陸上の目標物（AとC）とおなじく目標物（BとD）が一列に並ぶ交点が海上における船（X）の現在地を示す。

3　海からみる陸と里海

かつて沿岸で漁をおこなう漁民は海上における自船の位置を知るため、山タテとか山アテとよばれる位置確認の方法を活用してきた。二ないし三方向にある陸地の目標物とその背後にある山や森との位置関係から海上での場所を知った（図6-8）。現在では魚群探知機やGPSを搭載した船がふつうになったが、山タテ（アテ）は小船を使う磯漁などではいまだに健在である。山タテ（アテ）には英語でトライアンギュレーション、すなわち三角測量を意味する用語が使われている。四十数年前、下北半島の本州最北端の地、大間で調査をおこなったさい、磯漁に従事する漁民は海で大切なことは山をみることだと明言した。それは山タテ（アテ）を指すだけではなかった。山に木が繁茂していれば、山の地形が海へとつながっているから、海底の根（岩礁）の発達とも関連すると考えられていた。とくに箱眼鏡をのぞいて海底の様子をみながら海藻、ウニ、アワビ、サザエなどの磯物を採る漁においては、漁民は海底だけでなく山をみることで漁場をさぐった。

雪形と漁

山をみて海を知る民俗伝承がある。それが雪形である。山に積もった雪が解け、残雪がさまざまな模様をつくりだす。雪形は人物の動作やふるまいに関するものや、ウマ（駒）、ウサギ、ネズミなどの動物、サギ、ツバメ、カラスなどの鳥類までさまざまである。雪形には谷筋に残る白い雪の形を動物や人間の動作などになぞらえる場合と、解けて露出した黒い山肌の部分に着目する場合とがある。前者はポジ型、後者はネガ型の雪形とよんで区別される。全国では新潟県（八五例）にもっとも多く、ついで長野県（五七例）、青森県（三八例）、山形県（三四例）、福島県（二七例）、岩手県（二〇例）と続く。雪形の観察される対象には比較的よく知られた山やまがふくまれる。たとえば、岩木山・八甲田山（青森）、焼石連峰（岩手）、鳥海山（秋田・山形）、磐梯山（福島）、白馬山・駒ケ岳（長野）などがそう

図 6-9　雪形。山形・秋田県境にある鳥海山の雪解け時期、山の斜面に残る「種まき爺さん」の雪形（図中のマル）が出ると、農耕の開始時期になると考えられている。

である。

雪形の出現は、種まき、豆まき、田植え、代掻き、かんがい用水などの農事、狩猟、山菜採りなど、生業と関連づけられている例が圧倒的に多い（図6-9）。魚の出現や来遊と関連した例を挙げよう。たとえば、カレイの雪形とカレイ漁（北海道の写万部山《しゃまんべ》）、カニばさみの雪形と白魚漁（青森県の八甲田山）、三ツ星の雪形とイワシ漁（下北半島の釜臥山《かまふせ》）、コイの雪形とイワシの盛漁期（柏崎市の米山《よねやま》）、タイの雪形とタイ漁（新潟県守門岳《すもん》）、駒の雪形とイワシ漁（新潟県の弥彦山）などの例がある。北海道噴火湾の例はアイヌの人びとによるものであり、写万部山は、「カレイのいる場所」をあらわすアイヌ語、オ・シャマンベに由来する。温暖化が進行するなかでも、積雪量が極端に減るとか融雪時期がズレてくる可能性がある。雪形の民俗は今後、どのように継承されていくのか興味がある。

里海とブルー・エコノミー

森や山と海とのつながりは、第1章でみたような、森里海連環として如実に示された。東日本大震災の一〇年ほど前から、沿岸漁業の振興と生物多様性の保全を両立させるための取り組みが進められてきた。その典型として、「里海」の観点から海と人間とのかかわりを再考する研究と実践について考えてみたい。

里海の概念について、その提唱者でもある沿岸海洋学の柳哲雄教授の考えにふれておこう。柳教授によれば、里海とは「人為的な介入を通じて沿岸域の生物多様性が維持されるとともに、人間による生産活動も向上する領域」ということになる。沿岸環境が劣化するとさまざまな生物が姿を消し、水産業の低迷する事態がとくに戦後期に顕著になった。このことを受けて、生物の多様性を維持しながら漁業生産を向上させる取り組みが里海づくりの中心課題である。里海の再生は地域振興につながるうえ、海の環境教育やエコツーリズムを促進する利点も指摘されている。里海再生の実践を通じた沿岸資源の管理と地域振興がもくろまれており、災害復興のモデルともなりうる。

里海にたいして里山では森林に手を加え、さまざまな野生・栽培資源の利用を通じて生物多様性を維持し、しかもくらしを支える経済効果（収入源の増加）が創出されてきた。里山との比較対照から、沿岸域への人為的な介入を通じて生物多様性と水産資源の増加に寄与するような事例があるのだろうか。

たとえば、人工魚礁を造成して生物を集める試みがある。集魚装置にはさまざまな形態のものがある。海面上に設置する浮き魚礁や海底に設置する定置網やコンクリート・鋼鉄製のブロック魚礁がある。浮き魚礁にはインドネシアのロッポン（第5章第2節を参照）、フィリピンや南日本のパヤオなどの例がある。魚やその餌生物が魚礁に固着・根づいて増加し、海洋生物の種類や数が増えるとともに漁獲量の増加にも寄与する。

浅海で定置漁具を設置する一例が石干見《いしひみ》であり、岩石を馬蹄形ないし半円形に造成した装置を指す。魚類やイカなどは満潮時に浅瀬に移動し、干潮時にはふたたび深みへと移動するが、その一部は逃げ遅れて石干見内に残る（図6-10）。これらの魚などを手づかみや、やす、すくい網などの漁具で獲る

図6-10　石干見（魚垣《ナガチ》）。岩石やサンゴ石灰岩を馬蹄形に積み上げ、潮汐の干満差を利用して魚垣内に取り残された魚を獲る。八重山諸島西表島東部の古見にあるものだが、所有者の死去により現在は放棄されている。遠方にみえるのは小浜島。

のが石干見漁である。規模にもよるが、石干見を造成するさいには岩石を積み上げるために多くの労力を要する。また、台風や高波で石干見が壊れることがあり、修復作業を怠らないようにしなければならない。しかし、自然の岩石を用いるので、装置の造成に要する経費は通常の定置網漁具やブロックなどの人工魚礁とは異なり低い。魚を一網打尽にすることもない。さらに、石干見の構造物は仔稚魚やカキ、フジツボ、甲殻類、イソギンチャク、海藻など多様な生き物の生息場となる。じっさい、石垣市白保にあるWWFサンゴ礁保護研究センター「しらほサンゴ村」センター長の上村真仁氏らは、同地区にある竿原垣《ソーバリカチ》における生物量の増加をあきらかにしている。

　岩石ではなく、マダケ（真竹）の束を干潟に一万本以上V字形に設置し、その中央部に袋網を取り付けたものがササヒビ漁である。ササヒビは「笹干見」、ヒビは「篊」を指し、その原理は前述の石干見漁とおなじである。その一例が大分県中津市の中津干潟にある。泥干潟ではササヒビが、やや底質の固い干潟では石干見がつくられた。中津では昭和四〇年代にノリ養殖業の進展にともなってササヒビ漁は衰退するが、水産庁の「里海再生プロジェクト事業」として平成一八（二〇〇六）年に復活した。ササヒビ漁により沿岸生物の漁獲が増加するとともに、竹に貝類の幼生が着床し、生物生産の増加に寄与した。また、アサリ、ハマグリなどの貝類を捕食するナルトビエイがササヒビ装置に接近できないので食害防止に役立つ。こうした利点を考えると、ササヒビは里海の理念と実践に合致する。地元で「水辺に遊ぶ会」を主宰する足利由紀子氏は、中津干潟で里海再生にかかわる多面的な活動を実践している。残念ながら平成二四（二〇一二）年七月の集中豪雨により、山国川で発生した洪水とともに流れてきた流木によりササヒビは破壊されてしまった。

石干見やササヒビの原理を応用したのが定置網である。定置網漁業は追い込み網や底曳網におけるように、魚類を一網打尽にするのではない。仔稚魚は網を通り抜けるので選択性の高いことからも持続的な漁業とされている。平成一四（二〇〇二）年には富山県氷見市で「世界定置網サミット」が開かれた。定置網の技術指導はタイ、コスタリカ、中国、インドネシアなどの国ぐにおいていまも継続されている。

中世期より富山湾でおこなわれてきた大型定置網（台網）漁では、網の素材は農村部で大量に供給できる稲藁であった。稲藁を使った網の耐久性は現在における合成繊維製のものにくらべて劣る。一年使った網本体は切り離すと、稲藁が海底に沈む。そして稲藁は腐って、分解される過程で発生する有機物やデトライタスが多くの生物の餌として利用される。稲藁を媒介とした農村と漁村の経済交流も達成できた。このことを氷見市博物館の小境卓治館長が報告している。循環型の森里海連環の好例といえるだろう。今後は森林を伐採してはげ山に変え、河川にダムや堰堤を造成して森と海をつなぐ道を分断するような非循環型の環境改変を阻止ないし制限することが里海の再生につながる。

一方、三陸の小型・大型の定置網は東日本大震災により壊滅的な被害を受けた。海底にはがれきも数多くあり、潜水士による安全確認やがれき撤去が進められてきた。復旧も進み、いまは一部が操業を再開している。岩手県大槌町では平成二四（二〇一二）年三月一日、旧大槌漁業協同組合から新たに「新おおつち漁業協同組合」が発足した。大槌の海域では震災前に四カ統あった大型定置網がすべて流出した。しかし、平成二四（二〇一二）年度には国の補助金事業として吉里吉里湾沖の沖野島定置漁場が九月五日に操業を開始した。平成二五（二〇一三）年度にはさらに野島定置漁場と大槌湾の長越定置漁場をあわせた三カ統での操業を計画している。大槌では春〜夏にオオメマス（春に獲れるシロザケ）、ママス（サクラマス）、イタマス（大型のサクラマス）が入網する。夏から秋にかけてはショッコ（ブリの若魚）やサバが、秋から冬にかけてはサケ（シロザケ）やスルメイカが水揚げされている。わたしは三陸復興の切り札として、沿岸域の定置網に関する定置網復興サミットを開催し、情報の交換と未来可能性をさぐる試みがあってもよいのではないかと考えている。

平成二二（二〇一〇）年一〇月、名古屋で第10回生物多様性締約国会議（CBD／COP10）が開催された。このなかで、わたしは上智大学のあん・まくどなるど教授（当時、国連大学高等研究所・いしかわ・かなざわオペレーティングユニット所長）をコーディネーターとする通称「里海」のサイドイベントに参加した。そのなかで、秋田のハタハタ漁における資源管理と生物多様性の問題を紹介した。沿岸の藻場がハタハタの産卵場を提供することや海底湧水が栄養塩の供給に重要な役割を果たすことを指摘した（第1章第3節を参照）。

同年一〇月末には八重山諸島の石垣島・白保で第3回世界魚垣（インカチ）・サミットが開催された。世界七カ国一二地域からの参加者を得て、SATOUMI共同宣言が採択された。地元白保中学校の生徒による発表もあり、サンゴ礁の生物多様性と持続的な利用にむけての取り組みが披露された。この会議に参加したわたしは、魚垣の意義もさることながら、イノー（サンゴ礁の礁池）全体を魚垣としてあつかう視点がサンゴ礁海域における環境保全と海洋資源の持続的、有効利用のうえで大切であることを指摘した。

日本の海ではサンゴ礁、藻場、干潟を守る地域活動が進んできた。里海は日本発信の重要な取り組みである。同時に、尖閣列島や竹島など、日本の領海辺縁部で起こっていることもまた海をめぐる重要な問題である。当然とはいえその両方を考える視点をもつべきであろう。翌平成二三（二〇一一）年六月に「リオ＋20」が開催され、一九九二年から二〇年後の総括と今後の指針と目標についていくつもの重要な案件が合意された。海洋関係では、サイドイベントとして六月一六日にオーシャンズ・デイが開催された。そのなかで、海洋の保全と経済の持続的な発展を両立するブルー・エコノミーを中核とした目標設定がなされた。沿岸域の総合的管理と里海の創生は、日本が取り組んできた課題であり、地域ごとの活動を世界のなかで考える大きな枠組みを確認することができた。

4　新しい海洋観

沿岸の総合的管理

日本では平成一九（二〇〇七）年に海洋基本法が制定された。これを受けて海洋基本計画が平成二〇（二〇〇八）年に策定された。これまでの経緯をみると、海洋基本計画の運用にあたり、関係府省庁間のタテ割行政の弊害が目立った。基本計画がけっして順調に実施されてきたのではないということだ。この状況を受けて見直しが検討され、本年の平成二五（二〇一三）年四月からは、新たな海洋基本計画が進められることになった。タテ割りによる業務の効率的な推進は認めるとして、問題であったのは海にかかわる施策には総合性が求められる点が十分に認識されていない点である。グランド・デザインを周到に組み込んだ事業の推進にあたり、連携性と相互乗り入れの思想がのぞまれる。

これまで、総合海洋政策本部の参与会議議長である小宮山宏元東大総長を中心に見直しの検討が進められてきた。そのなかで五つの専門プロジェクトチームが発足し、新たな基本計画について議論がなされてきた。これには、（1）海洋産業の創出と振興、（2）海洋情報の一元化と公開、（3）人材育成、（4）沿岸域の総合的管理と計画策定、（5）海洋の安全保障、がふくまれる。このなかで津波災害後の三陸地方の復興にとり、（1）、（3）、（4）が関係の深い項目であることはいうまでもない。

三陸沿岸域の水産業復興にとり、沿岸管理の新しいモデルの策定がのぞまれていながら、総合性をふまえた議論がほとんどなされてこなかった。現状は国の考える海洋基本計画の実施が地域とのつながりで実効性をもつものになるのか。現場の声をどのように反映するのかを勘案すると、地元の事情に明るい、国と地域をつなぐコーディネーターの登用が鍵を握っている点に帰着する。コーディネーションは利害調整だけの役割をもつのではなく、行政の政治判断に柔軟かつ説得性のある指導性を提言する能力が期待される。沿岸域における管理を総合的に進める案件（総合的沿岸管理）は本書でふれてきた海と人とのかかわりの根幹にかかわる取り組みであるだけに、未来の海づくりにとって試金石となるだろう。

沿岸域では、さまざまな人間活動がおこなわれている。漁業だけにかぎっても共同漁業権の設定された海域や定置網漁、養殖をおこなう区画漁業の場、さらには特別な海洋保護区などがある。浜には漁港、魚市場、漁業協同組合、製氷装置、冷蔵・冷凍庫、油の補給場がある。漁業以外ではマリンレジャー施設、研究用の実験場がある。沿岸には港湾が発達しており、造船場のほか観光船や貨物船などの発着場ともなっている。陸域には各種の加工場や水産業関連施設、冷蔵・冷凍施設、海産土産物店、旅館が密集している。また河川下流域には防潮堤、堤防、水門など、河川から流出する水量調節と海からの波浪や高波、津波などを防ぐための構造物がある。これらをふくめて、沿岸環境の保全と地域産業の活性化をいかに調和して進めるかが総合的沿岸管理の骨子である。問題は沿岸域における多方面の利害関係者間で、誰が全体計画を策定して具体的に実施計画とそのプロセスを掌握するかという点である。地震津波からの復興過程においても、国、地方自治体、地域住民、企業体、漁業者などがかかわるため、復興プランを策定するうえでの調整や合意形成が遅々として進まないことがある。

国では復興庁が平成二三（二〇一一）年一二月九日に成立した（二〇二一年三月三一日までに廃止）。復興庁には、企業連携推進室、総括・企画、地域・福島、特区・交付金、インフラ構築、住民支援、産業振興などの課題別の部局がおかれるとともに、東北三県には地方機関として復興局が設置された。これには、岩手復興局（宮古支所と釜石支所）、宮城復興局（気仙沼支所と石巻支所）、福島復興局（南相馬支所といわき支所）、さらに復興庁事務所が青森県八戸と茨城県水戸におかれた。

他方、国土交通省、環境省、経済産業省、農林水産省など、分野別に多くの省庁がかかわっている。復興のための予算にしても一元化して執行されてきたわけではなかった。復興のための予算措置が被災地以外の地域で使われた例をみても、誰が予算をどのように配分するのかが明確ではなかった。批判を浴びても当然のことであった。国と県、そして各市町村で復興政策を齟齬なく進めることは容易ではない。地方分権の思想を貫徹するためには、「仲良くやる」のではなく強力な政治的推進力が不可欠である。

復興を統合的に実現することは沿岸域の総合的管理（ICM——インテグレーテッド・コースタル・マネジメント）といいかえれば、統治のあり方に帰着する。この点から復興をふくめた沿岸域の総合的管理においては、およそつぎのような全体計画の見取り図を描いておくことが肝要とわたしは考えている。第一に、森から河川を経て沿岸域に至る森里海の連環を保全・維持する立場からの計画立案が基本条件である。第二に、河川流域における防災と環境保全について、慎重な計画の立案がなされるべきである。上流域の森林保全は洪水防止のための生態系・維持サービス機能を果たす。それとともに河川が栄養塩類の運搬に果たす役割を阻害しない工夫をこらすべきである。第三は、海岸部の埋立や津波被災地における盛土、塩害を受けた湿地の回復、防潮堤建設などが自然の循環を著しく阻害しないような配慮がなされるべきである。復興には一〇年以上の年月を要するであろうが、自然の復興はさらに長期的な時間幅を想定しておく必要がある。

端的にいえば、生態系の果たす多様なサービス機能を維持しないと自然の循環を断絶することになり、ひいては沿岸域の荒廃と水産業の衰退をもたらすものであることを強く認識すべきである。日本にはゆたかな湧水の存在する地域が多い。「湧水の恵みを未来に生かす」ためにも沿岸域の開発を最小限にとどめる法的規制や条例の制定が環境劣化に歯止めをかけることになる。総合的と謳う以上、生態系保全だけでなく地域産業の振興や人口流出の防止などが背景として実現される必要があるので、総合的判断を下す知恵がのぞまれるのはこうした事情による。

三陸復興国立公園

環境省は平成二四（二〇一二）年度内に青森、岩手、宮城をふくむ広域地域を三陸復興国立公園とする計画を立案した。従来、東北三県沿岸には自然公園として国立公園（一）、国定公園（二）、県立

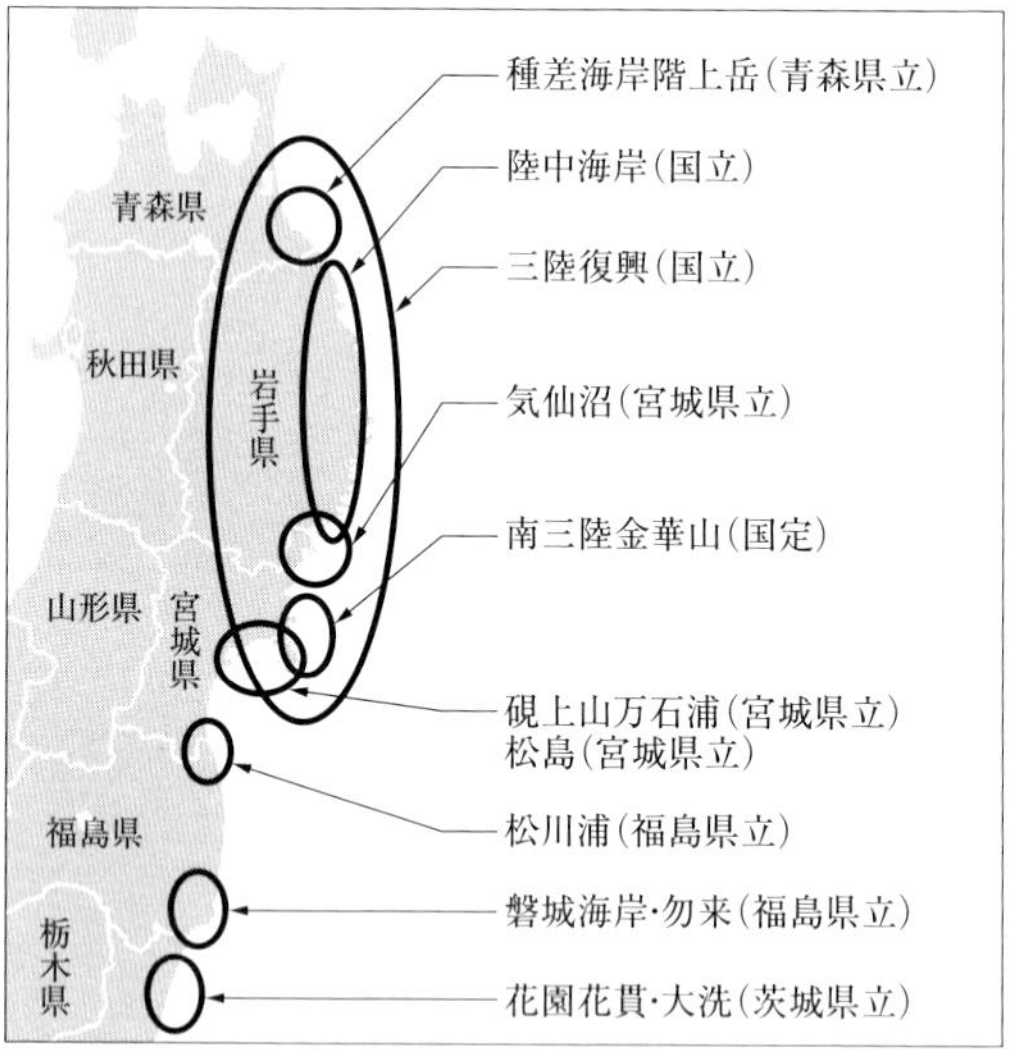

図 6-11　三陸の自然公園。これまでの自然公園に加えて、災害復興を目標とした再編成が検討されている。

自然公園（四）が指定されている。また、国指定鳥獣保護区が日出《ひで》島、三貫《さんがん》島（岩手県）と仙台海浜に指定されている（図6-11）。今回の震災復興を見据え、環境省は平成二三（二〇一一）年八月に環境省から中央環境審議会（以下、審議会と称する）に諮問し、平成二四（二〇一二）年度内に審議会がビジョンを策定して答申する。これを受けて、国として三陸復興国立公園（仮称）の指定へと進める計画がある。その背景には東日本大震災復興構想の提言を受け、東北の国立公園などの地域観光資源を活用することによる復興を目指す構想がある。国立公園としては青森県八戸市の蕪《かぶ》島から宮城県石巻市と女川町の牡鹿半島までとその周辺地域までがふくまれている。このうち、平成二五（二〇一三）年度には北部の蕪島から岩手県中部の山田まで、翌年は山田以南の岩手県から宮城県の牡鹿半島までを整備する計画となっている。

表 6-2　グリーン復興プロジェクトの骨子。

プロジェクト 1. 三陸復興国立公園の創設：従来の自然公園（図 6-11 参照）の再編成
プロジェクト 2. 長距離自然歩道「東北海岸トレイル」（仮称）：相馬市松川浦から八戸市蕪島まで
プロジェクト 3. 復興エコツーリズム：地域自立にむけての体制づくり
プロジェクト 4. 森・里・川・海のつながりの再生：干潟と藻場の再生
プロジェクト 5. 持続可能な社会を担う人づくりの推進：防災と減災に注目
プロジェクト 6. 自然環境モニタリング：津波・地震の影響評価
プロジェクト 7. 里山・里海フィールドミュージアム：施設を拠点とする環境教育とエコツーリズム

環境省（2012）『新たな国立公園へ、グリーン復興プロジェクト』をもとに作成。

新たな国立公園の枠組みでは、（1）自然の恵みの活用、（2）自然の脅威を学ぶ、（3）森・里・川・海のつながりを強める、の三つの基本方針とその具体的な取り組みの考えが示されている。そのなかで六つのプロジェクトが策定されている（表 6-2）。これらに通底するのは、地域資源を生かした観光の拠点形成、沿岸の海洋景観を海から楽しむ工夫、生物多様性の保全をもくろんだ領域だけでなく、沿岸域におけるエコツーリズムの推進や地域産業の振興を目指す領域のゾーニング化が検討されている。第 5 章でふれた海洋保護区としての多面的な機能を果た

図 6-12　折石《おれいし》。三陸地方沿岸部には見事な岩石海岸や奇岩奇勝がある。この石灰岩の柱状岩石は高さ 16 m、幅 3 m あったが、明治三陸地震津波（1896 年）のさいに上部 2 m が折れたので折石とよばれる（宮城県唐桑半島・巨釜半造《おおかまはんぞう》）。

す空間として意義ある構想といえるだろう。ただし、グレートバリア・リーフの海洋保護区にあったように（第5章第4節を参照）、ゾーンごとにどのような活動が許容され、場合によっては許可が必要な条項が詳細なマニュアルとして規定されている。おそらく面積にもよるが、三陸地方を国立公園とする場合、沿岸の漁業権や定置網、養殖施設などが数多くあり、大雑把なゾーニングでは紛争や問題の発生することが予想される。第5章でみたような調整機能を誰が果たすのか、現場に熟知した人材の登用と確保を十分に検討して準備すべきだろう。

　国立公園においては、無謀な開発や環境改変は制限されることが国立公園法によって明記されている。震災からの復旧・復興過程で浮上した防潮堤についても慎重な扱いが要請されることになり、実質上、防潮堤建設に一定の歯止めとなることはあきらかである。三陸海岸は地質年代の古い地層があり、海から陸をみたときにその景観を目のあたりにすることができる。気仙沼の唐桑半島には奇岩の並ぶ海岸地形があり、海からの観光や自然学習にとっても貴重な場所を提供する（図6-12）。第1章で取り上げた海底湧水についていえば、北上山地は地質学的に興味ある地層からなっており、地下水も地域ごとに異なった栄養塩類をふくんでいることが予想される。可視的な海岸景観だけでなく、沿岸のゆたかな漁場を育む基礎となる湧水の研究を推進する必要がある。

ユネスコは二〇〇四年に世界ジオパーク・ネットワークを立ち上げた。ジオパーク構想は自然遺産だけでなく文化遺産をもふくむ観点から設立されたものであり、地域による保全の取り組みにも重点をおいている。日本ではこれまで、洞爺湖有珠山、糸魚川、島原半島、山陰海岸、室戸が世界ジオパークに加盟認定されている。平成二四（二〇一二）年度には島根県の隠岐諸島が惜しくも世界ジオパークの認定からはずれてしまった。三陸海岸には北山崎（田野畑村）、龍泉洞（岩泉町）、碁石海岸（大船渡市）などジオパークとしての高い価値をもつ場所が少なくない。「三陸ジオパーク構想」推進協議会はジオパークを構成するジオサイトに四八カ所、具体的地点を示すジオポイントに一三二カ所を選定した。

奇岩や勇壮な断崖の海岸の地質遺産に加えて、三陸には鳥類の営巣地が数多い。たとえば、蕪島（ウミネコ、八戸市）、日出島（クロコシジロウミツバメ、宮古市）、三貫島（ヒメクロウミツバメ、釜石市）、南三陸海岸の大指《おおざし》海域、双子島、鞍掛《くらかけ》島、蹄《ひづめ》島、黒島（ウミネコ、ゴイサギ、アマツバメ、ウトウ、石巻市）、牡鹿諸島（足島・江ノ島などウミネコ、ウトウ、オオミズナギドリの営巣地、女川町）などがそうである。また、岩礁地帯の海底はゆたかなベントス資源を育む場であることはいうまでもない。三陸復興国立公園が世界ジオパークとも連携した活動の場として復興の大きな足がかりになるように期待したい。

海洋教育の今後

海洋教育にとり、なにがいったい問題となるのだろうか。文部科学省による教科書検定を数年後にひかえ、中央教育審議会（以下、中教審）の答申にむけて、海洋教育の重要性に関する文言を明記することが大きな課題となっている。海洋教育に関する中身には広範な分野がふくまれるため、漠然としているとか焦点が定まらないとする意見がある。各教科にかかわる専門家は自分の分野のみに拘泥するとすれば、漠然とした印象を抱くのかもしれない。ただし、それでは困るのだ。わたしは、海についての知識や興味が多分野におよんでいることは、教育における総合性と相互連関性を促進するうえでたいへん理にかなった取り組みであると考えている。

陸（＝川上）を視野においたとき、海の問題（＝川下）は往々にして検討外の問題として切り捨てられる。海からの視点からすると、陸の問題も当然、森から海に至る問題として位置づけることができる。山タテ（アテ）や海底湧水への注目はその端的な例である。比較的小さな島では、周囲の海はつねに視野に入ってこざるをえない。中世・近世の沖縄では海に背を向けた農本主義政策が採られた。背を向けないかぎり、海は前方に広がる広い世界なのだ（図6-13）。

現代的な課題をふくめて海の問題を教育におけるカリキュラムとして整理すると、いくつかのテーマ群を設定することができる。それらは、(1)津波や高潮などの災害に関する防災、(2)原発事故の発生以降に浮上した自然再生型のエネルギー利用(風力、潮力、太陽光、バイオエネルギー)、(3)これとも関連する海底の鉱物や石油・天然ガスなどのエネルギー問題や海洋生物資源の適正利用、(4)海域における安全保障と権益・領有問題、(5)海洋生物の多様性の保全と自然循環、の五つである。以上の五項目はたがいに独立しているというよりは相互に関連する点が特徴である。小中学校から高等学校に至るまで、学習指導要領に盛り込むべき内容は難易度に応じて弾力的であるべきだが、テーマ群に通底する柱として、わたしは水といのち(生命)を取り上げたい。地球が水惑星と称されるとおり、水なしでは地球上のあらゆる生命体はいのちを維持することはできない。これは淡水、海水、湧水にかかわらずあてはまる公理である。あらゆる生命体がつながっていることをいのちの問題としてとらえることは、生物学や生態学などの知識面のみならず情操面、倫理面でもゆたかな人格形成に欠かせない指針となる。

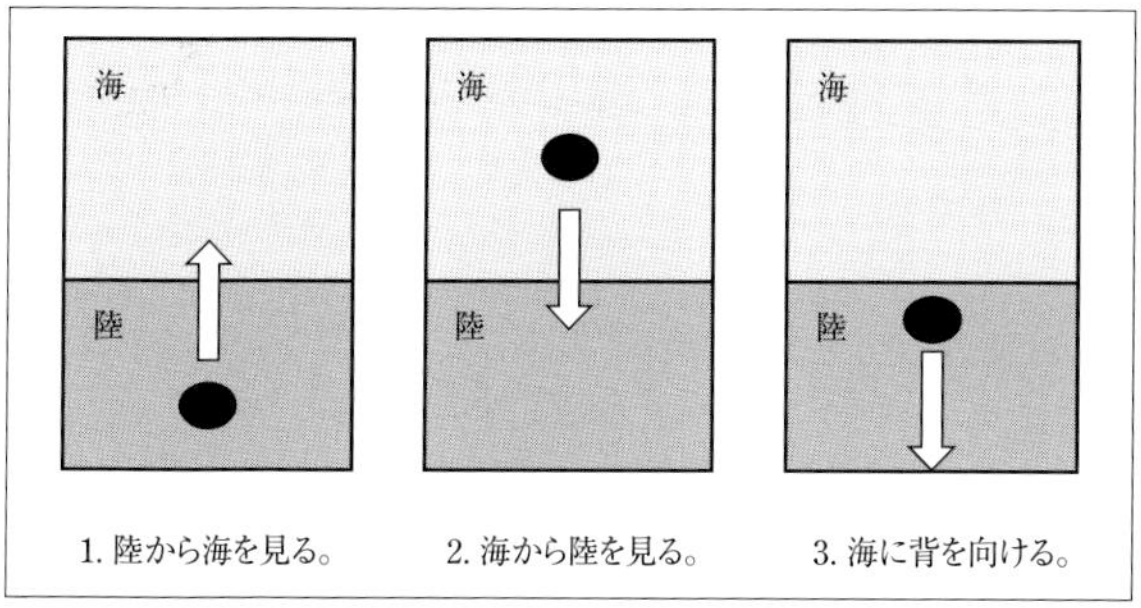

図 6-13　海を見る3つの視点。海から陸を見る視点の重要性に注意を喚起したい。

先だって参加した供養に関するシンポジウムで、自然はなにも教えてくれない、人間がみずから学びとることが重要であるとい

図 6-14　岩手県大槌町の小中高等学校生徒による作文集。

う意見を山形大学の村松真准教授から聞いた。自然からのメッセージを感知する能力と資質を醸成することを教育の原点にすえるべきとの考えである。三・一一の津波は自然現象としてなにも教えてくれなかったわけではもちろんない。多くの教訓をあたえてくれた津波から、人間がなにを学びとるかが問われているのである。本書では随所で津波の問題を多角的にとらえてきた。震災復興の自治体による取り組み、津波による大きな攪乱が生態系にあたえた影響、原発事故後に露呈した食の安全と安心、水産業復興における制度と共有化問題、流通におけるネットの活用などである。大槌町の教育委員会は地元町内のすべての小中高生に作文を書いてもらった（図6-14）。とても悲しく、また感動をあたえるものであり、いじめや体罰で苦しむ全国の子どもたちに読んでもらいたいとおもった。東北では自然からいじめを受けた。そしてとても深い傷を残した。教育者である先生方はそのことをともに考える場をどうしてつくろうとしないのか。

海洋教育はすでに東北で始まっていることを確信した。

今後どうするか。海を取り巻く多様な問題を陸地において育まれてきた種々の問題をふくめて再構成する新たな指針づくりをおこなうことである。陸地に拘泥することなく、森里海の連環や境界を超えるつながり、未知の生物相をふくむ海洋生態系の構造についての理解がぜひとも必要である。この点を教育面でいえば、明確な事実を提示しえないと考えがちであるが、そう断定すべきではない。未知の分野への探求心と複雑な生態系への探求心を高揚する機会となることはまちがいない。要するに、科学のもつ偉大な力を過信することなく、新たな世界にむけての学際的な興味を喚起することこそ大切であることを十分に認識する必要があるからだ。この点で本書の最後に指摘しておきたいのは、一般に認められている科学的な言説と数値データに関して批判的な精神を育むことこそが教育の原点になる点である。

原発と海の科学

すでに第3章でふれたとおり、東日本大震災で津波発生直後の四月二～六日、東京電力福島第1原子力発電所から高濃度の汚染水五三〇トンが流失し、大量の放射性物質が海に流れた。海洋汚染について安全宣言がいったん出されたものの、水産物から暫定基準値以上の放射性物質が検出され、依然として福島県下での水産物の出荷停止と漁業の自粛状況が続いている。もちろん、原発事故から放射性物質の濃度は一般に低下傾向にある。これはセシウム134の半減期が約二年であることをふくめて、海中の放射性物質が希釈、拡散したことによる。ただし、放射性物質濃度が低下した魚種とそうでない魚種があり、その差異について人間は十分な説明原理と知識をもちあわせていない。

一方、政府は原発依存のエネルギー政策を今後どうするかについて、国民からのパブリック・コメント、意見聴取会、討論会、世論調査を二〇一二年に実施した。福島における聴取会では、参加した三〇人中、二八人が「原発ゼロ」の意見を表明した。さらに政府は二〇三〇年における総発電量に占める原発の比率で、原発依存を〇%、一五%、二〇〜二五%と設定し、三つの選択肢にわけて国民に広く意見を求めた。抽出された六八四九人を対象とした世論調査とその後の専門家との相互討論の結果、最初の世論調査で原発ゼロを選択した人は三二・六%であったが、討論ののちには四六・七%までに増加した。一方、原発の比率を二〇〜二五%として支持する意見は全体の一三%で、討論の前後であまり変化がなかった。

原発事故による海洋生物の汚染に関する数字データと、世論調査による原発賛否論の数字は今後、時間とともに推移していくだろう。しかし、そのいずれにも真実があるということを誰が信じ、いつ魚介食品の安全性や原発廃止の決定を下すのであろうか。自然科学と社会科学の示す数字の虚構性を追求していくことこそが重要であり、そこに新しい科学の可能性がある。海をめぐる問題についてわれわれはつねに謙虚に対処すべきであり、それは今後の日本と世界を占う試金石となる。海の未来は地震津波にむきあうことから始まる。この点こそ、本書のもっとも重要なメッセージであることを指摘して本書を終える。

おわりに

本書の副題にある「海人の民族学」は、わたしが一九八八年に上梓した日本放送出版協会の書と同名のものである。その書の副題は「サンゴ礁を超えて」であった。主題を副題とし、本書では新たに「海に生きる」を主題とした。一九八八年以降に蓄積してきた経験を四半世紀ののちの今回、さらに広い視野から展開するものと位置づけた。じつはその伏線となった書がある。それが一九九五年に東京大学出版会から刊行した『海洋民族学――海のナチュラリストたち』である。この書のなかでは、東南アジアからオセアニア地域における調査・研究から、海人の民俗知識や活動を中心に取り上げた。

一九八八年当時は、大阪の国立民族学博物館（民博）に勤務していた。とある縁で日本放送出版協会の道川文夫氏と出会い、『海人の民族学――サンゴ礁を超えて』はＮＨＫブックスとして刊行した。調査地域は日本の沖縄やオセアニアが中心であり、「サンゴ礁を超えて」という副題が示すように、サンゴ礁に生きる海人の世界をどう描きだすかが大きな課題であった。

一九九五年当時には、わたしの研究の関心はオセアニアから東南アジア地域へと移っていた。地域もさることながら、サンゴ礁海域とともにマングローブ地帯や泥海、獲る漁業から養殖（栽培漁業）

のテーマへと関心を広げていった。そして、民族科学的な調査研究から、漁場利用の制度や水産資源管理の研究に興味をもった。

さらに、二〇〇二年に民博から京都の総合地球環境学研究所（地球研）に異動してからは、東南アジアのメコン川流域を中心としたプロジェクトを手がけた。こうして、東南アジア大陸部の淡水域や中国南部における調査研究を経て、アジア・オセアニアにおける漁撈全般について俯瞰できる地平に到達することができた。二〇一三年一月には、『漁撈の民族誌――東南アジアからオセアニアへ』と題する写真集を昭和堂から出版した。淡水域と海水域を含めた内容のこの書では、漁具・漁法から民俗知、魚食文化、神観念、交易など、民族学的な諸テーマを中心に構成した。

『漁撈の民族誌――東南アジアからオセアニアへ』では日本の事例を取り込んでいない。東南アジア・オセアニア地域以外の世界の事例や海の生態学についてもまったく考察外とした。まして、二〇一一年の地震津波からの復興を研究の大きな柱とすることはなかった。

以上の時間的な流れと一連の書の構成を通覧することで、読者にはわたし自身の研究の軌跡を垣間見ていただけるのではないかと考えている。

ここ九年たらずのあいだ、わたしは東京にある海洋政策研究財団の発行するニューズレターの編集代表者を山形俊男氏（元東京大学教授、現在は海洋研究開発機構上席研究員）とともに務めてきた。月二回発行のニューズレターには海洋に関するじつにさまざまな分野からのオピニオンが寄せられている。編集代表者としては、それらの原稿のチェックと編集作業が至上命令である。海洋に関する問題は広範囲におよぶが、専門外であるからわかりませんなどとはいっておれない。こうして、海の広域分野に関する最新の知見を勉強させていただいた。そのような機会をあたえていただいた海洋政策研究財団の寺島紘士氏に格段の謝辞を申し上げたい。

本書とともに『海洋民族学——海のナチュラリストたち』以来、一貫してわたしの研究を見守り続けていただいたのは東京大学出版会編集部の光明義文氏である。『海人の民族学——サンゴ礁を超えて』に目をとめ、『海洋民族学——海のナチュラリストたち』の執筆へといざなっていただいた。それから一七年後の二〇一二年三月、光明氏にはわたしの地球研退職記念講演会にかけつけていただいた。そのときをきっかけとして、本書が生まれた。丁寧かつ入念な編集作業のやりとりと適切なご助言に何度も勇気づけられた。駆け出しの時代から一貫して気にとめていただいたことに深謝申し上げ、むすびのことばとしたい。

秋道智彌

二〇一三年五月

【著者略歴】
一九四六年　京都府に生まれる
一九七一年　京都大学理学部動物学科卒業
一九七七年　東京大学大学院理学系研究科博士課程修了
現　　在　国立民族学博物館教授・研究部長、総合地球環境学研究所教授・副所長などを経て、総合地球環境学研究所名誉教授、国立民族学博物館名誉教授、総合研究大学院大学名誉教授、理学博士
専　　門　海洋民族学・生態人類学

【主要著書】
『海人の民族学――サンゴ礁を超えて』（一九八八年、日本放送出版協会）、『アユと日本人』（一九九二年、丸善）、『なわばりの文化史――海・山・川の資源と民俗社会』（一九九五年、小学館）、『海洋民族学――海のナチュラリストたち』（一九九五年、東京大学出版会）、『コモンズの人類学――文化・歴史・生態』（二〇〇四年、人文書院）、『クジラは誰のものか』（二〇〇九年、筑摩書房）、『コモンズの地球史――グローバル化時代の共有論に向けて』（二〇一〇年、岩波書店）、『漁撈の民族誌――東南アジアからオセアニアへ』（二〇一三年、昭和堂）ほか多数

海に生きる
海人の民族学

二〇一三年七月二五日　初　版

検印廃止

著　者　秋道智彌《あきみちともや》
発行所　一般財団法人　東京大学出版会
代表者　渡辺　浩
一一三-八六五四　東京都文京区本郷七―三―一　東大構内
電話：〇三―三八一一―八八一四
振替〇〇一六〇―六―五九九六四
印刷所　株式会社 精興社
製本所　矢嶋製本株式会社

ISBN 978-4-13-063337-6 Printed in Japan

参考文献

[和文献]

相生啓子 2002「陸中のタチアマモ」秋道智彌編『野生生物と地域社会』京都：昭和堂，20-37 頁.

相生啓子 2010「アマモが教えてくれたヒトと自然の関係」秋道智彌編『大槌の自然，水，人——未来へのメッセージ』鶴岡：東北出版企画，106-129 頁.

赤嶺淳 2000「熱帯産ナマコ資源利用の多様化」『国立民族学博物館研究報告』25（1）：59-112 頁.

赤嶺淳 2006「ダイナマイト漁の政治生態誌」北原惇・竹内隆夫・佐々木衞・高田洋子編『地域研究の課題と方法——アジア・アフリカ社会研究入門・実証編』東京：文化書房博文社，233-250 頁.

赤嶺淳 2010『ナマコを歩く』東京：新泉社.

秋道智彌 1976「漁撈活動と魚の生態——ソロモン諸島マライタ島の事例」『季刊人類学』7（2）：76-128 頁.

秋道智彌 1978「サンゴ礁に魚を求めて——魚食文化論の視点」『アニマ』61：81-87 頁.

秋道智彌 1981「“悪い魚”と“良い魚”——Satawal 島における民族魚類学」『国立民族学博物館研究報告』6（1）：66-133 頁.

秋道智彌 1985「サタワル島における伝統的航海術の研究——島嶼間の方位関係と海域名称」『国立民族学博物館研究報告』9（4）：651-709 頁.

秋道智彌 1988『海人の民族学——サンゴ礁を超えて』東京：日本放送出版協会.

秋道智彌 1989「サタワル島の食物カテゴリー」松原正毅編『人類学とは何か——言語・儀礼・象徴・歴史』東京：日本放送出版協会，199-232 頁.

秋道智彌 1992「水産資源のバイオマスとその変動」小山修三編『狩猟と漁労——日本文化の源流をさぐる』東京：雄山閣出版，57-79 頁.

秋道智彌 1993「共有資源をめぐる相克と打開」福井勝義編『環境の自然誌』東京：岩波書店，165-187 頁.
秋道智彌 1994a『クジラとヒトの民族誌』東京：東京大学出版会.
秋道智彌 1994b「海の資源はだれのものか」大塚柳太郎編『講座 地球に生きる 3　資源への文化適応』東京：雄山閣出版，219-242 頁.
秋道智彌 1995a『なわばりの文化史——海・山・川の資源と民俗社会』東京：小学館.
秋道智彌 1995b『海洋民族学——海のナチュラリストたち』東京：東京大学出版会.
秋道智彌 1996「インドネシア東部における入漁問題に関する若干の考察」『龍谷大学経済学論集』35（4）：21-40 頁.
秋道智彌編 1999a『自然はだれのものか——「コモンズの悲劇」を超えて』京都：昭和堂.
秋道智彌 1999b「序論——コモンズの悲劇」秋道智彌編『自然はだれのものか——「コモンズの悲劇」を超えて』京都：昭和堂，6-20 頁.
秋道智彌 1999c「クジラを語る——クジラの資源と所有をめぐって」秋道智彌編『自然はだれのものか——「コモンズの悲劇」を超えて』京都：昭和堂，186-206 頁.
秋道智彌 2002「序・紛争の海——水産資源管理の人類学的課題と展望」秋道智彌・岸上伸啓編『紛争の海——水産資源管理の人類学』京都：人文書院，9-36 頁.
秋道智彌 2003a「ナマコ交易とチャイナ・コネクション」大塚和義編『北太平洋の先住民交易と工芸』京都：思文閣出版，78-82 頁.
秋道智彌 2003b「野生生物の保護政策と地域社会——アジアにおけるチョウとジュゴン」池谷和信編『地球環境問題の人類学——自然資源のヒューマンインパクト』京都：世界思想社，230-250 頁.
秋道智彌 2004a『コモンズの人類学——文化・歴史・生態』京都：人文書院.
秋道智彌 2004b「八重山諸島におけるサンゴ礁の攪乱と持続的利用——敷網漁と漁民の意見」環境省・日本サンゴ礁学会編『日本のサンゴ礁』東京：環境省，71-77 頁.
秋道智彌 2006「トロカス・コネクション——西部太平洋における

サンゴ礁資源管理の生態史」印東道子編『環境と資源利用の人類学――西太平洋の生活と文化』東京：明石書店，15-35 頁.
秋道智彌 2007a「序――資源・生業複合・コモンズ」秋道智彌編『資源人類学 08　資源とコモンズ』東京：弘文堂，13-36 頁.
秋道智彌 2007b「コモンズ論の地平と展開――複合モデルの提案」内堀基光編『資源人類学 01　資源と人間』東京：弘文堂，209-240 頁.
秋道智彌 2007c「メコン河集水域における水産資源管理の生態史」秋道智彌監修・責任編集『論集モンスーンアジアの生態史――地域と地球をつなぐ第 3 巻　くらしと身体の生態史』東京：弘文堂，209-228 頁.
秋道智彌 2008a「『食』の現状――人類史上の位置」湯本貴和編『食卓から地球環境がみえる――食と農の持続可能性』京都：昭和堂，81-118 頁.
秋道智彌 2008b「海洋動物とグローバル・コモンズ」林良博・森祐司・秋篠宮文仁・池谷和信・奥野卓司編『ヒトと動物の関係学第 4 巻　野生と環境』東京：岩波書店，218-242 頁.
秋道智彌 2010a『クジラは誰のものか』東京：筑摩書房.
秋道智彌 2010b「鯨墓と鯨供養を再考する――生命観・儀礼・記憶」『海民・海域史からみた人類文化』（国際シンポジウム報告書 I）横浜：国際常民文化研究機構・神奈川大学日本常民文化研究所，17-23 頁.
秋道智彌 2011『生態史から読み解く環・境・学』京都：昭和堂.
秋道智彌 2012a「災害をめぐる環境思想」秋道智彌編『日本の環境思想の基層――人文知からの問い』東京：岩波書店，1-22 頁.
秋道智彌 2012b「カミは見放さない！『ただの魚』と地域の宝物」森誠一編『天恵と天災の文化誌――三陸大震災の現場から』鶴岡：東北出版企画，207-237 頁.
秋道智彌 2012c『食文化誌ヴェスタ *Vesta* 世界の魚食文化』88 号：2-49 頁.
秋道智彌 2013a『漁撈の民族誌』京都：昭和堂.
秋道智彌 2013b「生き物のいのち再考――生命観の歴史と民俗」岡田真美子編『小さな小さな生きものがたり――日本的生命観と神性』京都：昭和堂，39-71 頁.
秋道智彌編 1995『海人の世界』東京：同文舘.
秋道智彌編 2010『大槌の自然，水，人――未来へのメッセージ』

鶴岡：東北出版企画.
秋道智彌・田和正孝 1998『海人たちの自然誌』西宮：関西学院大学出版会.
秋道智彌・諸喜田茂充 2000「琉球列島におけるマングローブの利用に関する民俗生態学的研究」『環境科学総合研究所年報』18：55-66 頁.
秋道智彌・阿部健一 2012「『ローカル・コモンズ』からグローバルな『公共』へ」（対談）『SEEDer』7：4-15 頁.
安里進 2004「琉球王国の形成と東アジア」豊見山和行編『琉球・沖縄史の世界』東京：吉川弘文館，84-115 頁.
阿部宏喜 2005「魚食と健康（水産食品の 1 次機能）」谷内透ほか編『魚の科学事典』東京：朝倉書店，430-440 頁.
網野善彦 1985「古代・中世・近世初期の漁撈と海産物の流通」『講座日本技術の社会史第 2 巻　塩業・漁業』東京：日本評論社，197-271 頁.
網野善彦 1993「日本社会再考――海の視点から」網野善彦ほか編『海と列島文化別巻　漂流と漂着・総索引』東京：小学館，177-216 頁.
荒居英次 1988『近世海産物経済史の研究』東京：名著出版.
飯沼勇義 1995『仙台平野の歴史津波』仙台：宝文堂.
五十嵐忠孝 1975「トカラ列島漁民の“ヤマタテ”――伝統的漁撈活動における位置測定」渡辺仁責任編集『人類学講座 12　生態』東京：雄山閣出版，139-161 頁.
池谷和信 2002「二十世紀前半における“トナカイチュクチ”とアメリカ人との毛皮交易」佐々木史郎編『開かれた系としての狩猟採集社会』吹田：国立民族学博物館，51-69 頁.
石井忠 1993「海からのメッセージ・漂着物」網野善彦ほか編『海と列島文化別巻　漂流と漂着・総索引』東京：小学館，49-92 頁.
石毛直道・ラドル，K. 1995『魚醤とナレズシの研究――モンスーンアジアの食事文化』東京：岩波書店.
今田光夫 1996『ニシン文化誌――幻の鰊・カムイチェップ』札幌：共同文化社.
今津勝紀 2012『日本古代の税制と社会』東京：塙書房.
岩崎・グッドマン・まさみ 2004「カナダ北西海岸におけるサケをめぐる対立」秋道智彌・岸上伸啓編『紛争の海――水産資源管

理の人類学』京都：人文書院，168-188頁.
印東道子 1995「オーストロネシアの調理方法」中尾佐助・秋道智彌編『オーストロネシアの民族生物学——東南アジアから海の世界へ』東京：平凡社，209-244頁.
印東道子 2002『オセアニア——暮らしの考古学』東京：朝日新聞社.
ヴァヌチ・マルタ 2005『マングローブと人間』（向後元彦・向後紀代美・鶴田幸一訳）東京：岩波書店.
上真一 2011「グローバル化するクラゲ類の大量発生——原因と対策」『地球環境』16（1）：17-24頁.
上勢頭亨 1976『竹富島誌　民話・民俗篇』東京：法政大学出版局.
上田不二夫 1992「沖縄の旅漁民——糸満漁民の歴史と生活」網野善彦ほか編『海と列島文化第6巻　琉球弧の世界』東京：小学館，479-502頁.
上田不二夫 2006「宮古島ダイビング事件と水産振興——海洋性レクレーション事業への対応と漁業事業」『ローカルルールの研究——ダイビングスポット裁判の検証から』東京：まな出版企画，191-238頁.
上原真人・白石太一郎・吉川真司・吉村武彦編 2006『列島の古代史　ひと・もの・こと——専門技能と技術』東京：岩波書店.
宇沢弘文 2009『社会的共通資本』東京：岩波書店.
内山純蔵 2011「貝塚と大津波——縄文に学ぶ未来の景観」『*Ship & Ocean NewsLetter*』272：6-7頁.
梅棹忠夫 1998『文明の生態史観』東京：中央公論社.
浦野起央 1997『南海諸島国際紛争史』東京：刀水書房.
江上波夫 1978「極東に於ける子安貝の流伝に就きて」『東アジアの古代文化』14：104-125頁.
NHK三内丸山プロジェクト・岡田康博編 2005『縄文文化を掘る——三内丸山遺跡からの展開』（NHKライブラリー）東京：日本放送出版協会.
海老沢明彦 1999「八重山海域におけるイソフエフキの資源生態調査」（資源管理型漁業推進調査）『平成11年度沖縄県水産試験場事業報告書』糸満：沖縄県水産試験場，64-84頁.
海老沢明彦 2005「八重山海域におけるスジアラ等潜水器漁業主要漁獲対象種の資源動向」（資源管理型漁業推進調査）『平成15年度沖縄県水産試験場事業報告書』糸満：沖縄県水産試験場，

102-132頁.
応地利明 1990「玄界灘の交易と農耕文化の交流」網野善彦ほか編『海と列島文化第3巻　玄海灘の島々』東京：小学館，68-104頁.
大島廣 1983『ナマコとウニ』東京：内田老鶴圃.
太田貞太郎 1915『輸出海産物貿易』東京：水産書院.
大塚和義・小泉格・丹羽昇編 2005『日本海学の新世紀5　交流の海』東京：角川書店.
大槌町漁業史編纂委員会編 1993『大槌町漁業史』東京：第一法規出版.
大槌町史編纂委員会 1991『大槌町史上巻』大槌町：岩手県大槌町役場.
大林太良 1983『海の神話』東京：講談社.
大林太良 1987a「沿海と内陸水界の文化」大林太良編『日本の古代第8巻　海人の伝統』東京：中央公論社，9-44頁.
大林太良編 1987b『日本の古代第8巻　海人の伝統』東京：中央公論社.
大林太良 1992「日本の狩猟・漁撈の伝統——信仰・儀礼などからみた」小山修三編『狩猟と漁労』東京：雄山閣出版，339-352頁.
大林太良（著者代表）1992『海と列島文化第10巻　海から見た日本文化』東京：小学館.
岡野恵美子 1999「ロシア人の北太平洋進出と政府の役割——ベーリング探検隊後から1780年代まで」『群馬県立女子大学紀要』20：73-93頁.
小川国治 1973『江戸幕府輸出海産物の研究——俵物の生産と集荷機構』東京：吉川弘文館.
小河久志 2011「インド洋津波後のタイ沿岸漁業の変化」『アジア経済』52（7）：64-75頁.
長節子 1990「孤草島釣魚禁約」網野善彦ほか編『海と列島文化第3巻　玄海灘の島々』東京：小学館，311-343頁.
小田静夫 1981「神津島産の黒曜石——その先史時代における伝播」『歴史手帳』9（6）：11-17頁.
小野林太郎 2006「変わる“生計活動”と変わらぬ“資源利用”——東南アジアの『漂海民』の場合」印東道子編『環境と資源利用の人類学——西太平洋島嶼の生活と文化』東京：明石書店，

105-126 頁.
小野林太郎 2011『海域世界の地域研究――海民と漁撈の民族考古学』(地域研究叢書 24) 京都:京都大学学術出版会.
海洋政策研究財団編 2009『海洋白書 2009――日本の動き 世界の動き』東京:成山堂書店.
海洋政策研究財団編 2010『海洋白書 2010――日本の動き 世界の動き』東京:成山堂書店.
海洋政策研究財団編 2011『海洋白書 2011――日本の動き 世界の動き』東京:成山堂書店.
海洋政策研究財団編 2012『海洋白書 2012――日本の動き 世界の動き』東京:成山堂書店.
科学院古典研究所編 1986『新増東国輿地勝覧』(2 巻・索引, 復刻版) 東京:国書刊行会.
カーソン・レイチェル 1974『沈黙の春』(青樹簗一訳) 東京:新潮社.
嘉田由紀子 1998「所有論からみた環境保全――資源および途上国開発問題への現代的意味」『環境社会学研究』4:106-123 頁.
片岡千賀之 1991『南洋の日本人漁業』東京:同文舘.
片岡千賀之 2006「あんこう網漁業の発達――有明海での生成と朝鮮海出漁」『長崎大学水産学部研究報告』87:29-50 頁.
勝川俊雄 2011『日本の魚は大丈夫か――漁業は三陸から生まれ変わる』東京:日本放送出版協会.
加藤綱男 (料理監修)・朝日田卓 (図巻監修) 2008『三陸海岸――旬の魚と料理図鑑』仙台:河北新報出版センター.
神奈川大学日本常民文化研究所編 2009『海と非農業民』東京:岩波書店.
金田禎之 1979『戦後の漁業紛争史』東京:成山堂書店.
上村真仁 2010「石垣島白保集落における里海再生――サンゴ礁文化の保全・継承を目指して」『*Ship & Ocean Newsletter*』235:2-3 頁.
亀井輝一郎 2011「古代の宗像氏と宗像信仰」『「宗像・沖ノ島と関連遺産群」研究報告』(第 5 回「宗像・沖ノ島と関連遺産群」専門家会議資料) ④ 1- ④ 26, 福岡:「宗像・沖ノ島と関連遺産群」世界遺産推進会議.
川勝平太 1997『文明の海洋史観』東京:中央公論社.
川崎健 2009『イワシと気候変動』東京:岩波書店.

川添昭二 1990「宗像氏の対外貿易と志賀島の海人」網野善彦ほか編『海と列島文化第3巻　玄海灘の島々』東京：小学館，279-310頁.
川俣秀樹・後藤和久・今村文彦 2009「2004年インド洋大津波によるタイ・シミラン諸島でのサンゴ被害の数値的評価」『海岸工学論文集』65：331-335頁.
神崎宣武 2005「鮓から刺身へ――生食の系譜」谷内透ほか編『魚の科学事典』東京：朝倉書店，488-495頁.
菊池俊彦 2003「環オホーツク海のセイウチの牙交易」大塚和義編『北太平洋の先住民交易と工芸』京都：思文閣出版，134-138頁.
岸上伸啓 2001「北米北方地域における先住民による諸資源の交易について――毛皮交易その諸影響を中心に」『国立民族学博物館研究報告』25（3）：293-354頁.
岸上伸啓 2002「18-20世紀におけるベーリング海峡地域の先住民交易と社会構造」佐々木史郎編『開かれた系としての狩猟採集社会』吹田：国立民族学博物館，39-50頁.
北岡伸一 2011「日本は海洋国家だったのか――日本政治外交史からの視点」『日本海洋政策学会誌』創刊号：4-10頁.
北構保男 1980「海獣捕獲文化とラッコ」『北海道考古学』16：1-13頁.
北原糸子 1983『安政大地震と民衆――地震の社会史』東京：三一書房.
北窓時男 2001『熱帯アジアの海を歩く』東京：成山堂書店.
木下尚子 1996『南島貝文化の研究――貝の道の考古学』東京：法政大学出版局.
木村和男 2004『毛皮交易が創る世界――ハドソン湾からユーラシアへ』東京：岩波書店.
木村和男 2007『北太平洋の「発見」――毛皮交易とアメリカ太平洋の分割』東京：山川出版社.
帰山雅秀 2011「気候変動とサケ資源について」『北海道気候変動観測ネットワーク設立記念フォーラム報告書』札幌：北海道環境財団・北海道立総合研究機構，20-27頁.
熊本一規 1995「海はだれのものか――白保・夜須・唐津の事例から」秋道智彌編『自然はだれのものか――「コモンズの悲劇」を超えて』京都：昭和堂，139-161頁.

グランツ・マイケル，H. 1998『エルニーニョ――自然を読め』（金子与止男訳）東京：ゼスト.
小泉格編 2003『日本海学の新世紀――循環する海と森』東京：角川書店.
河野通博 1962『漁場用益権の研究』東京：未来社.
甲元眞之 1990「大陸文化と玄界灘――考古学からみた対外交流」網野善彦ほか編『海と列島文化第 3 巻　玄海灘の島々』東京：小学館，45-67 頁.
国武貞克 2008「高原山黒曜石原産地遺跡の発掘」『季刊東北学』15：27-45 頁.
国分直一 1976『環シナ海民族文化考』東京：慶友社.
児島恭子 2003「日本史のなかのラッコ皮交易」大塚和義編『北太平洋の先住民交易と工芸』京都：思文閣出版，32-35 頁.
児島秀樹 2005「ダホメの宝貝通貨と奴隷貿易」『明星大学経済学研究紀要』37（1）：19-45 頁.
後藤明 1990「貝貨の民族考古学――ソロモン諸島・マライタ島の事例」『現代思想』18：128-137 頁.
後藤明 1995「貝貨を作る人々――ソロモン諸島マライタ島」秋道智彌編『イルカとナマコと海人たち――熱帯の漁撈文化誌』東京：日本放送出版協会，115-140 頁.
後藤明 1999『「物言う魚」たち――鰻・蛇の南島神話』東京：小学館.
小山修三 1996『縄文学への道』東京：日本放送出版協会.
桜井泰憲 2009a「オホーツク海の生態系変動と魚類（スケトウダラ・サケ類）の動態　2-1　生態系ベースの持続的漁業――知床世界自然遺産を例として」『オホーツク生態系日露協力シンポジウム報告書』東京：外務省，33-39 頁。
桜井泰憲 2009b「地球温暖化が水産資源に与える影響」日本農学会編『地球温暖化問題への農学の挑戦』（シリーズ 21 世紀の農学）東京：養賢堂，49-73 頁.
桜井泰憲・山本潤 2009「レジームシフトに応当する魚類とイカ類資源の変動――プロセス研究の重要性，レジームシフト研究 II 歴史と現状及び今後の課題」『月刊海洋』41（1）：33-42 頁.
櫻田勝徳 1933「鯨と鯨組」『旅と伝説』6（2）：68-71 頁.
笹岡正俊 2001「コモンズとしてのサシ――東インドネシア・マルク諸島における資源の利用と管理」井上真・宮内泰介編『シリ

ーズ環境社会学2　コモンズの社会学――森・川・海の資源共同管理を考える』東京：新曜社，165-188頁.
笹岡正俊 2012『資源保全の環境人類学』東京：コモンズ.
佐々木史郎 1992「北海道，サハリン，アムール川下流域における毛皮及び皮革利用について」小山修三編『狩猟と漁労』東京：雄山閣出版，122-151頁.
佐々木史郎 1996『北方から来た交易民――絹と毛皮とサンタン人』東京：日本放送出版協会.
佐々木史郎 2009「書評　森永貴子著『ロシアの拡大と毛皮交易――16-19世紀シベリア・北太平洋の商人世界』」『北方人文研究』2：101-105頁.
佐々木寧・田中規夫・湯谷賢太郎・サマン・ホモチュエン 2005「スマトラ沖大地震における樹林の津波防御効果について」『埼玉大学紀要　工学部』38：49-57頁.
佐々木猛智 2010『貝類学』東京：東京大学出版会.
佐竹健治 2011「海底での観測から地震・津波の発生を解明する」『*Ship & Ocean Newsletter*』269：2-3頁.
佐竹健治・堀宗朗編 2012『東日本大震災の科学』東京：東京大学出版会.
佐藤仁 2002『稀少資源のポリティクス』東京：東京大学出版会.
渋澤敬三 1959『日本魚名の研究』東京：角川書店.
島袋源七 1951「沖縄における寄物」『民間伝承』15（11）：8-14頁.
下山晃 2005『毛皮と皮革の文明史』京都：ミネルヴァ書房.
徐韶韺 2003「漁撈と魚の民俗分類」『自然と文化』75：60-62頁.
諸喜田茂充編 1995『サンゴ礁域の増養殖』熊本：緑書房.
白井隆明 2005「魚介類の味（食品の二次機能）」谷内透ほか編『魚の科学事典』東京：朝倉書店，440-450頁.
白岩孝行 2009「オホーツク海・親潮の“巨大”魚附林としてのアムール川流域」『地理』54：22-30頁.
白岩孝行 2011『魚附林の地球環境学――親潮・オホーツク海を育むアムール川』京都：昭和堂.
白山義久・桜井泰憲・古谷研・中原裕幸・松田裕之・加々美康彦編 2012『海洋保全生態学』東京：講談社.
水産総合研究センター 2008『水産資源ならびに棲息環境における地球温暖化の影響とその予測』横浜：水産総合研究センター.
水産総合研究センター編 2009『地球温暖化とさかな』東京：成山

堂書店.
水産庁 2009「実験事業の報告」『里海通信』20：1-14 頁.
鈴木龍也・富野暉一編 2006『コモンズ論再考』京都：晃陽書房.
須藤健一 1995「ヤップの離島支配――朝貢と交易にみる呪術・宗教的力」秋道智彌編『海人の世界』東京：同文舘，197-217 頁.
鷲見哲也 2012「岩手県大槌町　東北地方太平洋沖地震』津波氾濫域および痕跡水位」http://sumisumi.cocolog-nifty.com/sumisumi/2011/05/post-2d64
関口明 1987「渡島蝦夷と毛皮交易」佐伯有清編『日本古代中世史論考』東京：吉川弘文館，225-248 頁.
高橋公明 2001「海域世界の交流と境界人」大石直正・高良倉吉・高橋公明『周縁から見た中世日本』（日本の歴史 14）東京：講談社，265-385 頁.
田口一夫 2002『ニシンが築いた國オランダ――海の技術史を読む』東京：成山堂書店.
田口喜三郎 1966『太平洋産サケ・マス資源とその漁業』東京：恒星社厚生閣，207 頁.
田口理恵編 2012『魚のとむらい――供養碑から読み解く人と魚のものがたり』秦野：東海大学出版会.
田口理恵・関いずみ・加藤登 2011「魚類への供養に関する研究」『東海大学海洋研究所研究報告』32：53-97 頁.
竹川大介 1995「イルカが来る村」秋道智彌編『イルカとナマコと海人たち』東京：日本放送出版協会，89-114 頁.
竹川大介 1996「沖縄糸満系漁民の進取性と環境適応――追込漁アギヤーの分析をもとに」『列島の文化史』10：75-120 頁.
竹川大介 2003「実践知識を背景とした環境への権利――宮古島潜水漁業者と観光ダイバーの確執と自然観」『国立歴史民俗博物館研究報告』105：89-122 頁.
多田穂波 1978『明治期山口県捕鯨史の研究――網代式捕鯨とその他の鯨とり』周南：マツノ書店.
立本成文 1995「流動「農」民ブギス」秋道智彌編『海人の世界』東京：同文舘，143-167 頁.
田中伊織 2011「気候変動と春ニシンのはなし」『北海道気候変動観測ネットワーク設立記念フォーラム報告書』札幌：北海道環境財団・北海道立総合研究機構，36-45 頁.
田中耕司 1999「海と陸のはざまに生きる」秋道智彌編『自然はだ

れのものか――「コモンズの悲劇」を超えて』京都：昭和堂，111-135 頁．
田中克 2008『森里海連環学への道』東京：旬報社．
田中克・川合真一郎・谷口順彦・坂田泰造編 2010『水産の 21 世紀――海から拓く食料自給』京都：京都大学学術出版会．
田中伸幸・高柳志朗 2002「近年，北海道中部――北部日本海の沿岸漁業で漁獲されているニシンの資源構造」『北海道水産試験場研究報告』62：57-69 頁．
田辺信介 2002「内分泌攪乱物質による海棲哺乳動物の汚染」秋道智彌・岸上伸啓編『紛争の海――水産資源管理の人類学』京都：人文書院，256-272 頁．
谷内透（編集代表）2005『魚の科学事典』東京：朝倉書店．
谷口真人 2010「鳥海山の海底湧水」秋道智彌編『鳥海山の水と暮らし』鶴岡：東北出版企画，50-69 頁．
田淵行男 1981『山の紋章――雪形』東京：学習研究社．
多辺田政弘 1990『コモンズの経済学』東京：学陽書房．
田和正孝 1997『漁場利用の生態――文化地理学的考察』博多：九州大学出版会．
田和正孝 2005「マカッサル海峡南部における漁業の変化――コディガレン島を中心として」『人文論究』54（4）：88-109 頁．
田和正孝 2006「マラッカ海峡の越境漁」『東南アジアの魚捕る人びと』京都：ナカニシヤ出版，30-60 頁．
田和正孝 2012「近年の魚食をめぐるトピック②　高級魚の行方――ハタとメガネモチノウオ，サンゴ礁から中華世界へ」『*Vesta*』88：43-46 頁．
田和正孝編 2002「石干見研究ノート――伝統漁撈の比較生態」『国立民族学博物館研究報告』27（1）：189-229 頁．
田和正孝編 2008『石干見――最古の漁法』（ものと人間の文化史 135）東京：法政大学出版局．
段木一行 2006「新島村の近世史――古文書　『御用書物控』に見る天保 2 年の新島」『研究紀要』新島：新島村博物館，30-46 頁．
地域漁業学会編 2000『漁業考現学――21 世紀への発信』東京：農林統計協会．
近森正 2008「島のおきて――環礁社会の資源管理と危機対応」近森正編『サンゴ礁の景観史――クック諸島調査の論集』東京：慶應義塾大学出版会，177-211 頁．

張文 1995『香港海鮮大全』香港：萬里機構・飲食店地出版社.
鶴丸俊明・小田静夫・鈴木正男・一色直記 1973「伊豆諸島出土の黒曜石に関する原産地推定とその問題」『文化財の保護』5：147-158頁.
鶴見良行 1998『鶴見良行著作集6　バナナ』東京：みすず書房.
鶴見良行 1999a『鶴見良行著作集7　マングローブ』東京：みすず書房.
鶴見良行 1999b『鶴見良行著作集9　ナマコ』東京：みすず書房.
手塚薫 2000「北東アジアにおける毛皮獣狩猟活動の意義――毛皮の獲得と毛皮交易の視点から」『北の文化交流史研究事業研究報告』札幌：北海道開拓記念館, 215-233頁.
手塚薫 2003「ウルップ島のラッコ猟」大塚和義編『北太平洋の先住民交易と工芸』京都：思文閣出版, 144-149頁.
刀禰勇太郎 1994『蛸』（ものと人間の文化史74）東京：法政大学出版局.
東洋捕鯨株式会社 1989『明治期日本捕鯨誌』周南：マツノ書店.
徳見光三 1971『長州捕鯨考』下関：長門地方史料研究所.
長崎福三 1995『肉食文化と魚食文化』東京：農山漁村文化協会.
長崎福三 2001『魚食の民――日本民族と魚』（講談社学術文庫1469）東京：講談社.
長津一史 2006a「土器・陶磁器から見たセレベス海域の交易・歴史時代――交易ネットワーク・複合社会の発展過程に関する歴史考古学的試論」『上智アジア学』23：179-200頁.
長津一史 2006b「変わる“生計活動”と変わらぬ“資源利用”――東南アジアの『漂海民』の場合」印東道子編『環境と資源利用の人類学――西太平洋島嶼の生活と文化』東京：明石書店, 105-126頁.
永留久恵 1990「対島の考古学」網野善彦ほか編『海と列島文化第3巻　玄海灘の島々』東京：小学館, 139-197頁.
名取裕光 1997「噴火湾アイヌの捕鯨」谷川健一編『日本民俗文化資料集成第18巻　鯨・イルカの民俗』東京：三一書房, 13-27頁.
縄田浩志 2000「ラクダ牧畜民による海岸部の資源利用――スーダン東部ベジャ族の採集・漁撈活動の事例分析から」『エコソフィア』5：119-135頁.
南波松太郎 1988『日和山（ひよりやま)』（ものと人間の文化史

16）東京：法政大学出版局.
南洋庁 1935『蘭領東印度水産業調査書――昭和9年度瑞鳳丸』コロール：南洋庁.
西田勤 2011「キハダ　インド洋」『平成23年度国際漁業資源の現況14』横浜：水産庁・水産総合研究センター，1-12頁.
西平守孝・酒井一彦・佐野光彦 1995『サンゴ礁――生物がつくった〈生物の楽園〉』東京：平凡社.
西村朝日太郎 1974『海洋民族学――陸の文化から海の文化へ』東京：日本放送出版協会.
西村朝日太郎 1979「漁業権の原初形態」『比較法学』14（1）：1-88頁.
西村朝日太郎 1987「喜舎場永珣と海洋民族学」『八重山文化論集』那覇：那覇出版社，31-51頁.
西村三郎 2003『毛皮と人間の歴史』東京：紀伊國屋書店.
二野瓶徳夫 1981『明治期における漁業開拓史』東京：平凡社.
二野瓶徳夫 1985「近代漁業技術の生成」『講座日本技術の社会史第2巻　塩業・漁業』東京：日本評論社，273-310頁.
日本海洋学会沿岸海洋研究部会編 1985『日本全国沿岸海洋誌』東京：東海大学出版会.
日本学士日本科学史刊行会編 1982『明治前日本漁業技術史』（改訂版），東京：野間科学医学研究資料館.
日本の食生活全集岩手編集委員会編 2006『日本の食生活全集3　聞き書き岩手の食事』東京：農山漁村文化協会.
日本の食生活全集福島編集委員会編 1987『日本の食生活全集7　聞き書き福島の食事』東京：農山漁村文化協会.
日本の食生活全集宮城編集委員会編 1990『日本の食生活全集4　聞き書き宮城の食事』東京：農山漁村文化協会.
農山漁村文化協会編 1993『日本の食生活全集　日本の食生活全集総索引』（全2冊）東京：農山漁村文化協会.
農商務省水産局編纂 1983『日本水産製品誌』（復刻版）東京：岩崎美術社.
萩中美枝・畑井朝子・藤村久和・古原敏弘・村木美幸 2011『日本の食生活全集48　聞き書きアイヌの食事』東京：農山漁村文化協会.
橋口尚武編 1999『海を渡った縄文人』東京：小学館.
橋本芳郎 1977『魚貝類の毒』東京：学会出版センター.

畠山重篤 2006『森は海の恋人』東京：文藝春秋.
羽原又吉 1963『漂海民』東京：岩波書店.
浜本幸生 1996『海の「守り人」論——徹底検証・漁業権と地先権』東京：まな出版企画.
早川孝太郎 1925『羽後飛島図誌』東京：郷土研究社.
深井純一 2008「阿波漁村の津波防災の努力と体験記出版」岩崎信彦・田中康雄・林勲男・村井雅清編『震災と共に生きる文化と教育——〈大震災〉からの伝言《メッセージ》』京都：昭和堂，149–162 頁.
深見純生 2003「海峡」『事典　東南アジア』東京：弘文堂，286–287 頁.
福島好和 1971「古代諸国貢納水産物の分布について」『人文地理』23：29–59 頁.
福島好和 1973「『延喜式』における魚名について」『人文論究』23(3)：71–86 頁.
福島好和 1975「風土記にみえる水産物について——諸国貢納水産物との関係を中心として」『関西学院史学』16：16–45 頁.
福田晃・村上美登志・山里純一 2000『琉球の伝承文化を歩く 1 八重山・石垣島の伝説・昔話 1　大浜・宮良・白保』東京：三弥井書店.
藤井佐美 2006「亀の教え——民間説話『人魚と津波』の視座より」『尾道大学日本文学論叢』2：51–71 頁.
藤井健夫 2005「水産食品の誕生」谷内透ほか編『魚の科学事典』東京：朝倉書店，483–488 頁.
藤井建夫 2012「近年の魚食をめぐるトピック①　多様性とユニークさが特徴の水産加工品」『*Vesta*』88：40–42 頁.
フリーマン，M. R. M. 編 1989『くじらの文化人類学——日本の小型沿岸捕鯨』(高橋順一ほか訳)東京：海鳴社.
ブロック・モーリス 1996『マルクス主義と人類学』(山内彰訳) 東京：法政大学出版局.
堀之内正博 2005「アマモ場の構造は稚魚の個体密度や分布パターンにどのような影響をおよぼすか」『海洋と生物』27 (4)：350–355 頁.
真栄平房昭 1998「琉球王国における海産物交易——サンゴ礁海域の資源と交易」秋道智彌編『海人の世界』東京：同文舘，219–236 頁.
牧野清 1981『八重山の明和大津波』福岡：城野印刷所.

松井章 2011「高台の貝塚が語る『安全』」『朝日新聞』(夕刊) 平成23年6月29日 (大阪版).
松浦章 1972「日清貿易による俵物の中国流入について」『千里山文学論集』7：19-38頁.
松浦啓一 2007「魚類データベースの現状と課題」(J-BON 発表資料) www.j-bon.org/…/d5_e585ace9968be794a8matsuura_…
松浦勉編 2009『魚食文化の系譜』東京：雄山閣出版.
松沢孝俊 2005「わが国の200海里水域の体積は？」『*Ship & Ocean Newsletter*』123：6-7頁.
松田裕之 2012『海の保全生態学』東京：東京大学出版会.
松本博之 1992「真珠貝——砂漠の道・海の道」小山修三編『オーストラリア・アボリジニー狩人と精霊の5万年』大阪：産経新聞大阪本社，75-77頁.
松本博之 2001「アラフラ海の真珠貝に関する覚書——世界資本主義システムの水面下で」『地理学報』35：1-31頁.
松本博之編 2011『海洋環境保全の人類学——沿岸水域利用と国際社会』(国立民族学博物館調査報告 97) 吹田：国立民族学博物館.
マドック，K. 1986『オーストラリアの原住民』(松本博之訳) 東京：勁草書房.
水俣病患者連合編 1998『魚湧く海』福岡：葦書房.
宮内泰介 1998「重層的な環境利用と共同利用権——ソロモン諸島マライタ島の事例から」『環境社会学研究』4：125-141頁.
宮崎正勝 1997『鄭和の南海大遠征』東京：中央公論社.
宮下章 1974『海藻』(ものと人間の文化史 11) 東京：法政大学出版局.
宮本常一・川添登 1974『日本の海洋民』東京：未来社.
村井吉敬 1994「東インドネシア諸島における伝統的資源保護慣行——サシについての覚え書き」『社会科学研究』117：95-121頁.
村井吉敬 1998a『エビと日本人』東京：岩波書店.
村井吉敬 1998b『サシとアジアと海世界——環境を守る知恵とシステム』東京：コモンズ.
村井吉敬・鶴見良行 1996『エビの向こうにアジアが見える』東京：学陽書房.
森浩一 1989『図説日本の古代1　海を渡った人びと』東京：中央

公論社.
森浩一 1990「弥生・古墳時代の漁撈・製塩具副葬の意味」大林太良編『日本の古代第8巻　海人の伝統』東京：中央公論社.
森弘子 2011「宗像代謝の無形文化財」『「宗像・沖ノ島と関連遺産群」研究報告』(第5回「宗像・沖ノ島と関連遺産群」専門家会議資料)⑧1-⑧29, 福岡：「宗像・沖ノ島と関連遺産群」世界遺産推進会議.
森口恒一 2003「真の魚・悪い魚・年寄りの魚」『自然と文化』75：58-59頁.
森永貴子 2008『ロシアの拡大と毛皮交易——16-19世紀シベリア・北太平洋の商人世界』東京：彩流社.
諸橋邦彦 2012「水産業の復旧・復興の現状と各種政策」『国立国会図書館レファレンス』62(10)：51-73頁.
安本教傳編 2000『食の倫理を問う』(講座人間と環境6) 京都：昭和堂.
柳敏雄 2006『里海論』東京：恒星社厚生閣.
柳田國男 2013「物言う魚」『一目小僧その他』東京：角川学芸出版, 254-266頁.
矢野敬生・中村敬 2007「沖縄・小浜島の石干見」田和正孝編『石干見——最古の漁法』(ものと人間の文化史135) 東京：法政大学出版局, 55-114頁.
藪内芳彦 1969『東南アジアの漂海民——漂海民と杭上家屋民』東京：古今書院.
山尾政博 2010「2004年スマトラ沖地震・インド洋津波災害の復興から学ぶもの」『漁港』53(2/3合併号)：44-46頁.
山尾政博 2011「2004年12月スマトラ沖地震・インド洋大津波アジア海域社会のマイナスからの復興」(2011年5月, 漁業経済学会シンポジウム報告).
山尾政博・志摩秀典編 2009『日本の漁村・水産業の多面的機能』東京：北斗書房.
山里純一 2008「災害と呪術」高良倉吉・山里純一・豊見山和行・真栄平房昭・赤嶺政信・狩俣繁久編『沖縄の災害情報に関する歴史文献を主体とした総合的研究』西原：琉球大学, 41-48頁.
山下洋 2007『森里海連環学——森から海までの統合的管理を目指して』京都：京都大学学術出版会.
山根広大・大竹二雄 2010「岩手県宮古湾に生息するニシンの生態

を探る」『*Ship & Ocean Newsletter*』248：2–3頁.
湯浅照弘 1969『岡山県児島湾における漁業資料――樫木網漁業の記録』湯浅照弘，岡山県.
楊維湘・林長治・趙丕揚 1994『海味乾貨大全』香港：萬里機構・飲食店地出版社.
横山順 1990「壱岐の古代と考古学」網野善彦ほか編『海と列島文化第3巻　玄海灘の島々』東京：小学館，198–240頁.
吉田勝彦 2011「水産物の放射能汚染をどうみるか」（特集東日本大震災による農林水産業の被害の実態と復興のシナリオ）農学会・日本農学アカデミー主催，17–48頁.
吉田敬市 1952「波市坪考――朝鮮に於ける移動漁村集落」『人文地理』4（5）：379–391頁.
吉原友吉 1997「鯨の墓」谷川健一編『日本民俗文化資料集成第18巻　鯨・イルカの民俗』東京：三一書房，409–478頁.
李春子 2011『神の木――日・韓・台の巨木・老樹信仰』彦根：サンライズ出版.
レヴィ＝ストロース 1968「料理の三角形」『レヴィ＝ストロースの世界』（西江雅之訳）東京：みすず書房，41–63頁.
渡辺誠 1985「西北九州の縄文時代漁撈文化」『列島の文化史』2：45–96頁.
ワット，K.E.F. 1972『生態学と資源管理　上巻』（伊藤嘉昭訳）東京：築地書館.

［英文］

ACHESON, J.M. 1975. The lobster fiefs: economic and ecological effects of territoriality in the Maine lobster industry. *Human Ecology* 3（3）: 183–207.
ACHESON, J.M. 1981. Anthropology of fishing. *Annual Review of Anthropology* 10: 275–316.
ADULYANUKOSOL, K., E. HINES and P. BOONYANATE 2010. Cultural significance of dugong to Thai villagers: implications for conservation. *Proceedings of SEASTAR2000 Workshop, 2009*, pp. 43–49..
AKIMICHI, T. 1978. The ecological aspect of Lau（Solomon Islands）ethnoichthyology. *Journal of Polynesian Society* 87（4）: 301–326.

AKIMICHI, T. 1984. Territorial regulation in the small-scale fisheries of Itoman, Okinawa, In K. Ruddle and T. Akimichi eds., *Maritime Institutions in the Western Pacific*, Senri Ethnological Studies No. 17, Osaka: National Museum of Ethnology, pp. 89–120.

AKIMICHI, T. 1986. Conservation of the sea: Satawal, Micronesia. In A. Anderson ed., *Traditional Fishing in the Pacific: Ethnographical and Archaeological Papers from the 15th Pacific Science Congress*. Honolulu: Department of Anthropology, Bernice P. Bishop Museum, pp. 15–33.

AKIMICHI, T. 1992a. The surviving whale-tooth: cultural significances of whale products in Oceania. *Bulletin of the National Museum of Ethnology* 17 (1): 121–142.

AKIMICHI, T. 1992b. Sea tenure and its transformation in the Lau of north Malaita, Solomon Islands. *South Pacific Study* 12 (1): 7–22.

AKIMICHI, T. 1998. Live grouper trade and ethnonetworks in Southeast Asia. *Proceedings of the APEC Workshop on the Impacts of Destructive Fishing Practices on the Marine Environment, 16–18 December 1997*. Hong Kong: Agriculture and Fisheries Department, Hong Kong, pp. 240–248.

AKIMICHI, T. 2003. Species-oriented resource management and dialogue on reef fish conservation: a case study from small-scale fisheries in Yaeyama Islands, Southwestern Japan. In J.R. MacGoodwin ed., *Understanding the Cultures of Fishing Communities: A Key to Fisheries Management and Food Security*, FAO Fisheries Technical Paper 401, pp. 109–131.

AKIMICHI, T 2005. Exploring an eco-management scheme for migratory marine species: perspective from Asia and the Pacific. 『地域開発研究』37（1）: 81–101.

AKIMICHI, T. 2011. Changing coastal commons in a sub-tropical island ecosystem, Yaeyama Islands, Japan. In G. Baldachino and D. Niles eds., *Island Futures: Conservation and Development Across the Asia-Pacific Region*. Global Environmental Studies. Tokyo: Springer, pp. 125–137.

AKIMICHI, T. 2012. *Satoumi* ecosystems and a new commons:

ecological and institutional linkages between human and nature. *Global Environmental Research* 16 (2): 163–172.

AKIMICHI, T. ed. 1995. *Coastal Foragers in Transition*. Senri Ethnological Studies 43. Osaka: National Museum of Ethnology.

AKIMICHI, T. and K. RUDDLE 1984. The historical development of territorial rights and fishery regulations in Okinawa inshore waters. In *Maritime Institutions in the Western Pacific*. Senri Ethnological Studies No. 17. Osaka: National Museum of Ethnology, pp. 37–88.

AKIMICHI, T. and H. SUGIYAMA 2012. *Satoumi* to integrate resource conservation and use: sandfish fisheries in Akita Prefecture. In *Biological and Cultural Diversity in Coastal Communities* (CBD Technical Series No. 61). Montreal: Secretariat of the Convention on Biological Diversity, pp. 24–29.

ALEXANDER, P. 1976. Sea tenure in Sri Lanka. *Ethnology* 16: 231–251.

ALKIRE, W.H. 1978. *Coral Islanders*. Arlington Height: AHM Publishing Co.

ALKIRE, W.H. 1984. Central Carolinian oral narratives: indigenous migration theories and principles of order and rank. *Pacific Studies* 7: 1–14.

ALLEN, G. R. 2007. Conservation hotspots of biodiversity and endemism for Indo-Pacific coral reef fishes. Hoboken: John Wiley & Sons, Ltd.

ANDERSON, E.N. Jr. 1969. Sacred Fish. *Man* (n. s.) 4: 443–449.

ANNONYMOUS 1991. *Laporan Penelitian Hak Adat Kelautan di Maluku*. Yayasan HOALOPU-Fukultas, Hakum dan Ousat Studi Maluku. Ambon: Universitas Pattimura.

APEC-MRCWG 1998. *Proceedings of the APEC Workshop on the Impacts of Destructive Fishing Practices on the Marine Environment, 16–18 December 1997*. Hong Kong: Agriculture and Fisheries Department, Hong Kong.

ARIFIN, Z. and P. PURWATI 1993. *Conservation and Sustainable Use of Lola Gastropod* (*Trochus niloticus* L.) *in Banda Islands, Indonesia*. Division of Marine Resources Research and Development Center for Oceanology. Jakarta: Indonesian In-

stitute of Science (LIPI).
AUSTRALIAN ANIMAL WELFARE STRATEGY AQUATIC ANIMAL WORKING GROUP 2006. *A Review of Current Welfare Arrangements for Finfish in Australia*. Victoria: Panaquatic Health Solutions PTY Ltd.
BAILEY, C. and C. ZERNER 1992. Community-based fisheries management institutions in Indonesia. *Maritime Anthropological Studies* 5 (1): 1-44.
BAINES, G.B.K. 1985. A traditional base for inshore fisheries development in the Solomon Islands, In K. Ruddle and R.E. Johannes eds., *The Traditional Knowledge and Management of Coastal Systems in Asia and the Pacific*. Jakarta: UNESCO and Regional Office for Science and Technology for Southeast Asia, Jakarta, pp. 39-52.
BEAMISH, R.J. and D.R. BOUPUILLON 1993. Pacific salmon production trends in relation to climate. *Canadian Journal of Fisheries and Aquatic Sciences* 50: 1002-1016.
BELLWOOD, P. 1989. Archaeological investigations at Bukit Tengkorak and Segarong, southeastern Sabah. *Bulletin of the Indo-Pacific Prehistory Association* 9: 122-162.
BELLWOOD, P. 1997 *Prehistory of the Indo-Malaysian Archipelago*. Revised Edition. Honolulu: University of Hawaii Press.
BELLWOOD, P. S. and P. KOON 1989. Lapita colonists leave boats unburned. *Antiquity* 63: 613-622.
BERKES, F. 1985. Fishermen and 'tragedy of the commons'. *Environmental Conservation* 12 (3): 199-206.
BERKES, F. ed. 1998. *Common Property Resources: Ecology and Community-Based Sustainable Development*. London: Belhaven Press.
BERKES, F., D. FEENY, B.J. McCAY and J.M. ACHESON 1989. The benefits of the commons. *Nature* 340: 91-93.
BERKES, F., C. FOLKE and M. GADGIL. 1993. *Traditional Ecological Knowledge, Biodiversity, Resilience and Sustainability*. Stockholm: Beijer International Institute of Ecological Economics.
BUCHOLTZ, H. J. 1987. *Law of the Sea Zones in the Pacific Ocean*.

Singapore: Institute of Asian Affairs and Institute of Southeast Asian Studies.
CARRIER, J.G. 1981. Ownership of productive resources on Ponam Island, Manus Province. *Journal de la Société des Océanistes* 72-73: 205-217.
CHIA, S. 1997. The Prehistory of Bukit Tengkorak as a Major Pottery Making Site in Southeast Asia. Ph.D. Thesis. University of Sains Malaysia.
CHRISTY, F.T. Jr. 1982. *Territorial Use Rights in Marine Fisheries: Definitions and Conditions.* FAO Technical Papers No. 227, Rome: Food and Agriculture Organization.
COLE, D. H. 2002. *Pollution and Property Comparing Ownership Institutions for Environmental Protection.* Cambridge: Cambridge University Press.
CONNELL, J. 1977. The Bougainville connection: changes in the economic context of shell money production in Malaita. *Oceania* 48 (2): 81-101.
COOPER, M. 1971. Economic context of shell money production in Malaita. *Oceania* 41: 266-276.
CORDELL, J. ed. 1989. *A Sea of Small Boats.* Cultural Survival Report 26. Cambridge: Cultural Survival Inc.
DEPARTMENT OF THE ENVIRONMENT AND HERITAGE 2006. A Guide to the Integrated Marine and Coastal Regionalisation of Australia. IMCRA Version 4.0. Canberra: Department of the Environment and Heritage, Australian Government.
DOMIER, M.L. and P.L. COLIN 1997. Tropical reef fish spawning aggregations: defined and reviewed. *Bulletin of Marine Science* 60 (3): 698-726.
DONALD, L. and H. MITCHELL 1975. Some correlates of local group rank among the southern Kwakiutl. *Ethnology* 14 (4): 325-346.
ESTES, J.A. 2004. Preface. In N. Fascione, A. Delach and M.S. Smith eds., *People and Predators: From Conflict to Coexistence.* Washington DC: Island Press, pp. xi-xiii.
ESTES, J.A., E.M. DANNER, D.F. DOAK, B. KONAR, A.M. SPRINGER, P. D. STEINBERG, M.T. TINKER and T.M. WIL-

LIAMS 2004. Complex trophic interactions in kelp forest ecosystems. *Bulletin of Marine Sciences* 74: 621–638.
ESTES, J.A., M.T. TINKER, A.M. DOROFF and D. BURN 2005. Continuing decline of sea otter populations in the Aleutian archipelago. *Marine Mammal Science* 21: 169–172.
FALLOURS, S. 2010. *Tropical Fishes of the East Indies* (*Tropische Fische Ostindicus Poisssons tropicaux des Indes orientales*). Los Angeles: Taschen America.
FEENY, D., F. BERKES, B. McCAY and J. ACHESON 1990. The tragedy of the commons: twenty-two years later. *Human Ecology* 18 (1): 1–19.
FINNEY, B.P., I. GREGORY-EAVES, M.S.V. DOUGLAS and J.P. SMOL 2002. Fisheries productivity in the northeastern Pacific Ocean over the past 2,200 years. *Nature* 416: 729–733.
FIRTH, R. 1938. Totemism in Polynesia. *Oceania* 1 (3): 291–321.
FIRTH, R. 1939. Totemism in Polynesia. *Oceania* 1 (4): 377–398.
FIRTH, R. 1967. Sea creatures and spirits in Tikopia belief. In G.A. Highland, R.W. Force, A. Howard, M. Kelly and Y.H. Sinoto eds., *Polynesian Culture History*. Bernice P. Bishop Museum Special Publication 56, pp. 539–564.
FOX, J. J. 1992. A report on eastern Indonesian fishermen in Darwin, In J. J. Fox and A. Reid eds., *Illegal Entry*. Centre for Southeast Asian Studies, Northern Territory University, Occasional Paper Series 1, pp. 13–24.
FRANCIS, R.C. and S.R. HARE 1994. Decadal-scale regime shifts in the large marine ecosystems of the Northeast Pacific: a case for historical science. *Fisheries Oceanography* 3: 279–291.
GORDON, H.S. 1954. The economic theory of a common-property resource: the fishery. *Journal of Political Economy* 62: 124–142.
HALLAM, E. and T. INGOLD eds. 2007. *Creativity and Cultural Improvisation*. New York: Cornell University Press.
HARDIN, G. 1968. The tragedy of the commons. *Science* 162: 1243–1248.
HOGENDOMN, J. and M. JOHNSON 1986. *The Shell Money of the Slave Trade*. Cambridge: Cambridge University Press.

HVIDING, E. 1993. *The Ritual Context of Giant Clam Mariculture in the Solomon Islands: An Anthropological Study*. Manila: ICLARM.

INGOLD, T. 1987. *The Appropriation of Nature: Essays on Human Ecology and Social Relations*. Iowa City: University of Iowa Press.

INGOLD, T. 2000. *The Perception of the Environment: Essays on Livelihood, Dwelling and Skill*. Oxford: Routledge.

INGOLD, T. and M. MALTBY 1986. *Cultural Attitudes to Animals Including Birds, Fish and Invertebrates: What is an Animal? The Appropriation, Domination and Exploitation of Animals*. Southampton: Department of Archaeology, University of Southampton.

JACKSON, J.W.F.G.S. 1917. *Shells as Evidence of the Migrations of Early Culture*. Manchester: Manchester University Press.

JOHANNES, R.E. 1978. Traditional marine conservation methods in Oceania and their demise. *Annual Review of Ecological Systematics* 9: 349–364.

JOHANNES, R.E. 1981. *Words of the Lagoon: Fishing and Marine Lore in the Palau District of Micronesia*. Berkeley: University of California Press.

KAKUMA, S. and M. KAMIMURA 2012. Okinawa: effective conservation practices from *Satoumi* in a coral reef ecosystem. In *Biological and Cultural Diversity in Coastal Communities* (CBD Technical Series No. 61). Montreal: Secretariat of the Convention on Biological Diversity, pp. 86–93.

KALLAND, A. 1993. Whale politics and green legitimacy. *Anthropology Today* 19 (6): 3–7.

KALLAND, A. and B. MOERAN 1992. *Japanese Whaling. End of an Era?* London: Curson Press.

KIRCH, P. V. 1997. *The Lapita Peoples: Ancestors of the Oceanic World*. Cambridge: Blackwell Publishers Inc.

LAST, P. R. and W.T. WHITE 2011. Biogeographic patterns in the Australian chondrichthyan fauna. *Journal of Fish Biology* 79 (5): 1193–1213.

LAW, R. 1991. *The Slave Coast of West Africa 1550–1750: The*

Impact of the Atlantic Slave Trade on an African Society. Oxford: Clarendon Press.
LAW, R. 2004. *Ouidah: The Social History of a West African Slaving 'Port' 1727-1892*. Athens: Ohio University Press.
LEACH, J. W. and E. LEACH 1983. *The Kula: New Perspectives on Massim Exchange*. Cambridge: Cambridge University Press.
LINGENFELTER, S.G. 1975. *Yap: Political Leadership and Culture Change in an Island Society*. Honolulu: The University Press of Hawaii.
LORE, M. R. 1998. Closing the commons: cooperation or gain or restraint? *Human Ecology* 26 (1): 43-66.
LUOMALA, K. 1984. Sharks and shark fishing in the culture of Gilbert Islands, Micronesia. In B. Gunda ed., *The Fishing Cultures of the World: Studies on Ethnology, Cultural Ecology and Folklore*. 1 (2), Budapest: Akadémiai Kiadó, pp. 1203-1250.
MaCKNIGHT, C. C. 1972. Macasaan and Aborigines. *Oceania* 42 (4): 283-321.
MaCKNIGHT, C. C. 1973. The nature of early maritime trade and some points of analogy from the eastern part of the Indonesian archipelago. *World Archaeology* 5: 198-209.
MALINOWSKI, B.K. 1922. *Argonauts of the Western Pacific*. London: George Routledge & Sons, Ltd.
MARSH, H. 2002. *Dugong: Status Report and Action Plans for Countries and Territories*. Nairobi: UNEP/DEWA.
MATSUI, A. 2011. Heritage rescue in the wake of the great eastern Japan earthquake. *The SAA Archaeological Record* 11 (4): 11-14.
McCARTHY, F.D. 1939a. "Trade" in aboriginal Australia and "trade" relationships with Torres Strait, New Guinea and Malaysia. *Oceania* 9 (4): 405-438.
McCARTHY, F.D. 1939b. "Trade" in aboriginal Australia and "trade" relationships with Torres Strait, New Guinea and Malaysia. *Oceania* 10 (1): 81-104.
McCARTHY, F.D. 1939c. "Trade" in aboriginal Australia and

"trade" relationships with Torres Strait, New Guinea and Malaysia. *Oceania* 10 (2): 171–195.
McCAY, B.J. and J.M. ACHESON eds. 1987. *The Question of the Commons: The Culture and Ecology of Communal Resources*. Tuscon: The University of Arizona Press.
McCOY, M.A. 1974. Man and turtle in the Central Carolines. *Micronesica* 10 (2) : 207–221.
McCURRY, J. 2011. *Shark Fishing in Japan: A Messy, Blood-Spattered Business*. London: The Guardian.
McLEOD, E., B. SZUSTER and R. SALM 2009. Sasi and marine conservation in Raja Ampat, Indonesia. *Coastal Management* 37 (6): 656–676.
MONK, A., de FRETES and REKSODIHARJO-LILLEY 1997. *Ecology of Nusa Tenggara and Maluku* (The Ecology of Indonesia Series Volume V). Hong Kong: Periplus Editions.
MULIPOLA, A.P. 1995. *The Status of Sea Cucumbers Exploited by Palau's Subsistence Fishery*. Koror: Fisheries Division, Department of Agriculture, Forestry, Fisheries and Meteorology.
NISHIMURA, A. 1975. Cultural and social change in the modes of ownership of stone tidal weirs. In *Maritime Adaptations of the Pacific*. The Hague: Mouton Publishers, pp. 77–88.
ONO, R. 2002. Prehistoric Austronesian fishing strategies: a comparison between island Southeast Asia and Lapita cultural complex. In C. Sand ed. *Pacific Archaeology: Assessments and Prospects*. Noumea: Départementent Archéologie, Service des Musées et du Patrimoine de Nouvelle-Calédonie, pp. 191–201.
ONO, R. 2004. Prehistoric fishing at Bukit Tengkorak, east coast of Borneo Island. *New Zealand Journal of Archaeology* 24: 77–106.
OSTROM, E. 1990. *Governing the Commons*. Cambridge: Cambridge University Press.
OSTROM, E. 1992. The rudiments of a theory of the origins, survival, and performance of common-property institutions. In D.W. Bromley ed., *Making the Community Work, Theory, Practice, and Policy*. San Francisco: ICS Press, pp. 293–318.
PANNELL, S. 1997. Managing the discourse of resource manage-

ment: the case of sasi from Southeast Maluku, Indonesia. *Oceania* 67: 289–307.

PELRAS, C. 2000. Patron-client ties among the Bugis and Makassarese of South Sulawesi: authority and enterprise among the peoples of South Sulawesi. *Bijdragen tot de Taal-, Land- en Volkenkunde* 156 (3): 393–432.

POLUNIN, N. 1983. The marine resources of Indonesia. *Oceanography and Marine Biology: An Annual Review* 21: 455–531. Aberdeen: Aberdeen University Press.

POLUNIN, N. 1984. Do traditional marine 'reserves' conserve: a view of the Indonesian and New Guinean evidence. In K. Ruddle and T. Akimichi eds., *Maritime Institutions in the Western Pacific*. Senri Ethnological Studies 17. Osaka: National Museum of Ethnology, pp. 267–283.

QUIGGIN, A.H. 1949. *A Survey of Primitive Money*. London: Methuen & Co. Ltd.

RUDDLE, K. 1993. External forces and change in traditional community-based fishery management systems in the Asia-Pacific region. *Maritime Anthropological Studies* 6: 1–37.

RUDDLE, K. and T. AKIMICHI eds. 1984. *Maritime Institutions in the Western Pacific*. Senri Ethnological Studies 17. Osaka: National Museum of Ethnology.

RUDDLE, K., E. HVIDING and R.E. JOHANNES 1992. Marine resources management in the context of customary tenure. *Marine Resource Economics* 7: 249–273.

SADVOY de M.Y., A. COPMISH, M. DOMEIER, P. L. COLIN, M. RUSSELL and K.C. LINDEMAN 2008. A global baseline for spawning aggregations of reef fishes. *Conservation Biology* 22 (5): 1233–1244.

SADVOY de M.Y and P.L. COLIN 2012. *Reef Fish Spawning Aggregations: Biology, Research and Management*. Fish & Fisheries Series 35. New York: Springer.

SAJI, N. H., B. N. GOSWAMI, P. N. VINAYACHANDRAN and T. YAMAGATA 1999. A dipole mode in the tropical Indian Ocean. *Nature* 401: 360–363.

SANO, Y. 2008. Social and institutional arrangements in coastal

common pool resource systems: preliminary results of a study of community-based coastal management in Fiji. *TROPICS* 17 (4): 295-314.

SASAOKA, M. 2003. Customary forest resource management in Seram Island, central Maluku: the "seli kaitahu" system. *TROPICS* 12 (4): 247-260.

SATHER, C. 1997. *The Bajau Laut: Adaptation, History and the Fate in a Maritime Fishing Society of South-eastern Sabah.* Oxford: Oxford University Press.

SCHALK, R. 1977. The structure of an anadromous fish resource. In L. B. Binford ed., *For Theory Building in Archaeology.* New York: Academic Press, pp. 207-249.

SECRETARIAT OF THE CONVENTION OF BIOLOGICAL DIVERSITY 2011. *Biological and Cultural Diversity in Coastal Communities: Exploring the Potential of Satoumi for Implementing the Ecosystem Approach in the Japanese Archipelago.* (CBD Technical Series No. 61). Montreal: Secretariat of the Convention on Biological Diversity.

SOEGIARTO, A. and N. POLUNIN 1982. *The Marine Environment of Indonesia.* Bogor: The IUCN and WWF.

SOPHER, D. 1977. *The Sea Nomads: A Study of the Maritime Boat People of the Southeast Asia.* Singapore: The Museum.

SOULÉ, M.E., J.A. ESTES, B. MILLER and D.A. HONNOLD 2004. Strongly interacting species: conservation policy, management, and ethics. *BioScience* 55: 168-176.

SPALDING, M. *et al.* 2007. Marine ecoregions of the world: a bioregionalization of coastal and shelf areas. *BioScience* 57 (7): 573-583.

SPALDING, M., M. KAINUMA and L. COLINS 2010. *World Atlas of Mangroves.* London and Washington DC: Earthscan.

SPENCER, R.F. 1975. *The North Alaskan Eskimo.* Washington DC: Smithsonian Institution Press.

STOETT, P.J. 1997. *The International Politics of Whaling.* Vancouver: UBC Press.

SUTTLES, W.P. 1951. *Economic Life of the Coast Salish of Haro and Rosario Straits.* Ph.D. Dissertation. Seattle: University of

Washington.
SUTTLES, W.P. 1968. Coping with abundance: subsistence on the Northwest coast. In R.B. Lee and I. DeVore eds., *Man the Hunter*. Chicago: Aldine, pp. 56–68.
Te RANGI HIROA 1971. *Samoan Material Culture*. Bernice P. Bishop Museum Bulletin 75. Honolulu: The Bishop Museum Press.
TERRELL, J. 1986. *Prehistory in the Pacific Islands: A Study of Variation in Language, Customs and Human Biology*. Cambridge: Cambridge University Press.
TISDELL, C. 1999. Economics, aspects of ecology and sustainable agricultural production. In A. K. Dragun and C. Tisdell eds., *Sustainable Agriculture and Environment: Globalisation and the Impact of Trade Liberalisation*. Cheltenham: Edward Elgar, pp. 37–56.
TITCOMB, M. 1972. *Native Use of Fish in Hawaii*. Honolulu: Bishop Museum Press.
VERON, J.E.N., L. M. DEVANTIER, E. TURAK, A. L. GREEN, S. KININMONTH, M. STAFFORD-SMITH and N. PETERSON 2009. Delineating the Coral Triangle. *Galaxea* (*Journal of Coral Reef Studies*) 11: 91–100.
WALKER, D. 1972. *Bridge and Barrier: The Natural and Cultural History of Torres Strait*. Canberra: Australian National University.
WALLACE, A. R. 1962. *The Malay Archipelago*. New York: Dover Publications.
WARREN, J. F. 1985. *The Sulu Zone*. Quezon City: New Day Publishers.
YUE, S. 2011. The welfare of crustaceans at slaughter. (An Humane Society of the United States Report) http://www.humanesociety.org/assets/pdfs/farm/hsus-the-welfare-of-crustaceans-at-slaughter.
ZERNER, C. 1990. Marine tenure in Indonesia's Makassar Strait: the Mandar raft fishery. Paper presented at the first annual meeting of the International Association for the Study of Common Property, Duke University. Durham, North Carolina,

September 1990, pp. 1–27.
ZERNER, C. 1991. Sharing the catch in Mandar: changes in an Indonesian raft fishery (1970–1989). In J.J. Porgie and R.B. Pollnac eds., *Small Scale Fishery Development: Sociocultural Perspectives.* ICMRD: University of Rhode Island.
ZERNER, C. 2003. Sounding the Makassar Strait: the poetics and politics of an Indonesian marine environment. In C. Zerner ed., *Culture and the Question of Rights to Southeast Asian Environments: Forests, Sounds, and Law.* Durham: Duke University Press.